U0620790

贝 克 欧 洲 史 － 06

C. H. Beck Geschichte Europas

Andreas Fahrmeir

Revolutionen und Reformen: Europa 1789–1850

©Verlag C.H.Beck oHG, München 2010

Arranged through Jia-xi Books Co., Ltd. / Literary Agency.

封面图片为《马拉之死》，现藏于Royal Museums of Fine Arts of Belgium；

封底图片为《网球场誓言》，现藏于musée national du château de versailles。

〔德〕安德里亚斯·法尔迈尔——著

Andreas Fahrmeir

改 与 革
革 命

REVOLUTIONEN
UND REFORMEN:
EUROPA
1789-1850

1789~1850年的
欧洲

李昱彤——译

社会科学文献出版社
SOCIAL SCIENCES ACADEMIC PRESS (CHINA)

丛书介绍

"贝克欧洲史"（C.H.Beck Geschichte Europas）是德国贝克出版社的经典丛书，共 10 卷，聘请德国权威历史学者立足学术前沿，写作通俗易读、符合时下理解的欧洲史。丛书超越了单一民族国家的历史编纂框架，着眼欧洲；关注那些塑造每个时代的核心变迁，传递关于每个时代最重要的知识。如此一来，读者便可知晓，所谓的"欧洲"从其漫长历史的不同阶段汲取了哪些特质，而各个年代的人们又对"欧洲"概念产生了何种联想。

丛书书目

本卷作者

作者安德里亚斯·法尔迈尔（Andreas Fahrmeir）是法兰克福歌德大学现代史教授。研究重点为城市与资产阶级、英国史和德英关系史、移民史、19世纪政治史。

本卷译者

李昱彤，比利时鲁汶大学哲学院在读博士生，研究方向为19~20世纪德国文学与哲学。

目　录

导　言
1789 年前后的欧洲

亚瑟·杨格（Arthur Young），一名来自英国的地主与农学家，在 1790 年初从意大利北部出发，借道巴黎返回家乡。一路上，他到处都能看见变革的征兆：街道两旁的庄园被洗劫，庄园主逃之夭夭，城里那些害了疑心病的市民和官员会把任何一个陌生人都当成探子。在法国外省，惊惶的人们觉得这个好奇的英国佬可能是皇室的密探，认为他应该被吊死在随便一棵树上——他一会儿往井里探看，好像要往里面投毒，一会儿又爬上小山，好像要记录下能安置炮兵的阵地。他们是有理由这么做的，因为他虽然不是一个密探，却也不对一场自下而上的改革或者共和国表示拥护。虽然他总能够通过赞美累进课税（progressive Besteuerung）或通过批判趾高气扬的法兰西贵族来免除一死，但这却完全是因为他相信，他所褒贬的这些东西也是现存英国君主制度的重要内容。

和杨格的看法相似，托斯卡纳的利奥波德大公（Großherzog Leopold der Toskana）——法国王后的一位兄长——的"宣传机器"[1]也夸耀说，君主主导的、开明的经济政策将会带来理性的改革，它能够让有资历的（大）地主和（大）商人去推动生产、提升福祉、增加国家的收入与再续帝国的辉煌，而不是鼓动骄奢的风气。

1789 年春天，旅居巴黎的杨格体会到，凡尔赛宫三级会议的召开如何推动了我们会称为法国"大"革命的东西；他看

8 到国王在国民军的押送下走进杜伊勒里宫，而王后则被民众推推搡搡；只有在他们脱帽致意的时候才能看到剩下的一点点敬重。在杨格看来，这些肢体上的接近隐含了一种侮辱，表明革命者已经浪费了他们的机会；由于此等毫无必要的过分举动，他们很快就会遭受贵族的反抗与外国的干涉。不过他并没有预见到，不久之后王室所要忧惧的可不只是这些骚扰，他也没有看到，只有到1815年以后反扑的力量才能卷土重来。

然而，杨格仍然可以说是"革命性的"，虽然这只体现在农业的领域。像他这样的人物致力于广泛搜寻更硕大的猪、更优良的排水技术、更肥沃的谷田、更高产的奶牛，他们为欧洲带来了18世纪末19世纪初的经济繁荣，推动了经济的工业化转变。在工业或原始工业的"革命"与政治的革命之间，毋庸置疑是存在关联的。问题只在于，是要把经济变革当作政治革命的前提呢，还是说只有在政治转变中，在欧洲（西部）大部分地区的封建制度与行会体系被亲近资本主义的、诉诸私有制、自由贸易与小政府的权利秩序与社会秩序替代之后，经济上的繁荣才能获得制度基础。

本书所记录的历史面临着一个中心问题：政治革命是否——或多或少必然地——由下面一点导致，即那些在18世纪末得益于首先在英法两国发展起来的新型经济秩序的人，被排挤到了"封建"贵族制中的边缘位置上；还是说相反，只有当政治转变发生，欧洲的经济、社会与政治现代化才获得制度和智识

9 的前提？涉及19世纪史时存在这样一种历史编纂的传统，即认为"公民阶层"（Bürgertum）是"工业化"的主要受益人，这一阶层在1789年、1830年和1848年的革命中推翻了"封建"体制，或他们试图去推翻这一体制。在反抗18世纪的国际性贵族社会的时候，或者在1815年之后反抗专制的梅特涅体系的时候，"公民阶层"既意识到了自我，也意识到了自己

的民族身份；他们开始鼓吹"民族国家"，认为这是最符合他们利益的政治秩序。在这一方面，19 世纪显得就像是公民阶层、工业化与民族运动的时代。相比于将这一观点视为定论，本书更倾向于开展新一轮研究与讨论。我们要考察的问题是：这一阐释模式在多大程度上符合欧洲不同地区的社会、政治与经济上的实际发展呢？政治与社会变革之间有怎样的因果联系呢？易言之，我们想要问的是：1789 年与 1914 年之间那"漫长的 19 世纪"的前半叶，在怎样的意义上催生了欧洲的现代公民阶层，催生了自由、民主的现代（民族）国家，以及工业化的生产技术呢？

借助于杨格的一次经历，我们可以让这个复杂的问题变得具体一点。1789 年 11 月 18 日，（据说是在杨格的倡议下）法国皇家农业协会（Société Royale d'Agriculture）决定让乔治·华盛顿成为荣誉会员，以表彰这位首任美国总统在农业上的贡献——他于同年被选举为总统。对这位平民革命家的此番嘉勉，难道不是在与绝对王权唱反调吗？还是说，对华盛顿的嘉勉是与法国君主制步伐一致的，毕竟后者曾极尽所能来确保华盛顿会成为独立联邦的总统？皇家农业协会意识到他们正在嘉奖一个奴隶主吗？这是否印证了一种狭隘的世界观，因为此番授荣是基于华盛顿的田地，而非他对世界的历史性意义？还是说协会可能会合理地认为，一片状况优良的田地能够比一场胜仗带来更深刻的变革？这些问题显示了，政党之间、变革与停滞之间、反抗与忠诚之间，是不能轻易划界线的；而当时的这些中心问题，即自由与压迫、平等与效率、国家干预与经济自主，到现如今依然存在。

1789 年与 1850 年间的岁月在先前难以想象的程度上改变了生活的一切领域。在这一时期，人们开始彻底地反抗传统的君主制。在这个时代中，首先是有人试图把欧洲大陆联合为一个帝国，然后又有人按拥有自由宪法还是专制宪法来区分一众民族国家和帝国。连年不断的战事把整个欧洲以及欧洲之外的广泛区域都拖下泥潭，继之而来的是一段长久的和平时期——虽然它时不时会被打断，但仍然可以在欧洲的历史上算作一段珍稀的和平。然而在谈及此时的国内政治的时候，总一直要围绕着革命或者"由上而下的"改革计划这样的话题。

法国大革命、拿破仑战争和 1820~1840 年革命浪潮在欧洲南部、中部和东部造成了相似的经验，促发了可以相互参照的讨论。这让我们倾向于将 1789 年到 1850 年的"欧洲"历史当作一段为政治所主导的共同历史。这样一种视角影响了叙述的重点——毕竟受到篇幅的限制，我们是写不出"总体历史"（histoire totale）的。艺术、日常文化或宗教方面的发展只能作为时代的背景板，公共或私人领域的日常生活史和心态方面的重塑，以及发生在人与自然的关系中的变革，也是如此。所以，本书虽确实要探讨已成老生常谈的"政治史"，但要采用一种不同寻常的视角。长久以来的看法是，各民族在 19 世纪早期沿着各自的"特殊道路"步入了民主的现代，或成为专制的国家。本书所要着重提出的看法并不强调 19 世纪早期的欧洲的民族化（Nationalisierung）；此看法是否可靠，留待各位读者自己判断。无论如何，这种新的观点不是要抹消欧洲各国的差异，相反，这些差异在 18 世纪末到 19 世纪初只能是获得了剧烈的扩大。

一方面，在 1790 年前后，居住在"欧洲"——那时的欧洲原则上是指北达斯堪的纳维亚北部、南达地中海、西达大西洋海岸、东达第聂伯河或乌拉尔河的地区——的人们拥有一些共同点；另一方面，也有很多事物将他们区分开来。欧洲当时的人口数量只能被估算出来。虽然很多君主都认为居住人数是国家富裕程度的重要指标，但是他们中只有很少人会试图调查出确定的数字。人口报告通常得借助于偶尔开展的，对户数、可服兵役人数、应纳税人数或城市公民人数的统计，并估计出家庭规模和社会结构，以此得到人口数量。此外，我们也能够借助教会出版物或其他文件所提供的分析，推算出生和死亡、迁入和迁出的人数。这样一来，我们就能在 19 世纪的人口抽样调查的基础上，反推出 18 世纪的人口数量。

　　综合不同的数据与方法可以算出，在 1790 年前后，若以乌拉尔河为东部界线，欧洲大概有 1.7 亿~1.8 亿的人口。其中有 1000 万是西班牙天主教国王陛下（der Allerkatholischste König von Spanien）的臣民，2700 万受法兰西基督教国王陛下（der Allerchristlichste König von Frankreich）统治，5100 万隶属于罗马帝国皇帝（其中有 2500 万人居住在德意志神圣罗马帝国的非哈布斯堡家族统治的部分），英国国王有 1500 万国民，俄国的沙皇统领着 2400 万人，而葡萄牙国王则拥有 300 万民众。大约 500 万人生活在斯堪的纳维亚的君主国中，大约 1400 万人分布在意大利诸侯国，还有 1000 万人左右生活在苏丹领地的欧洲部分。只有少数欧洲人没有自己的国王：荷兰共和国拥有 200 万居民，意大利城市共和国威尼斯和热那亚有 300 万人口，还有约 200 万人隶属于瑞士联邦。许多统治者在大陆之外也拥有大量臣民：在小亚细亚和北非，奥斯曼的苏丹统治着 1700 万人；西班牙和葡萄牙的国王在海外的领地中分别拥有 17 万和 300 多万的臣民；1800 年前后，仅仅在大不列颠殖民帝国位于印度的三个中心内（孟买、加尔各答和马德拉斯），就生活着 100 万的居民。

　　虽然我们不知道准确的数字，但是能够确定的是，比起 1700 年或者 1750 年，1790 年的欧洲拥有更多的人口。这有赖于"小冰川期"在 1700 年结束后，欧洲获得了更为宜人的气候条件。疏干沼泽、开辟森林从而扩大农业种植面积，引进

12

土豆等新作物，以及改良农业技术，这些也都带来了更高的产出。除此以外还有一个条件，即天花疫苗的接种开始在欧洲流行。尽管有很多人从西欧和中欧往美洲迁徙，而在俄国沙皇的领地内，各处人口都在上升，但是比起大陆的南部和东部，欧洲的中部和北部人口上升要来得更为显著。总的来说，在1750 年之后的半个世纪内，欧洲的人口增长了 30% 左右，在大不列颠和斯堪的纳维亚增长了约 41%，在法国和"德国"增长了约 30%，但是在西班牙、意大利和葡萄牙，人口数量只上升了 20%。这一点标志着"人口重心"的迁移，以及经济活力正在远离地中海地区。[2]

大部分欧洲人生活在农村，居住在孤零零的庄园或小规模的村庄里。哪怕是大部分可被称作城市居民的人，他们的居住地也只有几千人规模。总的来说，欧洲人是安土重迁的，或者说他们致力于获得能够安居的一亩三分地。流动性的生活既不是典型的，也不值得向往。比如，不得不穿越安达卢西亚的贫瘠地带的、西班牙的麦斯塔人（Mesta），拉普兰的萨米人（Samen），或者旧货商与货郎（他们每年都要离开阿尔卑斯山、比利牛斯山或阿布鲁佐地区的荒凉山谷去兜售他们的货物），再比如听命于欧洲将领的海员与雇佣兵，或者陪伴主人旅行的家仆。流动性的工作只是对农业或手工业中的固定工作的补充，或者是为了培训、为了获得固定的社会地位［比如学徒旅行（Gesellenwanderung）或上层阶级的"壮游"（grand tour）］。

安土重迁的风俗是与恶劣的交通状况有关的，在这种交通条件下，旅行可不是一件美差。旅途基本上是要一步步走出来的。就算是能够找到一辆叫人难受的、颠簸逼仄的马车，走上个 100 公里它就能轻轻松松地花掉一个月的收入，且就算是在英国或者法国最好的道路上，它最多也只能达到 20 公里的时速。骑马是要更快一些，但也要贵出许多。更便宜或者甚至更顺当的方式当为海上的运输，或者利用能够航行的河道与运河。这些水路为连接英国、荷兰和法国的各个经济中心作出了贡献。

因为在路途上是无法工作的（除非是家仆、牧人、信差与士兵），所以那些苦于生计的人极少踏上漫长的旅途。许多人不仅住在乡下，还因为农业生产力处处受限而饱受折磨。在葡萄牙、俄国、斯堪的纳维亚、神圣罗马帝国的大片区域、意大利南部或者巴尔干半岛，农民的收成只足以自保和为第二年留种，以及向教士、世俗机构与地主缴纳税费或租金（这些扣减部分虽然让人叫苦连天，但是它们在总收入中所占的比例和现代税负相比却也已经算不得什么了）。在这些地方，有70%~90% 的人口从事着农业生产。只有在英国、法国北部、荷兰和意大利北部，也就是在以都柏林和米兰为两端的宽阔的半月形区域内，农业才发达到能够让更多人口从事其他的行业。

平均寿命能大概反映贫富水平，我们借此能够比较欧洲的各个区域。在英国，出生时的平均预期寿命（即已将高水平的儿童死亡率纳入考量）是 34 岁，在俄国是 24 岁。富裕程度的另外一个指标是城市的规模。伦敦是一座有百万人口的城市，隔海相望的巴黎大约有 70 万居民，作为地中海市场之中心的君士坦丁堡容纳了 57 万人口，那不勒斯有 40 万人，马德里有 20 万，维也纳有 23 万，罗马有 16 万，哥本哈根有 10 万，斯德哥尔摩有 7.3 万，圣彼得堡有 22 万，莫斯科有 25 万。

造成生产力和富裕程度上的区别的原因是有争议的。是高效率的农业造福了一座大城市，还是说只有大城市才能提供一个市场来买卖过剩的食物？很明显，人们需要一个区际的食品市场来为市场导向型产业降低风险。只有这样的市场能让地主、雇工和农民不必再担忧因歉收而挨饿。伦敦、巴黎和那不勒斯的消费带动了北美、欧洲、地中海地区、南亚与东南亚的几乎所有沿海城市的日用品或奢侈品的生产。比方说，法国需要它在 18 世纪获得的科西嘉岛为法国市场确保来自地中海地区的谷物供应。要是没有来自远处——有时候十分遥远——的食物补给，城市就几近不能过活。在欧洲的各个首都当中，马德里是唯一一个没有水道的城市，它每天都需要用大约 700 辆马车和 5000 头驴子从或近或远的地区运来食物。同样，那不勒斯也无法从周边地区获得补给，因为大城市对卡拉布里亚地区种植业的辐射带动作用有限；在这里，与地中海地区的连接，以及进入美国稻米和谷物市场的便利性，构成了扩张的基础。红酒、糖、烈酒以及香料等满足更高需求的产品，和丝织品、棉织品一样，都在世界范围内被买卖——例如，葡萄牙生产的甜酒大多进入了英格兰的酒窖。

相反，在区际市场遥不可及的农村地区，避免饥荒才是首要之义，毕竟在自给农业中，每次歉收都会带来饥荒。因此，抛弃传统的种植业是有很高风险的。此外也没有足够的资金来引进新的种畜、设备、植物以及灌溉和排水工艺。有时候国家会进行这笔投资，比如在 18 世纪末，普鲁士的奥德布鲁赫（Oderbruch）就引进了排水设备，但通常情况下，哪怕是权贵也缺少相关的知识、兴趣和金钱。

不管是住在农村还是城市、发达地区还是落后地区，欧洲的人们大都是社会等级秩序的一部分；社会中的阶层是通过不同身份人群的生存状况而确定下来的。君主站在最高层（暂且不论为数不多的共和国），他的地位实际上是世袭的，哪怕在理论上要经过选举，就像在德意志民族神圣罗马帝国那样。位于较高层的教士、贵族和城市公民只占人口的小部分。大部分人是农民，他们所属阶层的社会地位取决于其所隶属的公民、贵族或教士的家产（也即作为学徒、跟班、仆人、帮手、奴隶与女佣）；另外一些人因为从事了刽子手、士兵、海员这样形迹可疑的职业，因为无法工作或犯下罪行而失掉了等级社会中的位置，甚至因为出生"不洁"（大多也即父母未婚）而无地位可失。

不同地位的人们凭借穿着、社交、生活、权利以及义务相互区分开来。这反映在他们各自不同的社会分工中。最优越的阶层，因此也是"第一阶层"，即教士，在基督教的欧洲里充当中介，沟通着此岸与基督教的神圣图景中那理想的彼岸。因此，他们就负有回答道德问题的责任，并有权整顿私人空间里的法律秩序。教士依据国家教会的规定登记生卒与婚姻。教堂的财产——其中也包括教堂所要求的、教区成员向其提供的奉养——原则上无须纳税；这些财产也会用来救济穷人与病友，以及为教育机构提供经济支持。神学在高校中即便不是最核心的科目，起码也是一门相当重要的科目，学校通常就是由神职人员开办的，并带有神学色彩。

贵族是世俗生活中最优渥的阶层，他们也构成了教士的高层；宫廷主要为贵族占据，可以依据他们离君主的远近，或者依据他们的军事任务来辨认这一人群。贵族是君主的顾问，并且生来要去就行政与法律的要职。他们既然为国王与国家工作，通常就拥有大量特权，比如免于纳税与服兵役。"第三等级"则是城市公民与出身平民的地主，他们需要将自己的劳力投入农业生产，投入加工与贸易的行业，以此增进社群的福祉。

没有地产、官位或独立职业的人大约占据了总人口的半数。他们也被称作"下等阶层"（unterständische Schichten），以便与等级制中的正式成员区别开来。他们需要借助于用食宿结算的、偶尔也用金钱结算的报酬，来合法地养活自己——只

17

有在年幼、年长或者身患重病的时候，才能够合法地求援于公共资助。

每一等级都有内在的分层：从主教到教区牧师，从世袭的王公到才得授勋的律师或乡村贵族，从行会的高层到学徒，或从富农到雇农。因此，划分成三个等级，只是描述社会秩序的其中一种可能性。另外我们也可以刻画一种跨越等级的阶次（Hierarchie），自国王到乞丐都能在这一阶次中找到自己的位置；除此以外，也可以区分出"上层""中层""下层"三种地位；最后，还可以只区分"上层"与"下层"，比如分开劳动者与无业游民。这里面每一种社会模型，都就正义与不正义的关系作出不同的理解，并暗含着不同的政治方案。

在这些不同的社会图景中拥有怎样的地位，本质上是主观感受的结果；而隶属于某一等级，却是拥有具体表现的。每一等级都有其专门的"审判籍"（Gerichtsstand），即当有诉讼时，只需要出席特定的法庭，这主要体现在我们现在称为"民事案件"的范围中。要是学徒没有履行义务，那么师父作为一家之主，就应出席行会或者城市协会（städtische Korporation）的法庭。学生会被传唤至大学法庭，这种法庭直到19世纪都还能够实施惩罚——"关禁闭"（Karzer）。农民或农村里的劳力必须将他们的申诉提交给地主法庭，而贵族却只要出席最高法庭，比如英国的上议院或者法国的最高法院。换句话说，"旧制度"的社会并不区分经济上的依赖关系（比如学徒对师父，或者雇农对领主）与政治上的统治关系。因此，在某些情况下，经济依赖会升级为彻底的顺从。在西欧这被叫作奴隶制，在东欧被叫作农奴制。区别在于，在前一种情况下，奴隶属于领主个人，在后一种情况下，奴隶是与土地绑定在一起的；而相同点是，奴隶的人身与财产权利受到了限制，面对奴隶所有者或者地主的颐指气使，他们无法保护自己。

但是总的来说，等级秩序并不总是像农奴制或奴隶制这些极端情况所表现的那样固化。某人之隶属于某等级，这固然在多数情况下与其父母息息相关（只有天主教的教士会因为终身不婚而没有子嗣可以继承其地位），但是从一个等级向另一个等级流动却总是有可能的。农民与公民可以通过教育或财产而升为教士或达官显贵；商人可以进入贵族的行列，或者把他们的女儿嫁给贵族。而贵族会因为掉身价的生活变故（比如干上了劳力活），失掉他们的地位；哪怕是奴隶或者农奴也可以在工作中，因为人们的赏报而获得自由。

贵族资格是一种国际性的特征，皆因各国贵族拥有相似的交往方式与统治要求、复杂的姻亲关系、战争中两方人马发挥骑士风度而缔结的友谊，以及虚构出来的亲缘级别——欧洲的君主们需要以"兄弟"相称，贵族则总是要被称呼作"表亲"。类似的，拥有同一信仰的高级教士也需要这么做，尤其是天主教的各位总主教与枢机主教，他们或多或少总是在盯着罗马的动向。相反，商人、手工业者、农民等从属于"第三等级"，在任何层面上说都只有地方性的意义。法兰克福的匠人不能在美因茨或者波尔多立足，而某商人在利物浦享有的特权，换到伦敦或者斯德哥尔摩就要失效。

在这里我们间接地谈到了欧洲的身份认同问题。这一种认同至多只会出现在社会的顶层；在底层，哪怕是邻村的居民也和陌生人无异。分隔开欧洲内很大部分人口的主要是口头上的交流。虽然在普鲁士、尼德兰和苏格兰，成年人中能够写作与猜读的比例非常高，但在英格兰却刚过半数，斯堪的纳维亚也是如此。与此相反，在俄国、西班牙、葡萄牙、意大利以及奥斯曼帝国，从西向东、从南到北，社会上充斥着越来越多的文盲。在所有地方，女性的读写能力都要比男性差上一截。因此，书面信息几乎不能像口头散布的谣言一般，迅速而全面地

19

传播出去。

尽管启蒙运动拥有一定影响，但信仰与宗教的深沟仍一直遍布欧洲。虽然信仰天主教与新教的欧洲地区已经采用了相同的历法，但信仰东正教与伊斯兰教的地区却没有。我们找不出所有人共用的一本经书或者相同的一种礼拜方式，也几乎没有什么连接着信奉不同教义的教士们。相比之下，对君主和贵族来说，却存在类似于"欧洲身份"的东西，这既在高级贵族（包括君主的私生子在内）身上反映出来，也体现在贵族们会跑到另外一个国家去服役的现象中。像卡萨诺瓦（Casanova）与卡廖斯特罗（Cagliostro）这样追求贵族身份、游迹遍布欧洲的探险家，就反映了类似的逻辑。18世纪末，瑞典国王古斯塔夫三世请人在格里普斯科尔摩（Gripsholm）城堡的房间里画上欧洲各统治者的肖像；除大国的君主外，还出现了苏丹与教宗的面孔——值得一提的是，前者被放在了与瑞典国王相似的位置上。君主之间互相影响、互相争斗，为欧洲身份认同奠定了发展的基础。同样的关系也建立起学者的交际网络与商人的贸易网络，而虽然这些网络并不局限于欧洲，但是比起欧洲与世界其他地方的联系，欧洲内某些地区之间的确是要更紧密一些。

不过，要是我们就此为贵族、商人与学者构想出明确的欧洲身份认同，则是误入了歧途。"欧洲"只是很多种认同来源中的一种，其他能激起认同感的因素还可以是本地的村庄或城市共同体，人们生活的地区以及所隶属的王国等。此外，欧洲的国家往往不仅占有位于欧洲的土地。有一些大国——英国、法国、西班牙和葡萄牙，当然也包括奥斯曼帝国、俄国、尼德兰和普鲁士，占据了或者垂涎着欧洲以外的领土。在18世纪的重要词典《百科全书》（*Encyclopédie*）的"欧洲"词条下，并没有说明这一片面积狭小的大洲有什么独一无二的性质；于

是我们需要解释清楚，为什么欧洲变得如此强大，以至于"在
历史上几乎无可比拟"。《百科全书》非常虔诚地将之归因于
基督教信仰，它说基督的训导为欧洲国家的内政带来了"某种
国内法"，也带来了"某种战争期间的国际法"，这一训导要
比自然状态中的人类——就像那时人们相信非洲和北美洲到处
充斥着的野蛮人那样——所信守的准则优越得多。[3] 然而，欧
洲以外的土地却不仅仅充满异国情调、令人心驰神往，更重要
的是，这些地方比欧洲的产业更能够带来经济收益。一个极端
的例子也许是葡萄牙，18 世纪它发展成一片较为贫困的葡萄产
区，其人口与经济越来越落后于出产了大量贵金属的巴西；同
样，印度和加勒比也被想象为英国与法国的无尽财富的源泉。

　　欧洲：它在 18 世纪末集合了一群向世界扩张的、相互征
伐的国家，这些国家的居民被绑定在严苛的等级秩序中，持有
不同的信仰，受到不同文化传统的教育。哪怕在以农业主导的
广大社会中，人们也拥有相似的生活经验，这一点是不应被忽
视的。

第一章
革命（1789~1815 年）

1 尖锐危机与长期问题

革命与冲突：1776~1792 年

在 18 世纪七八十年代的岁月中，欧洲的上层阶级过得并不很好。从 1776 年开始，北美 13 个英属殖民地的居民就因为远在伦敦的国会企图在未得他们同意的情况下征税，开始与之展开争斗。殖民者们主张，只允许在征得相关代表同意的情况下课税——"无代表不纳税"（no taxation without representation）。美国的革命者起先似乎将要败于英国更占优势的军事力量。只有在法国与西班牙的君主顺水推舟，向大不列颠发动战争之后，伦敦的内阁才被迫搁置北美的纷争，转而保护加勒比与印度的那些能带来更大效益的产业。这一起全球性冲突被称为美国独立战争；在英国首次落败于与其对立的、1688 年后便由法国领导的联盟时，这起冲突也宣告终结。在 1783 年签订的《巴黎条约》中，英国虽然仍保有其位于加勒比、非洲和印度的殖民地，但被迫承认了美国 13 个"邦国"的独立性；这些邦国在 1787 年组成联邦，表明共和宪法不仅适用于像热那亚、威尼斯或者瑞士联邦这样一些较小的国家，也能够在领土广袤的国家起效。

伦敦政府在内政方面遭受的压力，并不仅仅归咎于战争的失败。1778 年，英国国会在英格兰和威尔士废除了针对天主

教的陈旧法律。在这一举措于 1779 年扩展到苏格兰不久前，
有传言说国王乔治三世虽名为新教徒，实则为天主教的"教皇
党分子"（Papist），所拟定的法案旨在重建天主教国家。由这
引发的一场荒唐的运动不一会儿就席卷了英国。它的领导者是
乔治·戈登勋爵（Lord George Gordon），伊顿公学校友，曾
在 1766 年和 1769 年间作为海军军官驻扎在美国。戈登提出
了一项很受欢迎的要求，即重新起用没收财产、驱逐出境以及
肉体惩罚的方式，打压英国的天主教徒；单单在伦敦大区，就
有 4 万人在请愿书上签字。1780 年 6 月 2 日，议会讨论签字
名单，其时大约有 6 万人聚集在议会大厦前。在士兵驱散人群
的时候，戈登要求大家保持镇定。但是当天傍晚暴动发生了。
暴民连夜摧毁了巴伐利亚及撒丁王国等天主教政权的公馆里的
礼拜堂，接下来数天里又破坏了天主教徒的住宅与祷告室，连
曼斯菲尔德勋爵（Lord Mansfield）这位信奉新教的最高法官
的府邸也未能幸免，此外还有一些驿站与监狱遭到袭击。直到
6 月 8 日，军队才收到清场的命令。在动乱中大约有 200 人死
亡，约 300 人受伤。随之而来的是各种审判以及处刑；戈登本
人被关进了伦敦塔——"伦敦的巴士底狱"。在"戈登暴乱"
的这几天，伦敦遭受的不动产损失是巴黎在法国大革命期间的
十倍。

　　自此往后，戈登就化身为英国政府的对手以及法国王后的
尖刻敌人；无罪开释之后他逃到尼德兰。1787 年在尼德兰发
生的骚乱把他赶回伦敦；他被指控诽谤罪，要在重建的新门监
狱（Newgate）里服五年的刑期。

　　因此在大不列颠，国会在某些问题上比一部分群众更偏
向自由。与之相反，在 1782 年初，日内瓦共和国的城市委员
会（Räte der Stadt）否决了 1781 年通过的改革，这项改革为
不同阶层的市民［bourgeois（中产者）、natifs（本地人）与

habitants（居民）] 赋予了同等的权利。自1782年4月8日始，改革的支持者们抗议这一番拖延。"日内瓦革命"相较戈登暴乱温和一点，只有一名男性被误伤——虽然革命者扬言要绞死城市里的贵族。伯尔尼、萨伏依和法国的军队发出威胁，如果不恢复旧有的宪法并驱逐起义的领袖，就要驱兵城下；进步的政治家让步了，并带着大批的拥护者踏上逃亡路。

两年后，在哈布斯堡帝国的东部，贵族的土地遭到焚烧。自母亲玛丽亚·特蕾莎驾崩后，约瑟夫二世（Joseph II）便成为散布各处的哈布斯堡领地的唯一统治者；他自1781始便着手改善农民的境遇，废除了农奴制，并允许很多省份的农民以一个合理的价格购买土地。1783年，约瑟夫亲临特兰西瓦尼亚（Transsilvanien），给当地带来了巨大的希望。但这里的地方贵族却恰好拖延时日，不落实改革。另外，因为这项改革需要建立地籍册，很多农民也担心，若他们把所有权关系如实登记了，便有承担兵役的可能。这引致数以万计的农民在1784年掀起暴动；大约有4000名贵族家族的成员因此丧命。特兰西瓦尼亚起义在1785年1月被镇压，但它的野蛮程度限制了君王的改革计划，尤其妨碍了他要在1789年推行统一农业税的意愿。

这个意愿并没有实现。1786年，尼德兰共和国里，一场冲突愈演愈烈：一边是"奥兰治派"（Oranier），支持拥有半君主权威的世袭执政（Generalstatthalter）；另一边是"巴达维人"（Bataver），即"爱国者"，要求制定一部去中心化的、强调地方独立的宪法。一开始，亲法的"爱国者"运动在很多地方都战胜了亲英的"奥兰治派"。从1787年开始，"尼德兰革命"就扩大为内战，其进程与日内瓦革命相近；反对君主与贵族统治的人们因为外部的干涉而失掉了胜利。出现干涉的原因是"爱国者"们逮捕了尼德兰执政威廉五世的妻子威廉明娜（Wilhelmine）——普鲁士国王弗里德里希·威廉二世的妹妹。在英国的保护下，普鲁士军队进驻，把奥兰治的统治稳定下来，并将大批"爱国者"驱逐出境。

普鲁士与奥兰治的胜利暗含了法国的失败：路易十六世失去了机会，不再能跨过脆弱的边界，加强法国对其北邻的影响。

在南部的哈布斯堡尼德兰，政治态势同样十分紧张。约瑟夫二世不仅打算推行彻底的税制改革，甚至要不遗余力地将这一改革推广到那些位于匈牙利、波希米亚、波兰、巴尔干、奥地利、北意大利、"远奥地利"（Vorderösterreich，布莱斯高地区的弗赖堡附近），以及南部尼德兰的领土。这种做法从根本上打破了现行的法律状态。仅在哈布斯堡的尼德兰——它比现在的比利时要小一些——约瑟夫二世就要在十种不同的名号之下进行统治，其中像是"弗兰德伯爵""布拉班特伯爵"等都意味着不同的权利与义务。每一位新的领导人都必须承认它们；约瑟夫二世略加忖度，便和他的前人一样作下宣誓。但在这个时候，他已下令为各信仰赋予有限的平等权利，并且关闭修道院。

奥地利的对手普鲁士支持人们对抗这位头顶多项称号的改革皇帝；反抗主要发生在匈牙利和哈布斯堡的尼德兰，而在蒂罗尔、加利西亚、波希米亚和特兰西瓦尼亚，也出现了一些规模较小的反抗。从1789年的夏季开始，比利时就为一场公开的起义所困扰。在这一处境下，北部尼德兰和普鲁士政府的反爱国者名正言顺地发起了干涉，把原本逃亡比利时的"爱国者"进一步驱往法国。1790年初，由一众修道院院长所领导的反抗运动要求建立一个"比利时诸省合众国"（Republik der vereingiten belgischen Provinzen）。约瑟夫二世于1790年2月逝世；他的弟弟利奥波德二世（Leopold II）、曾经的托斯卡纳大公继位，和弗里德里希·威廉二世达成一致，在普鲁士的扶持下恢复旧有的比利时宪法。

大国对弱国的干涉首先是为了构筑有利于自己的权力局势，不过也有时候是因为对邻国的改革成果表示担忧。1772年，俄国、奥地利和普鲁士吞并波兰王国的一部分，扩大了自己的领土。1791年，依据生于日内瓦的政治哲学家让－雅克·卢梭提出的原则，以及英国的政治实践和美国的宪法，波兰为自己制定出一部宪法，使波兰问题再度成为焦点。该国宪法由两院制议会起草，并经过多数同意。它规定国王要征求大臣的同意，准备确立城乡间自由迁徙与契约自由的原则，并规定在现任君主驾崩之后，继任者将为萨克森的选帝侯。同时，这部宪法还解决了一系列从表面上看造成了波兰积贫积弱的问题：每位贵族对任意法律行使"自由否决权"（liberum veto）导致了行动的低效，君主选举过程受到了来自外部的渗透，对拥有生产能力的公民的打击造成了经济的落后。要是这次宪法的改革获得成功，那么"瓜分波兰"的各方势力就必将要惧怕一个强大的波兰。

欧洲的第二个特别困顿的国家是奥斯曼帝国，它在18世纪遭受了一系列的军事打击；最近一次严重的损失发生在1783年，其时克里米亚半岛被交割给了俄国。为了防备进一步的侵略，苏丹在1787年向俄国宣战。双方都开始寻求盟友。奥斯曼帝国此番宣战使得俄国与哈布斯堡结盟，因此哈布斯堡的军队在巴尔干地区投入战斗而远离了法国，减轻了1789年革命的严峻程度。波兰作为俄国的盟友参战。俄国、波兰和奥地利的结盟又使得普鲁士和大不列颠不安起来；在他们的怂恿下，瑞典在1788年对俄国宣战。

俄国与哈布斯堡的行动在一开始是迟缓的，但仍很快获得胜利。1789年10月8日，贝尔格莱德失守，接着是布加勒斯特。约瑟夫二世既然获得了这样的筹码，加上普鲁士又对俄国构成了威胁，订立和约的时机便到来了。1790年6月，哈布斯堡帝国与瑞典放弃了攻占的土地；但普鲁士仍为哈布斯堡帝国里的反对运动提供支援。1792年，俄国从奥斯曼帝国那里接收了对黑海北岸的控制权。

1789年之前的岁月里，欧洲很多地方都出现了不安定的因素；有时候，有些因素甚至会导致统治结构的崩盘。其中有一部分被称作"起义"，而另外一些被称作"革命"。有很多都是由强大邻国的政府操控的，以便在国际政治中打倒对手；君主国之间大都相互征伐，并不团结。

但是反对运动之间也同样不团结。虽然在美国、日内瓦或者尼德兰共和国，人们扩大了参与权、消除了不平等，也即提出了由"古老的"权力所奠定、而内容上却很"现代的"要求，但戈登暴乱以及比利时或匈牙利的叛乱，却叫喊着要保留不同信仰、地位和区域的臣民之间的差别。特兰西瓦尼亚的农民起义牵涉社会利益。挑起暴力行动的大多是知识分子或者地方官。他们要是能鼓动部分民众和军队反对现存的合法权威，就能够达到其目标；民众在得知自己面临直接威胁的时候，往往会有很激烈的反应。

29

社会与经济上的紧张时刻

经济上的关系使得人们更愿意不顾拘捕、放逐与死亡的危险而向现存的秩序发起攻击。我们需要驳斥这样一种假说，即发迹之后要求获得政治权力的"新兴的"公民阶层，让18世纪70年代末之后的"公民"革命变得更为可能。其实我们更应该关注人口的增长带来了怎样的结果。出生人口因儿童死亡数降低而增长——在北欧和西欧尤其如此。在这种情况下，职业规划变得更加模糊，因为越来越多人不能再指望着继承父母的社会地位，而是需要寻找新的方向。与此相反，在法国、英国或者德国西部的许多地区，肥沃的土地都已有其主，于是，对农村里的"剩余人口"来说，他们要是不想移居到东部或者西部，只能看着自己的社会地位下降，从农民变为仆役，再从仆役变为日工——除非进入城市。

农村里产权关系的改变也促使人们离开农村。在 18 世纪晚期，很多研究农业问题的知识分子有这样一点看法，而像亚瑟·杨格这样的观察者也似乎已在经验与定量的层面上加以证实：比起被划分为诸多小块的、某种程度上以农村共同体形式（Dorfgemeinschaften）集体经营的土地来说，由一人或一个机构所占有的大块土地要更有生产力。即使在某些人眼里，比如约瑟夫二世，小农场比大庄园产出更多，但是就连他也更偏好私人地产，而不是农村共同体的形式。

经营农村经济的前革命的欧洲，不是一片原始共产主义的田园，在其中每一位村民都能分配到同样多的产出。实际情况是，各地农民都因为各类赋税苦不堪言；贵族或平民出身的地主、修道院院长、主教、宗教或世俗机构，能够用这些赋税构筑或扩建他们的宫殿、府邸、修道院、教堂和学院，只给农民剩下仅够维持生计的收入。对田地、森林和草场的利用拥有错综复杂的社会规则，而这些规则更利于拥有大量土地或者更高社会地位的人。例如，在法国的大部，一位大地主在人造的鲤鱼或鲈鱼塘上的利益，要比小农在草场上的利益更重要。这意味着，哪怕农民可以获得补偿，他们也需要等上个三年，直到人造鱼塘"捕捞完毕"才能使用这片土地。

不过，哪怕是控制着大片地产的人士也需要遵守大量或成文、或口头相传的习惯法。在这些条件下，人们基本难以想象一种着眼于收益最大化的农业企业。不过在 18 世纪晚期，普鲁士的森林部门证明了，收益最大化的原则能够让农业获得更高的产出。该部门仅根据林地能提供的木料多少来规定林地的价值。这样一种"商业开发的逻辑"成了生产的指导原则：森林部门种植一排排生长迅速的树木，把森林"整顿"得整齐划一。恼人的矮木必须消失；因此，对于先前以采集浆果、蘑菇、枯柴或水生植物为生的人们来说，他们过活的基础被抽掉了。从经济上衡量，这一新的经营方式获得了普遍的成功——直到它因为偏向单一种植，造成了1980年代的"森林死亡"（Waldsterben）。[1]

31　因此，18世纪农业革命的目的是，将粗放利用的共同地产转化为集约经营的个人地产。习惯法与使用权被废除了，而"共有地"（Allmenden），即"公地"（英语：commons）或"国有地"（意大利语：demani）被分配出去。英国发起了相应的改革，1760~1780年，国会"圈占"了大量的田地；1792年那不勒斯王国、哈布斯堡帝国和普鲁士也作出了相似的举措。传统上穷人们拥有收割之后复收的权利，这一权利如今也受到了打击，哪怕有时候法庭还是会选择遵循这样一种习惯法，比如在英格兰曾有采集者提出诉讼，控告给他们带来人身伤害的地主。

在社群的权益受到限制之后，在再分配中两手空空的那些人不得不进入城市，期望找到工作、换取薪酬，或者培养更广的人际关系。于是许多茫然无措的年轻男女进入城市，但他们在城市里碰上的男男女女，却也同样有着看不清未来的苦衷。因为商业领域开始集中化，而手工业中的那些非由行会主导的领域也是如此，他们不太能指望拥有自己的作坊或者办事处。由于农村产权改革，加上18世纪80年代收成不好、食物价格抬高、手工制品需求降低，城市里的劳动力市场供过于求。18世纪末的波士顿、伦敦、巴黎、布鲁塞尔，和今天的卡拉奇、德黑兰、安曼，并不是完全不同的：在这些城市中都有一批彷徨的年轻人，他们轻易就能为克里斯玛型的领袖所鼓动。今天，在很多发展中国家，25 岁以下的人口能占到总人口的一半；在 1789 年前后的法国，也至少有 40% 的人口低于 20 岁，而在英国占到这一比例的则是 25 岁以下的人口。

32　　然而，我们很难确定，18 世纪许多阶层的人口的经济状况是怎样恶化了，以及是在何处恶化的。对英国以及法国的测算结果大不相同；而在中欧、南欧和东欧，因为信息来源更为有限，我们几乎无法作出测算。若测算法国在 18 世纪初到大革命期间真实收入下降几何，我们会得到从 10% 到 50% 不等的结果。而就 18 世纪英国的真实收入是保持稳定还是有所上升或下降，人们也争执不下。[2]

对薪资、各类收入以及价格的定量描述，仅仅适用于欧洲西北部的城市中心；而哪怕是在这些地方，一部分收入也是由难以定量的实物支付（Sachleistungen）构成的（例如在一户手工业者家里借宿的价格是多少呢？）。在欧洲的农村，货币经济通常并不占主流；主人与奴仆的财产分配经常围绕着同一张桌子上的食物进行，这样的财产分配与其说和食物的价格挂钩，倒不如说和质量不同的各样食品被如何分配有关。

虽然说，这样一些结构性推移的进程十分缓慢，并且因为个体或者集体对年年不定的收成以及月月波动的价格有不同的感受，这种推移的轮廓并不太明朗，但是无论如何，尽管不是直接的原因，它仍然构成 1780 年代政治动荡的一般背景。除特兰西瓦尼亚外，在上述种种革命中，均只有在政治上长久的不安定导致了物价上涨与失业之后，社会政治问题才会真正爆发——与这些不安定相比，1780 年代的大部分革命都太短了。

政治冲突

各种对立之核心无外乎是对统治权的争夺；具体来讲，这些争夺围绕着税收的提高与征缴，围绕着不同等级的特权。其中一"派"（Partei）在全欧洲的范围内与约翰·洛克、伏尔泰、让-雅克·卢梭等人的著作，或者狄德罗（Diderot）与达朗贝尔（d'Alembert）的《百科全书》（*Encyclopédie*）挂钩，他们试图将统治权重新建立在统治者与被统治者的协议之上。与此相反的看法是，君主统治的传统合法性只与神圣的世界秩序有关。糟糕的君主，比如法国那位因恣情声色而闻名，据传与一家三姐妹均拥有几近乱伦关系的路易十五世，比如大不列颠那位债台高筑的继承人，威尔士的乔治（Georg）王子，再比如符腾堡的卡尔·欧根（Karl Eugen）公爵这类因大建行宫而知名的德意志小王，当然只能被视作受到了上帝的惩罚。

相反，18 世纪的"启蒙"君主，比如普鲁士的弗里德里希二世、俄国的叶卡捷琳娜二世或者奥地利的约瑟夫二世，则更着眼于历史的经验。罗马共和国灭亡以后，只有君主制大国能在欧洲获得胜利。若权威缺席，无政府的状态便要抬头。"改革型绝对主义"（Reformabsolutismus）和卢梭等知识分子一致认为，应当理性地建立宪法，并定期考察所有的机构、实践以及特权，看看它们是否有助于实现国家的目的。

对哈布斯堡帝国的约瑟夫二世来说，等级特权并不有助于实现国家的目的。他重重改革的最后一步，是用一个由相互平等的臣民所组成的社会来取代等级社会。因此在 1780 年代的奥地利，重罪犯所属的社会等级并不会左右对他的判罚，他会和其他人一样平等地被判处实务型、生产性的劳役——哪怕这些劳役也经常会导致死亡。1783 年，约瑟夫二世决定开放原先专属贵族的特蕾西亚学校，使所有等级都能获得相同的教育机会。

然而，何种结果才能证明一种政治行之有效，这个问题却没有统一的答案——是富有的人口，广阔的国土，还是崇高的威望呢？1751 年开始出版的《百科全书》是欧洲启蒙运动的参考性著作，它给出了一个目标——"使最大多数的人幸福"，而这只有英国的政府形式曾成功实现。这本书在理解社会等级隔阂方面与约瑟夫二世达成一致。[3] 相反，卢梭在 1762 年的《社会契约论》(*Du contrat social*) 中却要将人口数量，而不是它们的幸福状况，树立为衡量的标准。[4]

依据理性原则调整统治关系的办法，对任何等级来说都同时意味着机遇与挑战。贵族的特权——比如免于缴税或者垄断军队、教会与国家的职位，招致了来自贵族内部，来自富商大贾、平民出身的知识分子以及"市民阶级"地主的批评。

富有的市民与农民会期望得到新的职业机会、更低的税收负担以及更广阔的政治参与前景。这个"第三等级"也许会乐意看到任何一种改革，因为他们即便遭受批评，也只与一些无足轻重的现象有关，比方说金融或贸易投机造成的副作用。

教士似乎特别希望改革。在新教中常常出现一些个人主义的、强调情感的运动，它们采用了 17 世纪与 18 世纪早期的虔信主义或者"贵格会"的形式，受到了像约翰·卫斯理［John Wesley，属循道宗（Methodist）］或者汉斯·尼尔森·侯格（Hans Nielsen Hauge，属侯格派）的启发；要么仍然在既定的官方教会的范围内活动，要么已经脱离了它。天主教中的詹森教派（Jensenismus）也有相似的功能，这一教派在 1800 年前后社会改革的浪潮中建立起来。因为不同教派之间存在分异，国家若推行单一信仰便要遭受猛烈的抨击。这种抨击除了怀有道德的考量，还有经济的考量：宗教压迫阻碍了宗教上的少数派——比如法国的犹太人与新教徒，或者帝国的新教城市里的犹太人与天主教徒——发挥他们在经济方面的能力。在官方教会的领导下，对出生与婚丧的统计排除了离经叛道的人；

法国或奥地利的新教徒以及犹太人，英国的天主教徒以及非圣公宗的政治或宗教团体成员，他们的继承问题与家族关系处于法律上的灰色地带。戈登暴动和比利时的革命无疑展示了，操控宗教少数派的企图会引发很大的政治风险。因此，没有君主敢越雷池一步，所能做的只有废止个别的歧视性规定，或者为个别人破例行事——比如路易十六世，他在1777年将信仰新教的银行家雅克·内克（Jacques Necker）擢升为法国的财政总监。

在天主教国家，世俗教士（Weltgeistliche）与教团教士（Ordensgeistliche）占了很高的比例，他们占了总人口的1%~10%，这种情况对教会法规提出了又一种经济上的反对意见。这些男女教士倒是常常祈祷，人们却普遍认为他们怠于做工，并且在增进正直民众的财富方面没有作出任何贡献。即使说世俗教士的确能够促成某种有益的目标，但在18世纪的天主教国君看来，教团教士的情况却仍然不那么明朗。除了拥有强大政治影响力的耶稣会，他们还关闭了较小的修道院，并没收了它们的财产，用来补充周期性捉襟见肘的国家财政。这是一笔巨大的财富：天主教教会在法国占有超过10%的肥沃土地，在那不勒斯王国占有的比例超过1/3，在巴伐利亚选侯国则占有超过全国面积一半的领土。此外，教会选帝侯以及教宗国也唤起了邻近的世俗国家的贪欲。能置身事外、不被查抄的，大多只剩"有贡献的"教团，他们教养儿童、照顾病人或者牧养灵魂。只有法国的路易十五才会支持玄思静观的修道院。对于这样一种进程，有的教士担忧地观望着，有的则欢迎它，将它当作宗教的新生。

在18世纪末的欧洲，君王的内阁以及有教养的社会团体在笔头与口头的交流中达成共识：有必要作出变革以消除各种不当的行为。但是，在如何达到理性与传统之间的平衡，以及谁能够就变革作出决定等问题上，存在着激烈的争论。在大一些的国家里，君主通常都能够争取到决定权。在"受启蒙的"或者"改良型的"绝对主义政体中，君主或其强有力的首席大臣在对法律、社会、行政、教会以及经济实施改革的时候，总是要接受公众的审视，虽然后者受到了审查的限制。在这个原则上英国是一个例外，因为政府更需要对国会而非君主负责；另一个例外是法国，在那里，改革似乎没有踏上正途。

2 个别国家的革命

国家财政的危机和法国的君主制

无论是葡萄牙和西班牙的宫廷，还是俄国的叶卡捷琳娜女皇，都面临着相似的问题：为什么"大"革命只发生在法国？那里有什么特别严重的弊病吗？前革命时期法国的被统治阶层日趋贫困，在税收的重负下叫苦连天，这在18世纪的英国就已经成为漫画家们所钟爱的题材：在漫画中，1790年前后的法国人身形瘦削，没有人会把他们误认为坐在酒吧里享受着烤肉与啤酒的、胖乎乎的英国人。

这样一幅图景实则不合事实，因为英国人在承担着更重的税负。人均来看，在18世纪末的英国，中央集权制下的税收比海峡那边高出两到三倍，而另外一些非直接的税收也在国家收入中占据了越来越大的比重，同样为英国的贫困人口带去愈加沉重的负担。比起英国政府，法国政府不仅在运营成本上更低，而且在18世纪最后1/3的时期内还要更高效。法国的时尚支配了欧洲的品味，法语甚至能和拉丁语一较高下，争做有教养的欧洲人的第二语言。只不过，要是人们将国际事务当作核心问题（国际事务的重要性可见于1789年10月，贝尔格莱德被占领的消息传到了维也纳的时候，原先批评约瑟夫二世及1788

年的物价上涨的民众立刻噤声了），那么人们必然会发现，从1783年开始，法国的国王就没有获得什么国际政治上的胜利。

需要对此负责的是法君主制周期性的财政问题。在偿清战争债务方面，法国做得比英国糟糕，毕竟英国的议会主要由国家的财富精英组成，为国家债务提供了担保。在1614年最后一次三级会议闭幕之后，法国就不再有职能相似的机构了。在大不列颠，税款是由国家的海关及税务部门，以及名誉性的税务委员会征收的。而在法国，国王就课税的权力公开招标，即谁能收上来最高的税款，谁就能够得标。成功的"包税人"（Steuerpacht）企图在特许经营期内中饱私囊，于是就顾不上纳税人的权利了。

法国没有类似于财政预算的东西。财政总监内克关于收入与支出的报告于1781年公布，这使他赢得启蒙者的名声，因为他对君主制的浪费提出了谴责。然而内克的统计工作在很大程度上是想当然的。据报告说国家财政是平衡的，但实际上法国的君主政体在18世纪中叶开始就面临着结构性的赤字。尽管延缓了某些"不寻常"账户的开销，但没有一位财政的总负责人能够忽视，在1780年代中期，法兰西君主国的年度开支比国家收入高出大约1/5。造成这个局面的是因美洲战争而大幅上涨的国家债务，并且法国既然有一段国家破产的往事，就必须偿还比英国更高的利息，而英国从1672年开始便已停止还款付息了。偿付利息占了法国支出的一半，和平时期的军费开支占了1/4。剩下的1/4由内政和王宫的财政开支构成，后者大约占了总支出的6%。因此法国国债在非战争时期持续增长，而英国却在和平的岁月里减少了它的国债。这样一种财政上的困境使得1780年代末的法国在国际政治上陷入被动。

君主和大臣眼下的核心问题是，怎样才能重新提高法国的执行能力。极端的鼓动家在考虑宣布国家破产来解除所有的

38

债务，并将国家的执行能力提到英国以上的水平。不过，路易十六世及其顾问更希望对税收制度实施改革，给那些免于缴纳部分税款的等级，即教士、官僚及军事贵族，套上更重一些的负担。

法国是一个绝对君主制国家，君主的意志是最高的法律——要是路易十六世下了令，贵族和教士就必须交税。不过，没有一位法国君王能够触动被设想为永恒与不可变易的法律体系，比如废除王国的男性继承制，将法国改为新教国家，或者在国内推行奴隶制度。

就法律秩序是否得到遵守这一问题，巴黎的高等法院拥有最高监督权，是 13 个高等法院中最重要的一个。这些法院登记法令，在最高法庭作出判决，为国王提供法律顾问。高等法院由顶尖的大贵族以及一群特殊的法官构成，这些人以永租权（Erbpacht）的方式获得他们的职位；继承人的专业能力要受一种增选办法的检验。所有高等法院的全体成员作为贵族等级的成员而免于缴纳直接的税款。

在登记法令之前，各高等法院要考察它们是否和现存的法律相一致。要是存在冲突，他们就会"提出异议"（remonstrieren）。在这个程序中，巴黎的高等法院拥有权力裁断法律是否与法国君主制的原则相协调。从 1770 年代开始，高等法院就将削弱等级特权（比如贵族免于缴税的特权）的行为视作违背了君主制宪法而予以拒绝。虽然国王能够以个人名义强制登记某项法律，但要是他使用了这项权力，高等法院就会把自己塑造为君主专制的受害者，以此寻求公众的帮助。路易十六世在 1776 年效仿路易十五世，用自己任命的法官组成的法院来替代高等法院，并为原则冲突的激化埋下伏笔。

掌控着法国命运的法王夫妇的各种特质也体现了，这是一个对君主不利的时代。在 1774 年登基的时候，路易十六世是

19 岁。他心地善良、富有责任感、待人友善，同时还深刻认识到自己作为欧洲最重要王朝的首脑所拥有的权利。但是，和其他欧洲国家的"启蒙"君主不同，他没能成功发展出自己的政治路线，或指定一名大臣作为其代表。在公众眼里，他被矮化为一个逐渐发福的人物，虽然他痴迷田猎多少还算合乎身份，但他痴迷制锁就明显有悖于其等级了。

1770 年，在还是一位王子的时候，为了与奥地利确定关系，他迎娶了玛丽亚·特蕾莎的女儿——当时年仅 15 岁的玛丽·安托瓦内特。这一对夫妻并不怎么合得来。他们到底要花多长时间才能迎来第一位后嗣，这一点尤令公众瞩目，毕竟君王的声望可不会因为生育能力的缺乏而提高。只有在一场生殖器手术之后事情才有所改善：1778 年迎来一个女儿，1781 年第一个男性后代降生，1785 年第二个儿子降生。因为玛丽·安托瓦内特此前受到丈夫的冷遇，部分民众便将王后视为一个轻浮的"奥地利女人"，这样的看法主要产生自对奥地利这位传统敌手的不满。虽然坊间流传了一些宫闱秘闻，给王后编造出各种可能的花边新闻，但流言总的来说不算多。不过，生活在一个"人造世界"①里的玛丽·安托瓦内特——在这个世界中有风车和洗刷得干干净净的羊羔，比起建造医院的约瑟夫二世，以及致力于打造优秀农场的大不列颠的乔治三世来说，的确差上一截。

在 1785 年的"项链事件"这一起关于财政与性的丑闻中，人们可以清楚看到，儿女降生的喜事并没有驱散对王后的负面印象。1784 年，有人以 160 万里弗尔的价格把一条钻石项链

---

① 指她精心设计并委托建筑师理查德·米克（Richard Mique）和艺术家休伯特·罗伯特（Hubert Robert）打造了凡尔赛宫里的小特里阿农别馆，该建筑是法国著名的田园风光派建筑。——编者注

推销给王后——她每年在衣服与首饰上花费大约 26 万里弗尔。
玛丽·安托瓦内特凭着爱国主义的理由拒绝了这单买卖，她说
买一条战舰要更有意义。但是德拉莫（de la Motte）伯爵夫
人却成功哄骗了一位失宠的主教——斯特拉斯堡的路易·德罗
昂（Louis de Rohan），让他相信王后请求主教以他的名义为
她买下这条项链。德罗昂乐意效劳；德拉莫夫人把项链给了自
己丈夫，而她丈夫又把宝石卖到了英格兰去。为了哄住主教，
她安排一个妓女假扮成王后在爱神森林与他幽会。当德罗昂在
1785 年年中问起那笔钱时，骗局就被戳破了，愤怒的君王把
德拉莫、德罗昂以及其他十五个或多或少有所牵连的人投入监
牢。巴黎的高等法院受理了这个案件，尽管在全体会议中德罗
昂属于教士等级。诉讼一直持续到 1786 年 5 月，最终德罗昂
被判无罪。于是无怪乎人们会相信，法国的王后向为爱发狂的
教士抛去媚眼——这种事情对君主制来说是无法容许的。审判
之后，国王下令驱逐德罗昂，然而这个决定又显得任性专断。

　　在这一背景下，对税制改革的争论进入白热化的阶段。
1786 年，财政总监夏尔·卡洛纳子爵（Charles, Vicomte de
Calonne）提出了一项财政改革方案，其核心和约瑟夫二世改
革的核心类似，即要建立一项通用的土地税。该方案认为，应
当通过卖出王室的（也即私有的）土地来偿还债务。为了压制
高等法院中的反对意见，将这个方案确定为法律，路易十六
世依据卡洛纳的建议，在 1787 年 2 月 22 日邀请一些"显贵"
（Notablen）来到凡尔赛宫。144 位世袭的王子、高级贵族、
高等法院成员、市长以及高级教士，纵然乐意在自己的特权
上作出让步，却不愿意与卡洛纳共事。这一场试验的结果是，
贵族会议里的反对派领袖、图卢兹总主教艾蒂安·德布里安
（Étienne de Brienne）被任命为第一大臣。德布里安奉行一种
双面策略，一边争取有教养的公众，一边分化旧制度里的特权

等级。为了拉拢受启蒙的公众，他改善了新教徒的境遇，把他们的生卒与婚姻一并纳入官方的统计。他给了农民通过缴纳金钱以免于服役的期望。今后每一省份都应当召开磋商会议，而第三等级的与会人数应该和前两个等级一样多。无疑，巴黎的高等法院驳回了这些敕令，并在1787年冬和1788年春向强制性登记提出抗议——这种情况给了德布里安推行全面司法改革的借口。

德布里安的方针得到了多方赞同，但是也受到一些批评。与美国方面打过交道的军官，比如拉法耶特侯爵（Marquis de Lafayette），要求组织一场拥有制宪权的会议。1788年夏天，在商人、工场主克劳德·佩里埃（Claude Périer）的邀请下，多菲内的维齐耶城堡（Schloss Vizille）召开了一场由多菲内教区选举产生的小型国民会议，会议要求制定法律对抗政府的专制。在收成惨淡的情况下，德布里安对谷物贸易的放宽造成了饥荒。路易十六世没有抵抗住压力，公众舆论迫使他在1788年8月重新将雅克·内克起用为财政的总负责人。内克再一次把高等法院和显贵会议组织起来，以便决定重新召开王国三级会议的方式。这些决定让法国上下一片欢腾。

三级会议

关于1614年选举的记忆已经模糊了，因此人们并不能很容易回答，要如何在法国的300多个选区，以及法国在加勒比、非洲和印度的领土中，选出三个等级的代表。只有一件事是清楚的，代表们要通过"陈情书"（*cahiers de doléances*）的形式获取民众的意见。陈情书涵盖范围甚广，详尽地展现了1788年冬季与1789年春季法国处在怎样的氛围里。的确，人们能够找到证据说明大革命无法避免，因为无论是哪一项法律，都会有人要求废除。但要是人们观察到被提出的多是一些个别的要求，那么就能明白，批评主要是针对局部的矛盾。废除税收特权的要求特别受欢迎——这恰恰也是王国想要的。这些意见也因此特别见证了当时的人们对君主统治方针的全面授意。

如同德布里安的省级会议那样，第三等级没有顺从显贵会议和高等法院的愿望，反而向凡尔赛宫输送来达到第一与第二等级的总和的代表人数。这种情况撩拨起一种企图，即要令三个等级同室议事并按人头投票表决，而不是像 1614 年那样各等级分开议事与表决。这种情况下，前两个等级的大多数人就会在一种结构性的僵局面前束手无策。

成年的贵族和之前一样以个人名义选举他们的代表。依惯例，被选出的人出自最显赫的家族，这些家族的大部分人在军队中担任要职，或者依靠领地的收益生活在巴黎及周边地区。与此相反，第一等级，也即天主教教士，却以一种显著有别于1614 年的方式进行选举。神父可以用个人名义参与选举会议，也可以指派一位代表；但教堂的圣堂参事会（Domkapitel）以及修道院尽管从者颇众，却同样只能各自投出一票。现存体制下既得利益者的长处就这样变成了拖累。在第一等级的295 位代表中，只有 46 位是主教及其代表，其中就包括了夏尔·莫里斯·德·塔列朗（Charles Maurice de Talleyrand）；他曾管理教堂的财产，并在之后的 1788 年被任命为欧坦区（Autun）主教。130 个主教管区的统领中，大部分都没有出席三级会议。有 3/4 的代表是教区神父，而这些人在 1614 年的时候只占据少数；修道院修士缺席。

第三等级的选举办法是多层级的。所有 25 岁以上的男性臣民都拥有选举权——他们管理着需要纳税的家产，从属于某个行会或其他的职业机构。理论上外国人和妇女没有主动的选举权，但实际上社会地位通常要比国籍或者性别更为重要。选举的结果是一场法官会议。第三等级的成员中，大约有2/3是律师与法官，或者接受过法学教育的人物，譬如阿拉斯（Arras）的代表马克西米连·德·罗伯斯庇尔。像佩里埃家族的10名成员（父亲、6个儿子与3个女婿）这样的商人、地主或者工场主，仅有少数能被选进三级会议。因为代表们必须自己承担竞选、前往凡尔赛宫并留居彼地的费用，那么很显然，三级会议将会由一些富有的男性成员组成。选举耗时甚久；在巴黎，因选区划分而引起的暴力行动将选举拖延到了7月初。

这次选举在一定程度上带来了某种误解，仿佛只要让王室知道陈情书里列举的弊病，就能够消除这些弊病。1789年春季之后，个别地方开始有农民拒绝支付税款和承担责罚，袭击或杀害政府官员和地主，并且烧毁记录着他们各种义务的案卷；这些情况在同年夏天的"大恐慌"中波及全国广泛地区。在城市里，谷物交易商、面包师、磨坊主和收税人成了袭击的对象。

在1789年春季及早先的冬季中被选举出来的三级会议是一次独特的会议。依18世纪的惯例，欧洲的王公们在国家（以英国、瑞典为例）或者省份（以哈布斯堡帝国、法国为例）的层面上召集各等级的代表。不过在这些等级会议中，人们在选举之前就已经清楚自己属于哪个等级。若设有上院，那么其成员的席位就是世袭的，或者与某些公职挂钩，例如大不列颠的上议院由英格兰的世袭贵族、圣公会主教以及最高级别的法官组成，而苏格兰的贵族只能选出二十几名代表。下院事实上（de facto）也会要求其成员世代延续；因为缺乏备选方案或者出于传统，被推选出来的人总是出身于某些特定的家族。例如，18世纪英国下议院约560个席位，被大概800个"议会家族"牢牢地操控着。新加入的议员人数不多，而且他们都想要加入现存的团体。与此相反，1789年的三级会议是一次规模庞大的集会，事先并不知道谁能参会，并且对这一集会的成员来说，议会中的工作会是一项新的体验。第三等级中只有 22 名代表曾拥有国王授予的职务；大部分人虽然忠于国家并熟读法律，却不太清楚国家行政的细节。

这个议会在 1789 年夏季拥有 1177 名成员，总共应有 1315 名代表；这是欧洲此前从未有过的，并且在最高苏维埃之前也没有再出现过。三级会议的规模几乎两倍于伦敦议会（大概 560 名下院议员以及 240 名上院议员），三倍于神圣罗马帝国的帝国议会（约 430 个席位，并且不是所有人都有表决权），更不用提革命前的美洲大陆会议（55 名成员）了。这种计算结果当然是以把各阶层合在一起来考察为前提的，不然第三等级的人数也只是稍微多于英国的下院罢了。不过，选举结果揭示了等级划分上的问题。有一些贵族成了第三等级的代表［比如在艾克斯（Aix）被推选出来的米拉波侯爵（Marquis de Mirabeau）］或者教士等级的代表。也有一些教士成了第二等级的代表（如马耳他骑士团）或第三等级的代表，例如，伊曼纽埃 - 约瑟夫·西耶斯（Emmanuel-Joseph Sieyès）神父，他是沙特尔（Chartres）圣堂参事会的成员、巴黎代表之一。在三级会议召开后组建起来的团体大多以省份为边界，并通常跨越了不同的等级。

1789 年 5 月 4 日，来自不同等级的代表穿上各自的服饰（教士穿长袍，贵族穿华彩的礼服，大部分第三等级代表则按规定穿着朴素的黑色套装）穿过凡尔赛宫；第二天在嬉游殿（Saal der Menus plaisirs）中，在国王发表了简单的致辞、掌玺大臣巴朗登（Barentin）和财政总监内克作了 4 小时的演讲之后，会议正式开幕。

开幕式营造的这一点小小的欢乐，在傍晚就遭到了沉重的打击。之所以出现不和，是因为几乎所有第三等级的代表本都抱着共同议事及表决的希望。在代表们拒绝向国王下跪，反而像教士和贵族一样站立的时候，他们已经昭示了其自我意识。但是，路易十六世却想要分开议事，大部分教士和贵族也是这样想的。

国民立宪议会

既然代表们亟须考察自身的合法性，第三等级就有机会提出开一场全体大会的要求。他们不仅能够参照大不列颠的榜样（在英国的城市与农村里，出身平民的有产精英们能够派出代表左右财政和税收问题上的决议），而且能够参照1789年1月发表的一篇极富影响力的小册子《第三等级是什么？》（*Qu'est-ce que le tiers état ?*）。这本小册子由西耶斯神父撰写，他论辩道：只有具备生产力的第三等级才是"民族"（Nation）的合法代表。

因为国王没有介入与干预，第三等级有充足的时间宣扬他们的立场。从6月中旬开始，教士阶层的部分代表呼吁三个等级共同进行代表资格审查；这使第三等级得以在6月17日之后将自己称作"国民议会"。当第三等级于6月20日被逐出他们的会议厅时，代表们在室内网球殿（Jeu de Paume）（室内网球是现代网球运动的一种前身）发誓要在新的地方重启会议，直到"王国的宪法在坚实的基础上建立起来并得到认可"。6月23日，路易十六世以个人名义要求举行分开议事的会议；此时，米拉波——他大概明知国王未有调遣军队的打算——用优美的言辞答复道，人们只会屈服于刺刀的力量。6月27日，在国王同意三个等级共同议事并让第二等级退出的时候，会议宣布召开国民制宪会议（Assemblée nationale constituante）。

因此，事情的发展完全违背了路易十六世的期待，或者内

036 / 革命与改革：1789-1850年的欧洲

克表面上的承诺。一些持怀疑态度的王室成员，包括国王的妻子与兄弟，建议路易十六世在凡尔赛宫和巴黎集结军队、罢免内克、恫吓三级会议，并在适当的时候在巴黎杀一儆百，以便军队着手在国家其他地方恢复安宁、重整秩序。路易十六世听从了这些建议。渐渐出现在凡尔赛宫附近的军事力量当然不能瞒过国民议会，他们要求军队撤离。这驱使路易十六世过快地展开行动：在完成军队调动5天前，他便于7月11日罢免了内克，尽管内克只是被要求秘密地离开王国、前往布鲁塞尔。人们听到了罢免的消息，再加上巴黎行将遭遇袭击的传闻正在散布，全城惶惑不安；而皇家宫殿（Palais Royal）——与波旁王朝的统治者世代作对的奥尔良公爵的住宅——在主人的庇护下，成了政治信息的集散中心。

手工业者、仆人、小贩和商人洗劫了军械库，和法国士兵联合起来对抗德国和瑞士的雇佣兵，并在7月14日向巴士底狱行进，这是一座从军事上制约着巴黎的堡垒。而除了军事价值之外，巴士底狱还是王权专制的象征，因为国王能够凭一纸秘密逮捕令（lettre de cachet）就让随便哪个批评者消失在这座（或者其他）监狱的地牢里。实际上，这样的秘密逮捕令通常是顺应某些贵族家族除掉眼中钉的要求而签发的。比如萨德侯爵（Marquis de Sade）因为他的性幻想吓坏了他的若干亲戚，就以这种方式被投放到巴士底狱中，直到1789年7月2日才被释放。但是蜂拥占领这座堡垒的人们找到的，并不是想象中为数众多的面黄肌瘦的政治犯，而是四个造假犯（他们立刻就逃脱了），一个在其家人的请求下被关押的贵族（他被允许回家并且费用由王国代为承担），还有英国和法国的两名精神病人；在胜利的群众把这两个精神病人抬往城市的时候，他们又赶忙逃到其他地牢里，而萨德在秘密逮捕令于1790年被废除之后，也被转移到一座普通的精神病院去了。

凡尔赛宫的国王，也就是那位对捕猎成果不太满意，所以在 7 月 14 日这天写下"无事"的国王[5]，除了举手投降，想不出别的选择。他向代表们表达了充分的信任，并把内克接了回来。7 月 14 日发生的事展示了，国民议会依赖的民众可以变得多么野蛮。在巴士底狱投降之后，他们把要塞司令、国王的城市代表和巴黎商务长官（prévôt des marchands）的身躯砍成块，把他们的头颅挂在长矛上游街示众。死刑是否已经过某种审判，人民是否仅仅将刑法中常见的毁坏罪犯躯体的做法移用到了他们眼里有罪的上等人的代表身上，都是很有争议的；而国民议会的代表最为关心的问题却是，大众对他们的好感还能持续多久。在接下来的几天以至几周里，往来巴黎的路上总是能看到长矛上挂着血淋淋的各色人头；在巴黎以及外省，议会代表看到了人们如何私下审判据说私藏了谷物的官员，如何毁坏尸体，以及如何得意地展示残躯断肢和内脏，只是反对私刑的声音弱不可闻。国民议会主要由有产者组成，要服从美洲英雄拉法耶特的指令，因而这些精英们不能也不想反对私刑。

国民议会持续时间之长出人意料，于是人们碰上了一个前工业化时代的农业社会里能碰到的、经济最为困顿的季节。虽然春季似乎常常洋溢着乐观的情绪，但农业社会若碰上融雪，便要遭遇艰难的数周，而不是丰足的月份。在这几周里，上一年特别贫乏的粮食储备——1788 年收成不好——现已告罄，而新一年的收获尚未到来。面包的价格持续上涨。政治局势模糊不明，而各类宣传册经受的审查逐渐减少，其党派色彩也越发浓厚，它们所反映的政治现状更是相互矛盾的。有消息传开，说为了进一步提高价格，国家要把谷物运往国外储存；关于军事行动和各种阴谋的谣言也从四面八方传来，法国的大部分地区爆发了"大恐慌"，并发展为 1789 年夏对富人、贵族和外国人的袭击。

这向国民议会施加了压力。所有的代表都在自己的故土上有朋友、亲人和财产。尤其是贵族代表，他们需要担心，关于自己在凡尔赛宫中的表现的消息一俟传开，其地产周围的民众会如何反应。在依据一位名叫约瑟夫·伊尼亚斯·吉约丹（Joseph Ignace Guillotin）的巴黎医生的想法被改造成了圆形议会大厅的嬉游殿中，长久的辩论以及对农民暴动的恐惧，把会议各方更牢固地团结了起来。在 1789 年 8 月 4 日夜至 5 日的一次大约有 1000 名代表出席的会议中，"理想主义、恐惧以及兄弟情谊出现了某种奇怪的联合，把所有人都聚合在了一起"[6]，并推动国民会议取消教士和贵族的大部分经济特权。谁要是欠了宗教机构或一位贵族某些劳役、几笔金钱或者什么服务，都有机会通过支付一笔一次性的款项偿清这些义务，从此以后就可以自由地使用自己的财产（不过，国民议会在女性的财产上持有相反的观点，即坚持女性的财产必须由男性掌控）。贵族和教士放弃了局部的特权，比如捕猎权，并同意展开税收改革。一些代表也尝试取缔奴隶制并鼓励宗教自由，但没能成功。

《人权和公民权宣言》——迁往巴黎

在 1789 年 8 月 26 日，国民议会发表了一则关于人权和国民权利的宣言，并宣布了一系列基本的原则，未来的宪法将依据它们而建立。回顾这些原则的时候，我们能够看到主导了议会的法官们的世界观，以及对于路易十六世可能再度解散议会的担忧。宣言的第一条核心原则是这样一句话：所有人天生拥有相同的权利。因此，成文法对所有人来说必须是平等的，无论他们在等级或者财富上有什么差异。今后，公共职位的分配必须仅仅以才能为依据。政治共同体的目标是捍卫"自然的和不可让渡的人权"[7]，即要捍卫自由、财产、安全以及反抗压迫，而不是扩大国家的疆土或者增长君王的荣耀。"国民"（Nation）是政治主权的所在，国民的共同生活必须通过明晰的法律加以规范，未被禁止的皆可施为；惩罚仅能依据公开的法律作出，并且必须"人道"（human）。

　　法律需要反映"公意"（volonté générale）。这一概念来源于政治哲学家卢梭，它表示的并不是多数人的意见，而是意味着这样一种观念，即"公意"得自辩论而具有强制性，所以没有一个理性的人会予以拒绝。对于公意的这种理解，与开明专制主义政体的统治风格完全一致。但是，国民议会认为有必要启动民意调查或者议会程序，以确保国民对法律和税收表示同意。

　　按照是否拥有财产权、能否保护自己免受专断之害、能否参与公职，宣言区分开了"人／人们"（hommes）与"国民"（citoyens），其中，"国民"能够参与法律和税收标准的制定。但这也留下一个不确定的问题，即区隔开这些群体的是什么因素。同时，议会也尤其不敢明确承认言论自由与宗教自由。宣言第十条一边禁止因私人的政治或宗教观点对任何人予以追究，一边又禁止对"法律所建立的公共秩序"施以任何破坏，禁止对出版自由作出任何滥用。

　　《人权和公民权宣言》表达了关于世界、国家和社会的愿景，日后人们将会称之为"自由派的"（liberal）。权利平等具有重要的意味；只要不破坏"公益"（第一条），财产上的不平等就是可接受的。因为8月5日，代表们决定在法属殖民地继续保持奴隶制度，所以不清楚这是否算作某种社会不平等。国家应当使每一个人都能享用他的财产，以便鼓励个人作出贡献。与这种设想相悖的，是不明晰的产权关系以及为特定阶层提供的特权，而不是贫穷或者经济上的依存性。

　　国民议会的代表们不久之后就会充分意识到，他们此前

51

并没有看到社会上的问题。1789 年 10 月 5 日，一群巴黎女贩以及一支由男性组建的人数渐增的队伍出现了，他们向凡尔赛宫行进，要求国民议会和国王改善食物供给的状况。随后，在拉法耶特的指令下，巴黎的国民自卫军展开行动，防止人群和常备军发生冲突。法国的君王在 18 世纪里几乎从未就正面冲突制定预防措施。虽然发生过几起暗杀，但君王相信自己的人格笼罩着神圣光环，也信任他那支简朴的贴身卫队。现在这支卫队被轻易攻破了，一些士兵遭到屠杀。除了迁往巴黎，王室和国民会议别无他法。今后，国王就居住在阴沉沉的杜伊勒里宫，而国民议会首先迁往巴黎主教的宫殿，从 11 月开始又进驻王宫的马场。

从此以后，国民议会的议事过程就受到了巴黎公众的监督。因为审查被取消，种种集会与会社不受限制，公众生活中出现了难以计数的纲领与传单，供人们在沙龙和俱乐部里尽情讨论。雅各宾俱乐部持有一种特别偏激的立场；这一俱乐部源出皇家宫殿的圈子，在雅各宾大街的多明我会修道院处举办会议，很快就在整个国家设立了支部。毫无疑问，巴黎脉搏的跳动和所有的农村地区都不相同。巴黎是更政治化的、更反教士的、更受启蒙的、更活跃的，并且依赖着邻近地区运送过来的食品。农村为农民所居住，他们生产被城市消费（或挥霍）的食物；这里更有宗教氛围、更迷信，也更忠于国王。比起"外省"，巴黎人要更快习惯上佩戴国民帽徽，或者自称"国民"（citoyen）；而农村的中心话题则是"封建压迫"。

在接下来的两年里，国民议会完成了很多事情。他们尝试解决赤字问题，依从塔列朗的建议，将教会的所有物收归国有，没收流亡贵族的财产，并从 1790 年春天起拍卖这些"国民财产"。议会试图通过发行纸币的方式刺激经济，据说这些纸币将以国民财产为担保。他们将法国整顿一新，用 83 个大小相近的省（départements）代替县；他们关闭了修道院，颁行《教士公民组织法》，取消贵族等级，取消旅行限制，取消间接税、教会什一税和内部关税，取缔贸易垄断和行会，并令公民权利独立于宗教归属。尽管阴雨连绵，但他们还是在国王面前成功地策划了一个"联盟节"，以此为后革命的社会设立了一个庆祝日，并开始为起草宪法勤勉地工作。

新宪法成形

　　1789 年 5 月在绝对君主制框架内召集的国民议会，虽然决定了要让每一种政府形式都从人民中来，但他们并未试图取缔君主制。在未来，波旁家族中最年长的男性成员还是会自动登基称王，却不再是"法国的国王"，而是"法国人的国王"。要是君主还未成年，国民们便会选举出一个代理人——几近于美国人选举总统。国王的人格是"不可侵犯与神圣的"，且国王不可行不正义之事。因为国王本身不可以被追责，人们就需要一些制度化的替罪羊，他们要代替国王承担罪责，并因此拥有避免犯罪的动机：一个掌管王室专款、要为君主的债务负责的全权代理人，一个为国王的政治行动"负责"的大臣。因为此后国王的指令都要征求大臣的同意，他——这位就连离开国家也要获得立法会同意的君王，要想制定什么政策，便只能任命一位与其理念相近的大臣。国民议会每两年改选一次，它在法律、国家财政和王室专款上行使决定权；国王只能委托议会处理事务。不过，立法会的决议只有在国王签字的时候才生效。国王的否决票只有逐次经过三场立法会，也就是说至少经过六年时间，才能被推翻——六年在政治上已经相当于"永世"了。不同于英国的宪制，法国的政体并不打算让大臣与立法机构的多数成员步调一致。相反，官员、代表或者陪审员只有在离职两年后，才能成为大臣。

53

54

悬而未决的问题是：应当允许谁参与政治问题的决议。此时被称为"立法会"（Legislative）的国民议会拥有 745 名代表，很明显规模要小于三级会议。这些代表要选出"活跃的"公民。宪法意图将除仆人、日工、士兵外的所有法国人以及在法国长期居住的外国人承认为国民。国民是一个政治与道德的范畴，凡是加入了外籍的、被剥夺了荣誉的、逃避审判的，以及在国外享有骑士或者贵族头衔的，都不是国民。

虽然宪法彻底取消了等级的区别，但它却无条件地承认了财富的差别。745 个议席将按不同的比例向各省分配，面积、人口和税收在制定分配方案时各占了 1/3 的权重。第一轮选举由"活跃公民"参加，也就是长时间居住在一地的 25 周岁以上的公民（仆役除外），条件是已完成公民宣誓（Bürgereid），并曾在国民自卫军中服役。赤贫者被剔出活跃公民的行列，代表们不允许他们参加任何政治活动。这个做法主张政治独立应以财产为根基，违背了普罗大众政治参与的愿望。国民议会决定，每一个人只要已缴纳值 3 天日薪的直接税，就都有资格成为活跃公民。根据不同的解读，此类规则既可以说是大度的，也可以说是限制性的。因为革命时期法国的税率并不高，所以只有不到 15% 的国民能够缴纳足够的税额。但是该规则又意味着任何人都能轻易购买选举权，他可以参加 3 天的工作（这些时间也许是取消了强制劳动后节省下来的）然后缴纳赚来的薪金，从而获得政治权利。不过活跃公民只能投票给有产精英，根据地区规模，从这些人的收入中抽取出来的税款相当于 100~400 天的日薪。这些财力雄厚的选举人很可能又会选出他们圈子里的人物，虽然他们并无这么做的强制性义务。

在制宪工作基本完成之际，国王的耐心又一次消耗殆尽了。一个原因在于尖锐的宗教问题。在议事期间，国民议会变得越发极端，赶走了越来越多的成员。1789年8月4日一次相当团结的会议通过了关于废除封建体制的决议，但是对贵族头衔以及荣耀勋章的取缔，却是在没有事先通知的情况下，在一次议者寥寥的夜间会议上通过的。而因为贵族的所有物得到了保护，但教士的财产却要充公，很大一部分教士便疏远了议会。贵族的封建捐税原则上必须被废止，作为教士收入来源的什一税则在没有补偿的情况下遭到取消。教堂的全部财产都被没收，贵族的财产却并没有被全部没收。

教会财产的国有化是避免国家破产的第一种紧急办法。在以教会财富为担保的国债［所谓指券（assignats）］中，首先发放的一大部分几乎没有买主。只有在稍晚些的时候，当国民议会最低以5里弗尔的票面价值把它们当作纸币发放时，才出现了一定成效，这意味着截至1791年春天，通货膨胀"只"达到了25%。此外，被公开拍卖的教会财产带来了超乎意料的收入。不过鉴于急剧的贬值，这些分期10年结清的款项最后所剩无多，对此国民议会在1790年还一无所知。

在将教会财产移归公有之后，国民议会就要承担组织礼拜仪式、向教士支付薪金，以及照顾病人与穷人的义务。议会利用这次机会推动了教会的民主化进程，如同在法律系统和军队中一样。普通教士应当得到更丰厚的报酬。不过，议会要求他们向《教士公民组织法》宣誓效忠，该法律在1790年7月12日通过并于同年8月24日发布，它旨在令神父和主教由社区选举产生；对于选举结果，国家教会只需要表示承认。教宗已经对《人权和公民权宣言》发出严正谴责，如今又要革除每一位对其宣誓的教士的教籍。第一等级的许多代表都对此表示了原则性的拒绝，而另外一些人还没准备好违抗教宗的指令。

国民议会没有成功防止法国教会的分裂。和一部分人一样，路易十六世也不再将宣誓了的神父当作神职人员。当他于

56

1791 年的复活节想要和往常一样巡游法国，聆听一场"真正的"弥撒时，民众强迫他待在巴黎并参加国家教会的弥撒。

瓦雷纳逃亡及其后果

路易十六世失去了大量权力，他每一次使用否决权，都会令巴黎的游行队伍发出隐晦的刺杀威胁。他被围困在杜伊勒里宫，过着无法祈祷、不被赦罪的生活；对他来说，逃亡是唯一的出路，而玛丽·安托瓦内特以及瑞典大使汉斯·阿克塞尔·冯·费尔森伯爵（Hans Axel Graf von Fersen）正在热切地筹划着此番出逃。逃亡开始于 1791 年 6 月 20 日。路易的弟弟普罗旺斯伯爵乔装成英国商人，驾驶一辆小马车跨过哈布斯堡尼德兰的边界，踏上漫长的流亡之旅。但与之相反，国王的家庭集体出行，搭乘一辆慢悠悠的华贵马车，而牵引着缰绳的仆人与流亡贵族穿着别无二致。巴黎最好的理发师必须同行，孩子的保姆以及女监护人也是如此。出于宫廷礼节，费尔森离开了大队伍。

在逃亡路上，卫队已接连数日引发骚乱，再也没有人相信他们说自己是在护送某笔军费的谎话了。在这最后一次旅途上，路易十六世似乎十分惬意，这大概也是因为他畅想着，在读到他书桌上那份同国民议会算账的声明时，那些待他不公的人会作何反应。他几乎不怎么费心隐姓埋名。按照约定，一行人不久就要与忠于国王的一个大队的骑兵碰面，但这队先行指定的骑兵却没有迎接国王的马车；因为所谓的"科尔夫男爵夫人"（Baronesse Korff）及其随从（路易十六世自称是这个家庭的管家）的一些文件里面据说出现了差漏，马车被迫在瓦雷纳停下。国王被人认出，他承认了自己的身份，却无法说服村民们带他去附近的一个城堡。他声称，他希望能够在那里保护自己免遭巴黎人的谋害。（全法国谁不相信巴黎人有此图谋呢？）

国王屈辱地返回巴黎，继续他的软禁生活，一路都能撞见木桩上悬挂着保王党们新鲜的头颅。这宣告了法兰西王国的终结。

虽然在国王回到巴黎之后，国民议会虚构了一个国王遭到绑架的故事，并几经犹豫重申了国王人格的不可侵犯性；虽然拉法耶特在 7 月 17 日驱散了一场支持共和主义的会议，大约有 50 名无辜的路人被宣判死刑；虽然国民议会着手关闭极端的政治社团；但是，在 1791 年 9 月 13 日向新宪法宣誓的路易十六世，却很难说是一名胜利者。

这部宪法意图选举出一个新的议会，其组成却尚无法预料。国民议会的成员大部分都已经苦于政治事务，不再参选新议会。选举发生在 1791 年秋季。候选人列表上没有出现引人注目的姓名，这也许导致了没有什么人前去投票。在 430 万名活跃公民（相对于大约 300 万名 25 周岁以上的男性消极公民）中，投票人数是 100 万，也即占了 23%。第三等级的代表主导了由选举产生的"立法会"，在这个意义上，这是一场"公民"会议。从政治方面看，保王的"右派"缺席，因为君主宪法的支持者们已经忙于逃亡、无暇竞选，或者没被选上。保王党现在只能寄望于阴谋与政变，并且最好是能得到外国势力的支持。

中段总结

那么，为什么法国会爆发革命呢？肯定不仅仅是因为王国的财政问题，毕竟没有一个绝对主义国家能回避长期入不敷出的问题。也肯定不是因为在经济发展的进程中，受压迫群众内部弥漫着反抗的情绪；戈登暴乱、日内瓦和尼德兰革命，但尤其是 1789 年、1790 年哈布斯堡的危机，就表明哪怕在经济疲软的时候，人们也还是能够重建秩序，即便其本质上问题重重。

法国国王的政治手段十分蹩脚，他们对首席大臣的选择也

昏庸无望，而且很容易屈从民意将他罢免，这些都彰显了法国
君主制不光彩的一面。每一次失败的改革尝试都让君主制雪上
加霜，并又会得罪君主所依赖的社会阶层：首先是议会，继而
是官员，再然后就是显贵。在国王作出鲁莽的决定，即要召集
一场议会形式的大型集会，但其组织形式和职能范围又都不甚
明确的时候，上述情形进一步深化。第三等级的代表首先被委
托以宏大的任务，却又在凡尔赛宫遭受冷落。1789年的夏天，
因为君王在重要的时刻拒绝施以援手，他得罪了第一、第二等
级；因为害怕面对军事冲突，又得罪了保守的大贵族。国王变
得越发孤立，国民议会职权不明，国家顶层便出现了权力的真
空，首都和农村因此越来越动荡。最终，出逃的企图让路易
十六世几乎失去了宪法所赋予的地位；此时留给他的只剩下一
个问题，即从君主到议会组织以及普罗大众，此番权力转移还
会走多远。

3 欧洲的革命化

国际社会的反应与革命的背景

　　直到1791年末，革命都还只是法国内部的政治问题。然而
整个欧洲都能感受到君主制度和国民议会之间的矛盾逐步加剧，
并且各国——取决于审查的尺度——对此多多少少有过讨论。欧
洲范围内出现了革命热情高涨的现象。这种现象出现在威廉·
华兹华斯、塞缪尔·泰勒·柯勒律治、拜伦勋爵、弗里德里
希·席勒等年轻艺术家身上，对此我们无须感到惊讶。再者，
英国反对党领袖查尔斯·詹姆士·福克斯（Charles James
Fox）总是附和着最为极端的法国模式，最终甚至效仿雅各宾
派不戴假发，并几无顾忌地放弃清洁身体。对大革命抱有好
感、富有并赋闲的人，如普鲁士的"阿纳凯西斯"·克罗茨

（"Anarchasis" Cloots），或者英裔美国人、激进民主派代表人物托马斯·潘恩，动身前往巴黎，以便在那里参与推翻王权的事业。另外一些支持巨变的人在革命爆发的时候已经到场。从前，革命的流亡者大多是要前往法国的，比如，尼德兰革命的大约 4 万名逃亡者主要分布在法国、丹麦和大不列颠。同情1782 年日内瓦放逐犯的加尔文派牧师艾蒂安·杜蒙（Étienne Dumont）先是以家庭教师的身份前往圣彼得堡，直到 1780 年代返回巴黎之前一直是某英国地主家庭的私人教师。大革命期间，他是米拉波所办报纸《普罗旺斯邮报》（*Courrier de Provence*）的编辑。

　　国民议会虽然并不排斥来自国际社会的支持，并疏通关系，支持外国同情者们在法国的政治参与，却不打算将人权和公民权扩展到法国以外。更令人讶异的是，欧洲的君王们以及支持王权统治的外国人少有对法国国王抱有同情的。后来成为巴伐利亚选侯国首相的马克西米连·冯·蒙特格拉斯伯爵（Maximilian Graf von Montgelas），以及之后维也纳会议的书记弗里德里希·根茨（Friedrich Gentz），也都是大革命早期的支持者。只有寥寥几位君主，诸如俄国沙皇叶卡捷琳娜二世或瑞典国王古斯塔夫三世，将对路易十六世之王权的侵袭，视作对每一位君王之地位的威胁。但除在费尔森觐见法王期间予以支持外，古斯塔夫三世并未作出太多确保路易十六世安全的事情；而叶卡捷琳娜则一直禁止与法国船只展开交易。与此相反，欧洲所有王国的大批官员、贵族及文化精英都认为国民议会的要求是合理的。削弱贵族过时的特权、消除经济上的等级限制，从而激发经济活力、推动统治的理性化，并将国家的掌控范围扩展到所有的居民，是王权统治下任职于行政和军队系统的许多人向往的目标。古斯塔夫三世自己就限制了审查并在 1789 年允许平民获得先前由贵族保留的土地。

61   于是"保守派"首先会将革命视为对糟糕政策的惩罚；几
乎没有人想要否定，路易十六世及其王后并不胜任以普鲁士、
奥地利或俄国为典范的绝对君主之位。从法国出逃的贵族流
亡者们传告大革命如何令人怖惧，这虽然或多或少会令人们改
观，但他们最初只会被当成企图诋毁一个合法政府的极端主义
者。只有过了一段时间之后，批评革命的声音才逐渐响起。

新闻与社团的政策上十分自由，使得革命观念
尤为受欢迎。此状况为《反思法国大革命》（*Reflections on the
Revolution in France*）提供了动机，该著作早在 1790 年末
就已面世。该书作者，爱尔兰出身的律师、议员埃德蒙·伯克
（Edmund Burke），是反对国王政府的"辉格党"在议会中的
领袖。从 1786 年起，他致力于指控沃伦·黑斯廷斯（Warren
Hastings）——英属东印度公司的前任总督——独断专权。但
伯克认为法国的事件是不可理喻的。"温和的"君王被革命者
如此反抗，仿佛他是"最为嗜血的暴君"。国民议会摧毁了欣
欣向荣的贸易与手工业行业，令民众穷困、国家破产。这样的
事情不是由享誉国际的政治家完成的，而显然是讼棍与"乡村
牧师"联合作下的无耻勾当。

伯克用生发自历史的习俗，对抗从抽象思辨抽引出的"自
然"权利，用"浸满卑劣的谋杀、屠戮和抄没的"政治决策的
事实，对抗出自凡尔赛和巴黎的冠冕堂皇的宣言。议员谨从乌
合之众的指令，分发无担保的纸币，创造了一个注定要失败
的"演员的国度"。伯克的著作虽然不是在所有地方都料事如
62   神——比如他猜测玛丽·安托瓦内特很快要自尽，但后来的读
者绝不能忽视，他正确地预见到有一位受欢迎的将军将要登
台，"此人拥有真正的统率的灵魂"[8]。不过从短期来看，赢得
这场宣传战争的无疑是伯克的对手。对伯克的回应中，最为出
色、同时也流传最广的是由托马斯·潘恩提出的理念。潘恩是

美国革命中的英裔知识分子领袖，在 1791 年与 1792 年，他激烈地为《人权》（*Rights of Man*）这篇超越历史的文本开展辩护。此后伯克自己又重新关注黑斯廷斯案的审判，此案件终结于 1795 年，被告人被判以无争议的无罪释放（Freispruch erster Klasse）。

在其他的欧洲君主看来，革命有一层比文化或内政更深远的意味，也即革命使得法国不再是一个权力因素（Machtfaktor）。而另外一边，在欧洲大陆的北部和东部，奥斯曼帝国、普鲁士、奥地利、俄国和瑞典因战争而被绑在一起。大不列颠的首要事务是处理北美殖民地上遭遇的损失。随着美国的建立，英国失去了曾经流放犯人的地方；作为替代，1788 年在澳大利亚东海岸的某地——此地令人隐约联想到威尔士——一个纯粹的流放犯殖民地被建立起来了。为了令加勒比的殖民地摆脱对美国食品的依赖，英国政府指示该处种植采集自太平洋的面包树苗。"邦迪号"（Bounty）上的船员无法忍受甲板下温室般燥热的气氛，振臂一呼，躲到皮特凯恩（Pitcairn）这一处孤岛上去了。伦敦最终对美洲大陆的西北海岸也产生了兴趣。在 18 世纪 70 年代末，詹姆斯·库克（James Cook）曾到达这片区域；在 1792 年和 1794 年，同行的一个名叫乔治·温哥华（George Vancouver）的船员又更精确地勘测了此地。

1789 年在努特卡海湾（Nootka Sound），一支西班牙舰队抢占了英国的商船，这些商船在彼处购进毛皮以与中国做生意。理论上，努特卡海湾在俄国和西班牙订立的协议中被划给西班牙。但鉴于西班牙在这个地方既无军事行为也无经济活动，那么它在此处对商人的侵扰以及修建堡垒的工程，在英国眼中就构成了一种有敌意的行为。西班牙向法国发出的支援请求迫使巴黎的国民议会考虑他们后革命时期的国际政策。因为议会决定对其盟友不管不顾，西班牙被迫在外交上宣布投降。此后，该区域就是西北公司（North West）和哈得孙海湾公司（Hudson's Bay Companies）的利益范围，接着又作为"新喀里多尼亚"、"哥伦比亚"和"维多利亚"，被纳入英国的统治范围；这片殖民地在 1866 年并入"英属哥伦比亚"。

　　瓦雷纳事件之后国王的困境渐为世人所知，多国首脑对革命的看法开始发生转变。首先是在利奥波德二世早逝后于1792 年登基的哈布斯堡新统领弗朗茨二世，他将革命视作对王权统治的普遍威胁。弗朗茨二世是玛丽·安托瓦内特的侄子，他的王后是她的外甥女 ①。此外，作为神圣罗马帝国的皇帝，他也有保卫帝国的责任，而革命已经对诸王侯造成了打击。在取消封建税负的同时，国民议会也缩减了外国王侯如巴登、符腾堡、黑森－达姆施塔特的统治者或者特里尔选帝侯在法国领土上取得的收入。更严重的是，教会财产的国有化以及《教士公民组织法》的颁行，虽说是发生在法国的土地上，但这些土地也属于科隆、美因茨和特里尔的总主教，即帝国的三位教会选侯。此外，教宗也失去了他位于阿维尼翁的领土，这是因为国民议会在 1791 年决定合并这片地区，从而获得一块统一的、由连续的边界划定的疆域。

革命战争与法国的极化

　　虽然法国在努特卡海湾危机上表现了其弱点，但没有一位君主准备好向这个国家发起进攻。1791 年 8 月奥地利和普鲁士在皮尔尼茨联合发表的声明虽然威胁说，要是路易十六世

①　弗朗茨二世登基时，配偶是他的表妹，即第二任妻子两西西里的玛丽亚·特蕾莎；在其逝世后，弗朗茨迎娶堂妹玛丽亚·卢多维卡·贝娅特丽克丝为第三任妻子；这两位妻子和弗朗茨本人都是奥地利女大公玛丽亚·特蕾莎的孙辈。——编者注

的权利继续遭到侵害——他如今因出逃而惨遭废黜，那么就要发动军事干涉，但这需要满足一个相当荒谬的条件，即必须经过欧洲所有大国的一致同意。可以说，宣战的决定实际上主要是由"立法会"作出的。"立法会"在政治上要比制宪议会（Constituante）更为激进。将受奴役的欧洲人民从暴君手里解救出来的计划非常受拥护，一个重要原因是，这样做就能赶走法国东部边界上的流亡贵族。1792 年初，路易十六世迈出朝向战争的第一步，他发出最后通牒，要东部诸邻国的王侯们在 1792 年 3 月 1 日之前驱逐流亡者。鉴于利奥波德二世驾崩，"立法会"将期限延长至 4 月。法国于同年 4 月 20 日向当时身为乌克兰与波希米亚国王（他在 7 月 5 日才被选为皇帝）的弗朗茨二世宣战，这向"立法会"诸党派以及国王提供了回避国内政治困境的契机。革命者信心满满，要将法国扩张至其"自然"边界（莱茵河、比利牛斯山、阿尔卑斯山）以巩固革命的成果。路易十六世以及更保守的代表期望法国战败，好恢复国王的权利。

双方都希望避免在哈布斯堡尼德兰的冲突扩大化。但希望落空了，因为普鲁士立刻参战；撒丁王国也在夏天投入了战争。1793 年 2 月，大不列颠也向法国宣战，向撒丁王国和普鲁士提供战争援助，封锁了法国的海岸线，并使葡萄牙拒绝法国船只驶入。1793 年法国甚至还向西班牙发动攻击，从而扩大了战争。直到 1793 年夏天，教宗国、神圣罗马帝国、那不勒斯和托斯卡纳都加入了反革命"同盟"，只剩下丹麦、瑞典、波兰、俄国和奥斯曼帝国还置身事外。

一开始，有很多迹象预示着法国将战败。流亡贵族、奥地利人和普鲁士人在 1792 年 7 月末跨过法国的东北疆界，向巴黎进发。1792 年 7 月 25 日，在一份由流亡者起草、由其长官——不伦瑞克 - 沃尔芬比特尔的卡尔·威廉·斐迪南（Karl

65

Wilhelm Ferdiand）公爵发出的《不伦瑞克宣言》中，满怀斗志的同盟从科布伦茨宣告再不愿发动侵略，但他们同时也威胁称，只要国王遭受到"哪怕一点怠慢"，他们就会发动一场"无先例可循且一切时代永将铭记的复仇，他们会对巴黎这座城市实施军事打击，将其夷为平地"。这还不够：唯一的出路是逃亡，因为唯有曾安分守己的法国人，才能得到同盟的"宽赦"。这一份宣言导致巴黎的民众——所有这些人都不曾安分守己——与旧有秩序彻底撕破脸皮。1792 年 8 月 10 日，他们袭击杜伊勒里宫，瑞士卫队和巴黎国民自卫军中忠诚的部队绝望而徒劳地守卫着它；路易十六世、玛丽·安托瓦内特和他们的孩子逃往"立法会"，向同样遭到威胁的后者寻求庇护。"立法会"再次"废黜"了重获权力的国王，把他和他的家人投入监牢，并事实上开启了共和的政体。1792 年 8 月 26 日，议会会议向国际公众寻求援助，将抨击王权的外国批评者中的显要人物册封为法国的荣誉公民，从此以后，法国就自诩为普世价值的捍卫者。

　　向杜伊勒里宫席卷的浪潮展示了巴黎这座城市中一些政治团体的巨大影响力。从 10 月 8 日开始，这些团体针对拒绝向《教士公民组织法》宣誓的神职人员，针对贵族、政治对手或与随便哪个政治团体的哪个成员有公开不和的其他人士，展开抓捕行动。在随之而来的特别刑讯中，有一种机器将会完成处决的功能。它于 1792 年 8 月首次亮相，起初根据其发明者安东尼·路易的姓氏被命名为"路易塞特"（Louisette），随后根据它的主要倡导者约瑟夫·伊尼亚斯·吉约丹的姓氏改作"吉约提娜"（Guillontine）。发明这种断头机是为了对所有等级的重罪犯施以同等的、无痛的处决。如今它成了政治上的虚伪正义的象征，因此在美国，砍头一直会被视作"可怕、离奇的刑法"。同盟的军队靠得越近，逮捕和处决共和国敌人之间的延宕，对极端革命者来说便越是难以忍受。9月初，几百人在雅各宾俱乐部的政要让-保尔·马拉（Jean-Paul Marat）的指示下，在牢房里直接屠杀了1000多名囚犯。

法兰西共和国之军事胜利的基础

在最终废黜国王之后，1791年制定的宪法就失效了，于是就有必要召开新一轮制宪会议。这一次，所有成年男性——仆役除外——都能够参与选举。不过政治参与无疑还是没有得到扩展。现今7万名具有选举资格的公民中，只有10%参与了第一轮选举；代表候选人由较小的选区选出，每个选区有300~600名选举人，而代表人还是为法官、商人、官员和富人所主导。1792年的选举产生了一个代表人数为749人的"国民公会"（Nationalkonvent），或称"公会"，成员主要是法官、官员、商人和富人，这些人多次占据了国民议会或"立法会"的席位（如罗伯斯庇尔）。政治知名度通常会对选举结果造成影响，这点可见于已经迁往法国定居的托马斯·潘恩、把逃亡路上的路易十六世辨认出来的让-巴蒂斯特·杜赫德（Jean-Baptiste Drouet），或在革命中成为"平等的菲利普"（Philippe Egalité）的奥尔良公爵路易·菲利普二世。上述这三位都是雅各宾俱乐部的成员。但是在议会中，共占有113个议席的雅各宾俱乐部只是少数派，选举的胜者是温和的吉伦特派（Girondisten），该名字来源于其党派领袖的家乡；雅各宾派"仅仅"控制着负责公共安全的委员会。

在1792年底，法兰西共和国获得了第一次军事胜利。虽然在1793年遭遇了失败，但共和国自1794年起便百战不殆。1789年作为王国的法兰西实际上已宣告破产，而作为共和国，她亟须争取其"自然的"边界，即莱茵河、阿尔卑斯山和北海。不久，她就控制了意大利、德意志大部、西班牙、达尔马

67

提亚和波兰，还短暂占领了埃及、葡萄牙以及俄国的部分区域。欧洲所有国家，除大不列颠外，都曾在某些时候被迫对法国表示服从。这样一个国家在革命以后的这些岁月里，已经因为逃亡、罢免和处决，损失了很多军事将领和政治精英，却仍然可以取得此等战绩；1793 年和 1799 年间，她在多个短命政权之间易手，并失落了对其部分领土的控制权；有些日子里，在她的军队被送上战场的时候，他们装备的不是枪炮，而是木制长矛和短剑；并且直到 1815 年她都不曾拥有稳健的国家财政。

　　法国取胜而同盟落败的原因可以参考 1792 年一场被视作经典案例的战役：瓦尔密炮击。在这场战役中，法国志愿军据说受到了革命精神和 / 或民族精神的激励，打击了逃亡路上的一队战力占优的普鲁士侵略军。这表明比起雇佣军，共和国的国民作战更为英勇；据说他们令战争发生了转折。只有在法国施予的压迫使其他国家——尤其是德国——释放相似的爱国主义情感时，各王国才可能战胜后革命时期的法国。约翰·沃尔夫冈·歌德于 1819 年写就、并在 1822 年出版了《法国的战役》（*Kampagne in Frankreich*），其中有一条注解支持了上面的阐释："此时此刻，出现了世界历史上的一个新时期，你们可以说，你们曾与之同在。"歌德曾随同萨克森 - 魏玛公爵卡尔·奥古斯特（Karl August）——普鲁士军队中的一名将官——亲历了上述战役。但是在他的文章中，歌德只是顺从了将官和士兵对他这位同行诗人的愿望，将这样一种转折包装成了某种"当日格言"；至于他说人们当时已经预料到法国指挥官将要改变立场，也与这所谓的转折自相矛盾。

　　如此粗略的阐释几乎可以说是站不住脚的。瓦尔密战役虽然有力地证明了，法国的民众并没有抱着鲜花来迎接同盟军，而且虽然有许多不同版本的损失报告，但可以确定的是，该战役从军事上说无论如何都可以被看作一次平局，而这一平局之所以出现，是因为法国军队人数占优，而普鲁士的兵力少得可怜：同盟军大约"34000名罹患腹泻的士兵"遭遇了大约"52000名法国人"。[9]在法国人中虽然有部分志愿兵，但其指挥官是国王的职业军官夏尔–弗朗索瓦·德穆里埃（Charles-François Dumouriez），他事实上应该是在1793年4月改变了立场的。

如果说法国的军队在1792年与1799年之间能够战胜同盟，那么这是因为极明显的人数优势，而不是因为高昂的斗争气概。因此最重要的问题是，为什么法国能够动员更多的军队。答案相当简单：因为它对其领土的利用程度更高。矛盾的是，在尝试改变军队成员的社会结构之际，法兰西共和国遇到了一些阻力，并且要借助于越来越严酷的手段来加以打击。她解散了旧制度下主要由志愿兵构成的军队，组建出一支人数更众的部队，其中绝大部分是被迫服役的民众。

在革命之前，欧洲所有国家的军队都面临着一个不可克服的社会难题。士兵出身于社会边缘群体，参军是因为想要获取军饷、逃避关押，无法忍耐家族的压迫，或者受到募兵员的欺骗或引诱。在大部分情况下，跻足行伍意味着与体面的社会身份告别。"食物盗窃犯"、"登徒浪子"、"到处留种的男人"或者"受威胁的、受剥削的、有暴力倾向的局外人"，无论在法国大革命之前还是之后，都是农民和市民用以描述普通士兵的词汇。他们的忠诚系于饷银和战友情谊，况且逃役会招致令人怖惧的严酷惩罚。逃役是经常发生的，因此这些用高昂代价购买回来、又消耗一部分培训费用的士兵，就需要用一套闪亮的制服使其能被人清楚地辨认，并总是以封闭的编队为单位进行转移。

与此相反，大部分军官是贵族出身，偶尔也会由非贵族出身的上层人士担任。其中很多人都是在一种军事化环境中成长起来的，并且会把自身视作国际社会精英的一分子。从一国离开到他国服役是一种相当正常的现象。米哈伊尔·安德烈·巴克莱·德托利（Michael Andreas Barclay de Tolly）在 1812年领导着一个极富国际性的俄国军官团。此人来自一个移居波罗的海国家的苏格兰家庭，他手下的军官主要是法国人和德国人。军官们必须拥有足够的财产才能获得军官证书，并在生涯刚起步而薪金低廉的阶段维持自己的身份。除此以外，征兵需求极强烈的国家，如法国或普鲁士，还要为那些相对困顿的贵族公子支付军事培训机构的费用，不过在"困顿"的贵族和真正不名一文的贵族之间，还是有着天壤之别的。例如在法国有一个名唤卡洛·波拿巴〔Carlo B(u)onaparte〕的、处境相当不错的科西嘉贵族，他的三个儿子从 1779 年开始便在这样的机构里获得好处，也就是生于 1768 年的朱塞佩（Guiseppe）、生于 1769 年的拿波莱奥内（Napoleone），还有生于 1775 年的卢西安诺（Luciano）。在科西嘉岛被割让给法国后，这些名字就被翻译成约瑟夫（Joseph）、拿破仑（Napoleon）和吕西安（Lucien）。在长时间的服役之后，军官们就可以指望获得高额收入（或者也可以通过控制军团的金库来达到这个目的），某些情况下还能赚到一笔退休金。

海军内部没有那么显著的社会差异，因为他们很缺少经验丰富的海员。在法国，每名水手每隔三年就有实战的机会，而英国大部分港口城市的海军甚至要强迫无业的男性参军。在海军里人们相对容易凭借个人的功绩获得晋升，尽管像詹姆斯·库克这样能从见习水手升为船长的例子并不多见。

我们若要观察细节，便到处都能找到特殊性。像黑森-卡塞尔这样的国家想要弥补土地贫瘠的缺陷，就会向他国，比如向英国系统地出售或者租借士兵。英国首先是从苏格兰和爱尔兰募兵，但是出于政治方面的猜疑，她没有组建一支庞大的常备军，而是选择资助盟友的部队。普鲁士要求其每一个"征兵区"（Kanton）都征召一定数量的兵员。因为所有体面的阶层（农民、市民或者贵族）都被排除在征兵制之外，所以这样一种兵役义务主要适用于下等阶层。

这样一来，18 世纪的每一支军队就或多或少由志愿兵构成。此外，部队规模也较小。普鲁士可以说是军事化程度特别高的，因为依据征兵区和年份的不同，每年征集的士兵能够占到符合条件的男性中的 10%~50%，绝对数量大约为 20 万。在路易十五世时期的法国，18~40 周岁的男性中有大约 1% 会参军，也即大约 30 万人；在 1790 年代，大不列颠的军队拥有约 4 万人（海军占了 2 万），俄国有一支 47 万人的军队，而哈布斯堡军队则是 27.8 万。士兵储备没有得到充分的利用，要归咎于装备、培训和维护的费用太高昂，以及下面这个事实：士兵穿上制服就不再参与田间或者作坊的生产了。

革命期间，有军队遭到屠杀，另有一些被遣散或者被迫逃亡。一部分军人对国内的民主化以及等级限制的取消表示欢迎，面包师的儿子［比如米歇尔·内伊（Michel Ney）］或者旅店老板的儿子［比如若阿尚·缪拉（Joachim Murat）］正是因此而获得了升为军官的机会。法国的国民议会猜忌其他那些曾经向国王宣誓的职业军队。为了重整国内秩序，从 1789 年 6 月开始便出现了一支"国民自卫军"，首先是巴黎，接着便扩展到全国其他城市，它仅由男性构成，需要自己购买制服和武器。这支部队的人数很快达到了 100 万强，他们受总司令拉法耶特侯爵的指挥，只允许在自己的家乡驻留。但是到了 1792 年秋天，在巴黎似乎受到了威胁的时候，国民自卫军从法国各地涌出，捍卫大革命——虽然拉法耶特自己在同年 8 月 10 日之前就已经逃向奥地利了。重大的危险似乎已被排除之后，他们中的大多数又返回家乡；不过每当危机出现，他们还是会被动员起来。

1791 年之后，仅仅依靠那些能自行购置装备的男性来补充常备军已不再可行。在受人敬重的社会等级中，很少人愿意在远离家乡的地方服役。战争的紧急态势下，"立法会"和"国民公会"不得不使用强制手段，因为他们缺少经济资源。1792 年 7 月 12 日，各省接到了征召一定数量可服役男性的指令。有些时候可能会召来一群极度兴奋的志愿兵，例如 1792 年 7 月 28 日从马赛开来热诚的部队，他们在进驻巴黎的时候高唱着一首歌曲［此曲是克劳德 - 约瑟夫·鲁日·德·李尔（Claude-Joseph Rouget de L'Isle）上尉在斯特拉斯堡于 23 日夜间至次日谱下的］，从此，这首《马赛曲》成为革命颂歌。这些志愿兵首先开赴受到敌人直接威胁的地区以及巴黎周边。不过，要是某地兵力未达规定配额，该省的负责人就必须通过抽签或者其他方法来寻找兵员；谁如果不愿服役，就必须找到另外一人代替他服役，不然就要被当作反革命分子，受到"吉约提娜"的制裁。一些省份借机摆脱村里的傻子、跛子和瞎子，不过大部分省份还是从各个家庭里领走了他们的父亲，从领主和工场那儿领走了他们的劳力，从作坊领走了他们的技工——这一下子就结束了对革命的热情。

1792 年，法兰西军队的人数增长到了 40 万人，但国民公会很快就提出了新的要求。1793 年初，它指示各省向军队输送共计 30 万名 18~40 周岁的单身男性——但最终只找到 15 万名。在遭遇军事失败之后，国民公会在 1793 年 8 月宣布全面投入战争——

> 从这一时刻起，至共和国领土上的敌人被驱逐为止，所有法国人都要持续地投入到战争事务当中。把年轻男性

送上战场；让已婚男性铸造武器并输送食物；令妇女生产帐篷与制服并在医院服务；命儿童将旧衣物撕作绷带；长者则请前往公共场所，感受战士的英勇，传布对国王的仇恨和对共和国一统的盼望。

从此以后，18~25 周岁可以服兵役的单身男性必须准备好不定期应征入伍；此时哪怕是官员、商人或者法官的儿子也要参与战斗了。从士兵晋升到军官的行列不仅是可能的，甚至变得容易了，而这要归功于政治清洗以及对贵族抱有的猜疑。对将领的要求和对士兵的要求变得平等化，人们降低了对资历的限制，只有在 1794 年以后，读写能力才重新成为一名统领任职的前提。1793 年末的法国拥有 50 万以上武装人员，1794 年接近 80 万，1795 年又落回 48.5 万。此后该数量降至大约 40 万，这是因为临阵脱逃的人增多了，加上这时实际征募到的人数并不多。1798 年以后的每一年，21 岁男性将按某一事先决定的比例抽签入伍。要是一个有义务服兵役的人宣布他抽到了"坏"票，那么他可以寻找一位替代者，只要他付得出足够的价钱。

因此，在尼德兰、莱茵兰、意大利、西班牙或者埃及取得了丰硕成果的，是一支由志愿兵和充员兵组成的、一开始装备糟糕的军队；但也正是这一点让他们得以施展某种一直以来被视作不切实际的战术。对旧制度下的军队来说，补给是一个核心问题；没了补给，士兵就要脱逃或者死去。（害怕冬季没有补给，是 1792 年秋普鲁士转身撤退的原因之一。）在行军的线路上，必须有储存着食物和弹药的堡垒或者防区。因此人们能够轻易地预见在哪里、什么时候会有一支部队经过。相反，革命军依赖的是他们沿途可以寻获的东西。因为无须背负沉重的装备，士兵能够更快地行军，军队从而能够在出人意料的地方迅速集结。因为指挥官能接受较高的损失，装备上的短缺就不再是那么严重的问题了。这难道不证明了，比起周边国家的居民妨碍法国扩张的意愿，法国的民众保卫大革命的意愿要更加强烈吗？普鲁士、奥地利或者较小的帝国政治体在"群众起义"（levée en masse）面前退避三舍。大不列颠纵然借助征兵制壮大了民兵队伍，却也仅仅是为了防卫侵略或解决内部争端，而不是为了发动海外干预。

法国的内部冲突以及向"恐怖"的过渡

74

但是，在把战果累累的共和国"群众起义"与诸王国臣民的消极相对照的时候，我们忽视了还有另外一些人在激烈地抵抗着法兰西共和国对产权和良好生活的践踏。共和国的民众对革命的态度难达一致，王国的臣民对反革命的态度也是如此，因此政治力量态势上微小的变更就能造成激烈的后果。

路易十六世在逃亡前留下的大量文件揭示了米拉波伯爵怎样与法王密谋策划法国的战败，而伯爵不久前才作为民族英雄下葬在巴黎的万神殿，一座成为民族纪念堂的修道院。人们可以争论路易十六世是否有权策划立宪君主的败亡，毕竟依据宪法的条文他是"神圣且不可侵犯的"，而且最终"负有责任"的米拉波也已经死了。然而，国民公会还是以人民公敌的罪名控告了"公民卡佩"。（为了将前国王移交至革命法庭，有必要给他起一个公民的名字。国民公会是从法兰西第一个王朝，即卡佩王朝那里获得这个灵感的，虽然波旁王朝与之并没有什么关系。）审判最终以微弱多数通过死刑，处决日是 1793 年 1月 21 日。

法国国王在处境恶化的时候渐渐恢复了他在人们眼中的尊严；此时，对他的拘禁、指控和处决，在欧洲范围内激荡起保王檄文的洪流。在偏于保守的法国人看来，巴黎极端分子在侵扰神圣君主的同时，也在妨害着一种持续两百余年的统治秩序，是在渎圣。要是革命者成功提高了生活的水平，也许情况就不会如此糟糕。然而，革命时期的财政政策让粮食贸易一蹶不振——哪个农民愿意用一年的收成来换纸币呢？纸币贬值太过迅猛了，以至于很快就不可能印出足够的指券来维持国家支出。在指望粮食供给的大城市里，人口死亡率明显上升，军队也越发难以获取补给。国民公会用严酷的刑罚对付那些"储存"粮食的人，制定固定的价格和工资，并派士兵寻找粮仓和硝石等重要的战争物资。但是这样一来，就激化了人们对去中心化地分配政治决策权的要求。

在1793年里，越来越多地区宣布脱离巴黎中央。位于大西洋北岸的旺代（Vendée）坚定地站在拒绝向《教士公民组织法》宣誓的教士一边，并激烈地反对1792年秋季通过的公民婚姻与离婚的法案。在旺代看来，国民公会于1793年初谋杀了国王，并企图征集年轻男性为无神论保驾护航的时候，旺代借着英国三心二意的保护，在本地贵族的领导下组织了一支军队，试图恢复君主政体。一些贸易城市例如南特、波尔多、马赛和里昂拒绝顺从巴黎，而南部的广阔地区，以及诺曼底、布列塔尼和科西嘉岛也如此。从1793年开始，为了让这些区域重拾革命德性，国民公会推行"恐怖"统治。

1793年以来，人们对"恐怖"褒贬不一。对保守的革命史学家来说，"造反"是对君主价值和政治理性的捍卫，它反抗的是脱离了一切道德约束的暴徒，这些暴徒利用自己的权力中饱私囊，并释放了暴虐的冲动。在这些史学家看来，1793年及次年的"恐怖者"为20世纪极权运动及其主使、街上的打手还有毒气室里的刽子手充当了"先驱"。

相反，对极端革命抱有同情的人认为，"造反"所反对的是普世价值——自由、平等和启蒙。对他们来说，"恐怖者"

的领袖是一位理想主义者，他挺身而出，对抗奴役、封建压迫或宗教歧视的法令。此外还能看到一种与民族有关的论调：保守分子想要将法国拱手让给敌人，想要颠覆新兴的民族国家。

1793 年夏季，雅各宾派将吉伦特派排挤出国民公会并取得控制权。吉伦特派没有逃离的成员于秋天被处决。此后，权力就掌握在"公共安全委员会"（Comité du salut public）和"一般安全委员会"（Comité de sûreté générale）手里，而罗伯斯庇尔成了一名核心政治人物。国民公会想要在革命"德性"的基础上奠立新社会——在 1792 年和 1793 年里，大部分成形于基督教和君主制之下的法国文化遗产都被摧毁了，它们要么被销毁，要么被用于军事用途（铜制物或铅制物被熔炼重塑，有价值的东西被转手买卖）。留存下来的也消失在 1790 年便已经设立的废物堆里了，1795 年，法兰西古迹博物馆（*Musée des Monuments français*）就是在该废物堆上建立起来的。

没有什么能够比 1793 年 10 月 5 日设定的革命历法更清楚地昭示一场全新的旅程。共和国第一年（1792 年）的 9 月 29 日之前被算作历法的元年。该历法有 12 个月，每月有 30 天，每 10 天为一"旬"（Dekaden）。该历法用天气和植物为每月赋名，比如"芽月"（Germinal，3~4 月）是发芽的月份，"热月"（Thermidor，7~8 月）是炎热的月份，"雾月"（Brumaire，10~11 月）是起雾的月份。一年中不再设有宗教节日；而 1793 年 11 月在巴黎圣母院，人们尝试为"理性"和一个"最高本质"举行祭礼。

国民公会诸核心委员会的成员信赖的是从前提出发，经由正确的形式推导出来的理性结论。他们无论如何都不能将对立的阵营视为民主合法的，必须用严酷的刑罚制裁这些对手——这是一度反对死刑的罗伯斯庇尔如今坚持的看法。在公共安全委员会的设想下，法国要成为"一座巨大的监狱，各区就代表着各所牢房"。[10] 将来，每一次跨出管制区的旅行，都必须得到地区安全委员会的批准。来自国外的旅行者需要获取巴黎当局的许可，而且必须时刻作好被逮捕或驱逐的准备。

反对极端革命或者当权者的人要么逃亡，要么寻求反抗。比如，夏绿蒂·科黛（Charlotte Corday）于 1793 年 7 月 13 日把在她看来应当对正在兴起的内战负有主责的让-保尔·马拉刺死在浴缸里，而内克的女儿热尔曼（Germaine）选择离开法国，因为她担心与瑞典大使艾瑞克·马格努斯·斯塔尔·冯·荷尔施泰因（Erik Magnus Staël von Holstein）的婚姻也不再能够为她提供庇护了。塔列朗前往英格兰执行外交任务并一去不返。留下的人面临的危险是，仅仅因为遭到指控就在一场草率的审判中被判处死刑。因为对"阴谋"的披露连绵不绝，巴黎方面遵循的行事标准便越发野蛮。当局判断叛乱城市如马赛和里昂必须被彻底地摧毁，以至于它们一度寸草不生。战争中不应再留下俘虏。很快，人们就嫌"吉约提娜"效率太低了，于是要在河流中淹死敌人，用炮火撕碎敌人，在由敌人亲手挖下的墓穴中枪决他们。巴黎跃升为法国的审判和处决中央，有数千人成为向"吉约提娜"献礼的祭品，其中包括王后玛丽·安托瓦内特，而不久前，她的尖刻对手乔治·戈登才刚在新门银铛入狱，并遭受牢房中高温的折磨。被送上断头台的还有由"立法会"授予法国荣誉公民称号的普鲁士人、革命支持者"阿纳凯西斯"·克罗茨，"平等的菲利普"，为女性政治权利奔走呼告的奥兰普·德古热（Olympe de Gouges），化学家、前任包税人安托万·洛朗·德·拉瓦锡（Antoine Laurent de Lavoisier），以及激发了《马赛曲》之创作的众人（不过创作者鲁日·德·李尔本人只是被拘禁）。亚历山大·德·博阿尔内（Alexandre de Beauharnais）也是众多没有熬过恐怖时期的贵族官员中的一

个；同样处境危险的还有"吉伦特派"、"联邦主义者"、"保
王党人"或者"埃贝尔派"（Hébertist）等反对派的成员。

罗伯斯庇尔打击腐败的举措最终也导致其本人的倒台。在
罗伯斯庇尔于共和二年热月八日（1794 年 7 月 26 日）承诺
要惩戒国民公会、公共安全委员会和雅各宾俱乐部内部的阴谋
者的时候，雅各宾派的一些领袖，例如在里昂声名狼藉的约瑟
夫·富歇（Joseph Fouché），或在法国东南部特别遭人憎恨
的保罗·弗朗索瓦·让·尼古拉·巴拉斯子爵（Paul François
Jean Nicolas Vicomte de Barras），便很有理由要担心起来
了。在热月九日，一般安全委员会和雅各宾俱乐部宣布拒绝追
随罗伯斯庇尔；十日，在自杀失败之后，罗伯斯庇尔被他最亲
近的同伙送上了断头台。

法国扩张的动力与限制

这样一来，特别是在 1793 年和 1794 年，并不是所有法
国人都向革命军队表示拥护。而法国的对手也不确定能否把法
国之外的民众拉拢到他们这一边。例如在瑞典，想要掀起反革
命圣战的古斯塔夫三世就在 1792 年被一名热衷于现代化的贵
族刺杀身亡。1792 年之后的几年可以被视作君主制原则与人
民主权原则发生对抗的时期，而 16、17 世纪是新教与天主教
争锋的时期，1930 年代和 1940 年代则可被描述为法西斯主义
和民主冲突的时代。这场战争不仅是军事的胜利，还几乎在同
等程度上与智识息息相关。在这方面，革命者也似乎率先占据
了上风。除大不列颠外，同盟国家不太信任知识分子的论辩，
反而要禁止进口印刷物及加强审查。对外国人的控制增强了，
"雅各宾派"处处遭迫害。在英国，由于司法独立以及缺少事
前审查，政府的行动能力受到限制。小皮特（Pitt）的政府禁
止传播潘恩的《人权》，而向保守派的报刊及协会提供资助，

并在 1794 年 5 月通过了一项法律，使他们的政治对手随时可被关押。不过，有一场对 12 名反革命极端分子提出的指控可以说明问题。在这场审判中，有 4 名被告人获得无罪释放，因为政府于 1792 年向陪审员赋予了权利，让他们去判断某一文本是否具有颠覆的意图。此后，政府不仅撤销了所有指控，甚至还将它自己的成员约翰·里弗斯（John Reeves）传唤至法官席前，因为他宣称议会可被解散（不过他同样被无罪释放了）。不过，经过更仔细的观察，人们可以发现，虽然有大量法律要针对政治协会以及报刊，但"皮特恐怖"只提出了 200 起指控，其中大部分以套上颈手枷、向澳大利亚发配或短期拘禁为结局，死刑判决是很罕见的。[11] 同样，驱逐政治上可疑的外国人也不是常见的办法：1793~1802 年，在大约 2 万名登记在册的外国人中，总共记录了约 470 例驱逐事件，其中包括在 1794 年被迫前往美国的塔列朗，不过正如许多支持革命的流亡者，他又在 1796 年回到法国。

　　法兰西共和国和同盟国家政府之间智识交锋的一个方面，是对文化主导权的竞争。双方都企图把自身展现为古典遗产的继承者。这不仅体现在标榜自身为"格拉古"（Gracchus）① 的社会改革家弗朗索瓦·诺耶尔·巴贝夫（François Noël Babœuf）身上，体现在巴黎的"万神殿"（Pantheon）上，晚些时候又体现在"执政府"（Konsulat）和拿破仑的"帝国"（Imperium）等名称上，而且战争双方的首都，即巴黎和伦敦，也发动了对古典遗产的争夺。自 1794 年始，法国军队就担负起这样一项任务，即除值钱的东西外，还要把艺术品搬回巴黎，尤其要为在 1791 年宣布成为公共博物馆，并在 1793 年向大众开放的卢浮宫增加藏品。而在与法国争锋的第二阶段，

80

---

　　① 格拉古兄弟是古罗马时期的改革家。——译者注

英国海军则致力于为古典遗迹的运输事业提供援助，从而通过扩建大英博物馆——它从 1800 年以来就向公众部分开放——阻止所谓的"从罗马到巴黎的治权转移"（translatio imperii）[12]。在亚洲，加尔各答经过改建，"以石料造出了帝国罗马式的乌托邦"[13]；其中，第一阶段的改建于 1803 年完成。在停战协议与和平协议中，考古文物的去留是一个核心问题，比如被英国占有的罗塞塔石碑（正是有罗塞塔石碑的帮忙，象形文字才得以在 1822 年被破解）在 1801 年归还给了埃及。

不过，保守派的力量也同样有获得胜利的时候。1791 年波兰的宪法改革引起了争端。1792 年在塔戈维查（Targowica），保守派贵族召开会议决定请求俄国进驻，以便保护旧有宪法免遭革命倾向的破坏。至于俄国和普鲁士的宫廷是否真的相信东欧受到了"雅各宾"理念的威胁，则见仁见智。无论如何，两国接受了请求，并以弥补军费开支的名义在 1793 年吞并了波兰的大片土地。塔德乌什·科什乌兹科（Tadeusz Kościuszko）在克拉科夫掀起了一场起义反抗这场骗局。在 1795 年起义最终落败的时候，整个国家都被普鲁士、奥地利和俄国瓜分殆尽，波兰国王尊严扫地，劫后余生的波兰军队逃往法国。

81 　巴黎方面关于输出革命的决定，为法国周边地区中拥护宪法改革的人带来了福音。一度败逃的"爱国者"们带领着革命军重回哈布斯堡尼德兰和联省共和国，并占据了统治与行政机构的高层。在美因茨，选帝侯弗里德里希·冯·埃塔尔（Friedrich von Erthal）从 1780 年代开始便支持启蒙知识分子移居彼处。革命发生后，农村中农民抗争的次数有所上升，城市里的共济会集会也开始接受革命思想；此时选帝侯变得保守起来，以王侯的规格为法国的流亡贵族接风洗尘，并解雇了 1784 年重建的美因茨大学中的进步教师。

1792 年秋季，美因茨和美因河畔法兰克福在法国军队面前不战而降。"被解放的"美因茨宣布成为共和国，种下"自由树"①并印发革命报刊。图书馆管理员格奥尔格·福斯特（Georg Forster）成为雅各宾俱乐部的副主席，他曾跟随詹姆斯·库克进行第二次世界环游，也曾在 1790 年随同亚历山大·冯·洪堡（Alexander von Humoldt）在西欧游历。当法国军队于 1793 年放弃莱茵兰时，共和国便瓦解了；福斯特逃向巴黎，并在 1794 年去世。留在美因茨的共和主义者在法庭上竭力为自己的政治动机辩解。这或许会给人留下一种印象，即美因茨的民众在这段时间里仅仅着眼于"计算自己的利益"，因为他们的见识"不出城门之外"。[14] 事实上，这种情况虽有个例可循，却绝不是常态。

法国军队又何尝不是从进步人士和保守分子及利益既得者之间潜在的冲突中屡屡得利呢？大众幸灾乐祸地看着法国军队快要接近时老爷大人们着急忙慌的样子。不过他们也常常思考，这种娱乐的代价是否过分高昂了，因为军队有时肆意劫掠，有时又要求民众奉上大量食物、马匹、金钱和人力。此外人们也还要担忧灵魂救赎的问题，因为法国人限制宗教活动，损毁教堂和修道院，并迫害牧师和修女。于是在军队撤离之后，曾经的大人们便会受到真挚的欢迎。

不过，战争带来的破坏不仅危及国民公会的声望，也影响到每一国的政府。对此，那不勒斯王国是一个尤为生动的例子。在某些进步贵族看来，王国开始于 1791 年的保守转向（和教廷保持日益紧密的联系、加强秘密警察的活动、迫害"雅各宾派"、在 1797 年取缔所有的共济会集会）极其可怕，尤其是因为这一转向将会让国家一败涂地。为对抗法国而召集

82

---

① 象征革命与自由的标识物。——编者注

起来的忠实的军队，因为露营的条件恶劣，甚至在投身战场之前就发起了热病。单单在 1796 年夏季，有一支鼎盛时期也只拥有 6 万士兵的军队中就有 1.8 万人死去。那不勒斯在 1798 年试图将法国人赶出罗马，但结局却是法国军队入驻，那不勒斯掀起革命，国王向西西里岛败逃。

"帕色诺共和国"（die parthenopäische Republik）的成员多是重返家乡的流亡者，但其政府毫无疑问失去了通过取消封建税负改善农民生活条件的机会。因该政府的所作所为，一场由保王派领导的、旨在复兴经济和宗教的反抗运动兴起了，它在 1799 年夏季将法国人匆匆赶出那不勒斯，并将国王迎接了回来。在英国海军上将纳尔逊（Nelson）的竭力支持下，该运动推行起"白色恐怖"。

农民几乎总是有理由感到不满，除此之外贵族和城市公民不同派别之间的分裂也决定了战争的进程。革命军队几乎处处都能遇上受法国的启蒙文化影响、能用法语交谈并愿意在法国的支持下贯彻自己政治目标的贵族。哪怕是不具决定意义的胜利也会引起一系列连锁反应。在意大利北部，让某一个城市或者国家投降，比如 1797 年的威尼斯共和国，通常只需要法国军队露个面。这不意味着革命战争能够避免流血。虽然瘟疫、营养不良和创伤比战争夺去了更多人的生命，但是一系列大规模的战役同样要造成许多牺牲。比如约有 1.1 万名士兵在杰玛佩斯（Jemappes，1792 年 11 月 6 日）、阿尔柯桥（Brücke von Arcole，1796 年 11 月 15~17 日）和苏黎世（1799 年 9 月 25~26 日）丧生，大约有 1.6 万名士兵在马伦哥（Marengo，1800 年 7 月 14 日）战死。要是某座城市投降了，奸淫掳掠通常就会紧随其后。反抗行为会引致残酷的复仇，比如 1797 年复活节，法国士兵在威尼斯的维罗纳遭到杀害，这件事的结局是法国作出五十多起处决和流放的判决，并要求得到一笔战争赔款；独立的威尼斯共和国最终灭亡。

　　保障言论和出版自由，让更多人能够实质性地或形式上参与政治，破除封建压迫，对私有产权一视同仁并取缔等级特权……法国模式所提供的这些政治制度是很有吸引力的，只要掠夺或者强征税款的行为没有发生。限制教会特权也会有同样效果，不过这个极端的共和国所采取的无神论几乎得不到任何支持。

　　此外，对法兰西共和国发动战争的各位君主很快就察觉到，他们能够在这位对手的帮助下落实自己的目标。比如说，在 18 世纪末，哈布斯堡在国际政治方面最期望实现的愿望，是用哈布斯堡尼德兰换取巴伐利亚选侯国。乍看之下，放弃欧洲内经济最为发达的地区，换来相对贫穷的一块土地，似乎是一次得不偿失的生意，但是战略上的优势足以弥补经济损失。要是这一交易成功，哈布斯堡帝国就能在不向他国统治者借道的情况下与帝国内的每个地方政府取得联系，并将军队派遣至几乎所有领土上；要是还能成功出让远奥地利，那就真的能够抵达每一块领土。另外，如果计划实现，大不列颠将来就必须自己防范法国对尼德兰海岸的侵扰了——目前她只需依靠哈布斯堡的力量防范法国人。因此在当前局势下，利奥波德二世和弗朗茨二世没能和普鲁士的弗里德里希·威廉二世一样，从英国那里讨来战争补助。基于相似的原因，比起自己的西部领土，普鲁士对瓜分波兰的事务要更加上心。俄国在理论上是最不愿妥协的大革命之敌，却直到 1799 年才觉得有必要插手西欧或南欧的战争。在恐怖结束之后，法国君主制依然沉寂。"路易十七世"——路易十六世的长子，1795 年在一名雅各宾派成员的看管之下夭折。这样一来，法兰西王室中拥有继承权的所有成员就都死的死、逃的逃。因此，欧洲大陆上所有内阁都开始商议和平，在现实政治面前收起"君主的原则"。

普鲁士与法国在 1795 年签订《巴塞尔和约》，承认法国对莱茵河左岸和两个尼德兰的控制权；作为回应，法国承诺以莱茵河右岸的领土弥补普鲁士的损失，并将英王支配下的汉诺威选侯国视作中立区域。数月之后，西班牙离开了同盟，并用伊斯帕尼奥拉岛（Insel Hispaniola）的西班牙部分换回由法国占领的边界区域。

在法国方面，接替国民公会的"督政府"（Direktorum）签订下这些和平条约。间接选举产生的 7 位督政官——仅有富人能够当选——很大程度上结束了恐怖统治，但也继续对顽固的保王党发动迫害。督政官们尝试发行新的纸币以替代指券，后者由官方宣布无效，其印版也于 1796 年初在广场被公开捣毁。不过督政府同样无力完成这个任务。1797 年，政府令国债的利息支付减少了 1/3，因此被迫再次宣布国家破产，并承认在战争结算上存在大量腐败行为。

仅仅是战争的胜利就能保护督政府在财政上免于崩溃。1796 年的国内总收入是 9500 万里弗尔，在占领区获得的收入（至少是名义收入）是 1.22 亿里弗尔，其中仅在尼德兰就获得了 1.04 亿。法国政府由此陷入了对其军队指挥官的双重依赖：一来身陷财政危机，二来巴黎和战区之间的通信距离越发遥远，这使得政府对地区的控制更加困难。虽然第一种光学电报已被发明出来，但信息的传递总还是仰仗于马匹的脚力。1799 年从尼罗河海战战场发出的消息，甚至仅能以平均 2 千米的时速向巴黎传递。

有一位将领尤其擅长运用他的自主权。此人仅以剑与旗为他的武装，在 1796 年 5 月于洛迪（Lodi）桥迎战奥地利军队并由此决定了战争的走向；1796 年 11 月，他又在阿尔柯桥再造辉煌。1797 年以后，这名指挥官又掌控了《意大利方面军邮报》（*Courrier de l'armée d'Italie*），时时印发颂歌。几乎没人知道，跟随其他将领冲过桥梁的拿破仑·波拿巴之所以能显得像是一位胜者，并且能在奥军混乱渐除之际躲过一劫，仅仅是因为他很及时地跌入了河流。当时在场的军官们对拒绝参与毫无胜算的袭击的士兵"是懦弱还是理智"展开了激烈的争论，不过这些争论并没能为大众所了解。重要的是新闻报道掩盖了"渡桥计划失败了"[15] 这一事实。

　　要是人们的视线从他对媒体的操控上移开，拿破仑在某些方面的确是一名典型的革命军官。这位出身贵族的炮兵将领和等级相同的数百位同僚一样，在大革命之后继续留在了军队当中，并在雅各宾派那里找到了政治家园。1793 年，他在围攻由英国占领的港口城市土伦的战役中显露锋芒，这是一场以重返科西嘉为目的的战役。在此处，他的政治盘算曾彻底破产，他的整个家庭（母亲、4 个兄弟和 3 个姐妹）都已经被迫逃向大陆。和许多贵族将领不同，他在恐怖中躲过了被当作叛徒处决的命运，从而在督政府时期能从头再来，在过往生涯的废墟上重启仕途。他无情地镇压共和四年葡月十三日（1795年 10 月 5 日）的王党暴动，赢得了巴拉斯的宠信。1796 年3 月，督政官们将这位年方 26 岁的将领任命为法国意大利方面军的最高指挥官。1796 年 3 月 9 日，在动身赶赴前线的两天前，波拿巴和玛丽 – 罗丝·德·博阿尔内（Marie-Rose de Beauharnais）完婚——他称她为约瑟芬（Josephine）。约瑟芬来自加勒比，前夫亚历山大（Alexandre）死于恐怖时期。她是巴拉斯曾经的情人、督政府时期风流社会的中心人物；她可不愿跟随丈夫走近战场。

　　拿破仑在意大利连连获胜。他从 1796 年开始用坚挺的贵金属货币偿付半数军饷，把他的士兵紧密地团结在身边。靠着占领区交纳的军税，他也在蒙贝洛城堡（Schloss Mombello）组织了某种类似于宫廷的机构，开始凭一己之力推行国际政

86

87

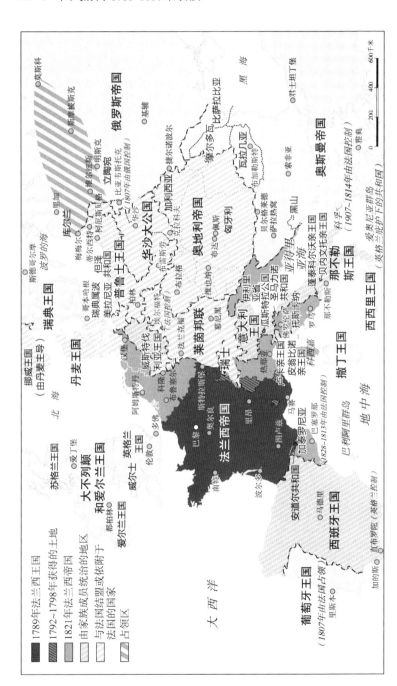

策。1797年4月拿破仑几乎征服了整个北意大利，率部奔向120千米之外的维也纳，并提出一条有趣的和谈建议，此时奥地利已经作好了停战的准备。

在《坎波福米奥和约》（1797年10月17日）中，奥地利承认了法国的扩张所得。这份和约以另一种方式完成了巴伐利亚与尼德兰的交换。奥地利获得位于其核心地区周围的领土，弥补了她在尼德兰、意大利和德国西南部遭受的损失：萨尔茨堡总主教区、巴伐利亚的因河地区以及原威尼斯共和国所在的几乎整片区域；法国获得了威尼斯在阿尔巴尼亚占有的领地以及爱奥尼亚群岛，这样一来，奥地利虽然获得了直至地中海的通途，却会受到法国的管控。1798年初，法国扩张了她对教宗国剩余部分的控制——罗马涅、博洛尼亚和费拉拉早在1797年便已成为奇萨尔皮尼共和国的一部分。1798年夏季，瑞士和皮埃蒙特陷落，而那不勒斯王国的大陆部分也最终在1799年1月被吞并。这些区域部分并入了法兰西共和国（哈布斯堡尼德兰、莱茵河左岸、皮埃蒙特、日内瓦和米卢斯），部分组建起在政治上依赖于法国的"姊妹共和国"，并参照了法国式的宪法：曾经的热那亚共和国成了利古里亚共和国；法属北意大利的剩余部分成了奇萨尔皮尼共和国；从前的联省共和国变成巴达维亚共和国；曾经的瑞士变成赫尔维蒂共和国。罗马共和国——曾经的教宗国，仅存在于1798~1799年；帕色诺共和国——曾经的那不勒斯王国，仅出现在1799年。

区分开几次不同的"同盟战争"，不失为理清这些复杂事件的一个方法，只是这仍无法完全令人满意。"第一次反法同盟"通常被认为出现在1793年和1797年之间。但是该同盟在尚未巩固之际，就已经因为普鲁士和西班牙的脱离在1795年开始瓦解。《坎波福米奥和约》签订之后，除大不列颠外，西西里和撒丁也在继续对抗法国；尼德兰和意大利的政治秩序变动不居；应该用什么弥补普鲁士失却的领土，也还是未定之数。因此"第二次反法同盟"——奥地利 1799 年再次参战，而俄国也决定开始插手——并没有意味着整个欧洲都从和平或者脆弱的稳定状态向战争过渡。剩下几次结盟之间也没有明显的间隙。

虽然俄国在 1799 年 1 月向意大利、地中海、尼德兰和瑞士进军，但第二次同盟和前一次一样，不仅战果寥寥，而且没有取得稳定的外交秩序。俄军在苏黎世落入下风，奥军在马伦哥失利。俄国沙皇保罗一世认为落败要归咎于政治阵线的转移，归咎于竟要利用波罗的海国家（丹麦、瑞典和普鲁士）之"武装中立联盟"（Liga der bewaffneten Neutralität），来终结英国对波罗的海贸易的掌控。1801 年 4 月，为了回应普鲁士对汉诺威的占领，大不列颠摧毁了丹麦舰队和联盟，虽然后者在同年 3 月 24 日，即沙皇遭到刺杀之际，就已经失去了它的政治领袖。

在此之前，奥地利签下的《吕内维尔和约》（1801 年 2 月 9 日）便已经很大程度上再次确认了《坎波福米奥和约》的宗旨。而西班牙还要作出进一步的妥协。1794 年的《杰伊条约》彻底地调停了独立战争时期遗存的英美矛盾。因为担心英美的影响力在北美洲扩大，西班牙王国和法兰西共和国携起手来，在 1796 年结成盟友关系。1800 年，西班牙甚至还要将 1796 年得来的"路易斯安那"这片密西西比和落基山脉之间辽阔却人烟稀少的土地秘密交还法国，不过这笔交易在 1802 年才被公开。作为回报，法国将此前属于哈布斯堡的托斯卡纳大公国并入西班牙国王的驸马帕尔马公爵的领地，此后，这一片合并起来的土地便被称为伊特鲁里亚（Etrurien）王国。依照承诺，托斯卡纳大公在 1803 年获得萨尔茨堡作为赔偿。只有在和教宗国打交道的时候，法国才情愿作出让步，让它重建起

1797 年的疆界。那不勒斯的大陆部分被归还（但驻有法国军队），爱奥尼亚群岛被割让给俄国，俄国对马耳他的控制、奥斯曼帝国对地中海东部的统治权得到了承认。

因此，在 1801 年之前，大不列颠屡屡败敌的佳绩只发生在两个欧洲战场上：波罗的海区域以及爱尔兰。18 世纪末，爱尔兰是以独立国家的身份与大不列颠结合而又隶属于后者的一个王国。她受到某个总督的统制，而总督虽然由英国政府任命，却能组建自己的议会。爱尔兰的绝大多数民众都信奉天主教，而大部分领主和受过教育的公民信奉新教。1793 年皮特政府解除了爱尔兰议会选举中的宗教限制，此后天主教徒虽然仍未能当选，却有了投票的权利。战争催高食物的价格，并加剧了不同教派之间的矛盾。1795 年总督宣布在都柏林议会对天主教徒的平等权利进行投票表决时，只是短暂地将事态发展推向高潮，但总督很快又收回成命，法案因此并未获得多数同意。天主教徒的核心政治组织"爱尔兰人联合会"（United Irishmen）出于对英国政府的失望，向法国寻求帮助，而法国虽然两度派出由数千人组成的远征军，却都无功而返。爱尔兰的新教徒因此组建起针锋相对的"橙色秩序"（Orange Order）组织。1796 年开始，爱尔兰政府——主要是在岛屿的东北部——着手搜寻武器、发动大规模的逮捕行动，并焚毁暴乱嫌疑人的房屋。这便催发了起义和内战，直到 1798 年，共有 3 万人死于动乱。在皮特看来，解决爱尔兰问题的唯一途径是一方面向天主教徒授予政治权利，另一方面又限制他们的政治影响力，并将爱尔兰和大不列颠的议会并作一个，其中新教徒占据结构性多数。1801 年，大不列颠和爱尔兰联合起来了，但国王却在解放天主教徒的问题上行使了否决权。此番政治失利迫使皮特下台，也引致与法国的冲突。亨利·阿丁顿（Henry Addington）的内阁萧规曹随，于 1802 年 3 月 27 日与法国在

91

亚眠签订和约，其中，联合王国承认了欧洲大陆上发生的变动，也承认了法国殖民帝国的 1792 年边界。王国仅留下了曾属西班牙的特立尼达岛和曾属尼德兰的锡兰岛。

因此在 1802 年，法国似乎获得了革命战争的最终胜利。曾参加反法同盟的大陆国家中仍然保留自己国界的那几个，要么像西班牙和那不勒斯一样成为法国的盟友，要么像普鲁士、俄国、哈布斯堡帝国和大不列颠一样，签署"永久性的"和平条约，不然就如同撒丁王国及西西里，要依靠英国舰队苟存于地中海诸岛之上。

不过要是脱离欧洲的视野，我们就能发现法国的境况并不那么美好。拿破仑在共和八年雾月十八日（1799 年 11 月 9 日）推翻了督政府，显示了法国内政是何等不稳定。拿破仑用"执政府"接替督政府，并且尤其需要依靠集权的方法；三位执政（拿破仑是第一执政）获得了巨大的权力。每一个省都设置有省长代表他们行政，这些省长接管了以前选举产生的地区性或地方性部门拥有的大部分职能。诸位执政应当向一系列委员会征求意见，当中包括一个指定的元老院（Sénat）、一个拥有 500 名成员的显贵会议［护民院（Tribunat）］、一个由选举产生的立法院（Corps législativ），以及一个指定的国务委员会［参政院（Conseil d'état）］。立法院的唯一职能在于驳回由第一执政提出的法律案，而其他委员会主要有权敦促或同意行政部门去干某件事情。所有正直可靠的男性都能继续参与某一政治委员会的"选举"。但此后，"选举"的功能被限制在提名人选上；这些候选人拥有一定财产，有资格代表所属等级。只有元老院才真正有权对候选人进行选举。宪法修正案的通过需要公民表决，主要采取间接选举的办法，而且实际上投下的票数并不多于 1792 年的国民公会选举。

执政府宪法旨在捍卫革命的成果，但也同时修正了革命的极端行为。督政府曾于 1798 年将教宗庇护六世——他是革命的公敌——投下监牢并押送至瓦朗斯；次年教宗在彼地去世。重建教宗国是与庇护七世缔约的基石，该条约要教宗不再追究被罚没充公的教会财产，并承认下依省界设立的新教区，而且所有神职人员将来都有义务为第一执政祈祷，正如他们曾为国王祈祷那样。第一执政取缔了《教士公民组织法》，承诺以流通的货币为主教和教士支付薪金，并规定只有在先前的主教"自愿"退位之后，新的主教区才能建立，这让教宗获得了名义上的胜利。教宗因此也承认了国家对教会的优先地位，而拿破仑还希望作为少数民族的犹太人也承认这一点。1808 年，他颁布了"臭名昭著的法令"（das infame Dekret），限制了法国东部犹太社区成员的权利——但这些犹太人却只把《塔木德》的律法视作唯一有效的家族法。犹太人此后被迫分离，只能申请有效期为一年的贸易许可，并且必须亲身服役。

93

随着法国在欧洲范围内接连取得军事胜利，而其国内政治也日趋稳定，《亚眠和约》的种种条款似乎都是合适的。这样一种分析自然忽视了海外领地的状况，从一定的时间范围看，这些领土对战争会起到决定性作用。最晚自埃德蒙·伯克以来，批评革命的人就用"到底该从何处争自由呢？"[16]向要求"自由"的人提出反驳。加勒比的人们轻易便能回答这个问题。在彼处，为数不多的白人官员、种植园主、公证员和商人构成了一个上等阶层，他们统治着由为数不多的海员、手工业者和工人构成的白人中下阶层，也统治着若干非裔及非欧混血的自由人，以及构成居民绝大多数的庞大的奴隶等级。奴隶主一直提防着反对现行劳动条件的暴动，奴隶们就是在这种条件下生产能为种植园主和商人换来高额利润的贵金属和植物原料（甘蔗、烟叶和咖啡豆）的。劳动的条件糟糕透顶，因此和美国不同，这里奴隶人口出现萎缩。为了将任何反抗都扼杀在摇篮之内，哪怕是轻微的过错都会遭受重刑，例如殴打、断肢，还有种种耗时甚久的处死方法，这些在欧洲是完全无法可想的。18世纪末，从奴隶船和种植园中传来的报道在欧洲引发了关于奴隶制的大讨论，在英格兰和苏格兰的非圣公会的宗教社群中引起了巨大的反响。1787 年，曼彻斯特大约有 1/5 的人口签署了反对奴隶贸易的请愿书；同年，陶艺家乔赛亚·韦奇伍德（Josiah Wedgwood）设计了一款深受欢迎的徽章，徽章上有一名奴隶被链条拴绑，有一行字写着"我就不是人、不是手足吗？"（Am I not a man and a brother?）。

奴隶制得以维持下去的原因是它的盈利能力，以及许多欧洲消费者对其商品产生的依赖。而因为这关系到烟草、咖啡、糖、酒等成瘾性物品的生产，所以"依赖性"这个词可以同时在多个方面道出至关紧要的真相。在西属和葡属的南美洲挖出的贵金属经由奴隶贸易和殖民地商品贸易的路途，流入英国、尼德兰、法国和美国商人的经销处，并首次让欧洲得以参与东亚的贸易。关税以及对殖民地商品征收的间接税构成了西欧国家收入的一大部分，在大不列颠或者法国达到 1/4~1/3。

对英战争摧毁了法国的海外贸易。截至 1799 年，马斯河上往来的海船与 1789 年之前相比减少了 1/3，而英国的商船则增加了大约 20%，这为法国势力范围内所有港口城市、造船业和木材加工业带来了严重的危机。1795 年以后，尼德兰的海外领地便效忠于投奔英国的省督，而非巴达维亚共和国。

从英国的视角看，革命战争主要发生在海外。英国在第一次同盟战争中往尼德兰输送了大约 4000 人，1795 年往加勒比输送了超过 3 万人。在印度，理查兄弟和亚瑟·韦尔斯利（Arthur Wellesley）战胜了亲法的迈索尔（Mysore）苏丹。在 1803 年入侵德里的时候，东印度公司继承了处于没落中的莫卧儿帝国的财产；此后，在次大陆上，法国只剩下了三个据点。法兰西殖民帝国的核心在加勒比，她在此地占有三块实行奴隶制的殖民地——法属圣多曼格（St.Domingue，也即伊斯帕尼奥拉岛的西部）、瓜德罗普，以及马提尼克。比起英国或者印度，这个地方对全人类自由的渴念唤起了更具爆炸性的力量。法属圣多曼格的奴隶认为，虽然国王解放了他们，但国民议会却要阻挠命令的施行。1791 年 9 月，瓜德罗普的人们误信国王成功逃离了大革命，于是倒向保王派一边。

　　革命对自由的要求在加勒比群岛提出了两个问题：政治参与权是否和肤色有关，以及奴隶制和人权是否能投合一致。经过投票，国民议会和"立法会"保留了奴隶制度，却要反对以

图 1　乔赛亚·韦奇伍德设计的反奴隶制徽章

96 种族为基础的政治歧视。只有在1794年，国民公会的代表才在越权的情况下宣布取消奴隶制。督政府对此态度不明，执政府则在1802年决定恢复奴隶制。

1791年夏季，在法属圣多曼格爆发了唯一一场成功的反奴隶制起义。一段时间内，起义者与圣多明各（Santo Domingo）的西班牙君主制政府联合起来；在一名自由的黑人杜桑·卢维杜尔（Toussaint Louverture）的领导下，他们成功建立了一部民主制的宪法，其选民多数为黑人。在卢维杜尔于1802年被法国逮捕的时候（1803年他在法国去世），独立斗争已然深入人心；拿破仑令其妹婿勒克莱尔（Lecler）率部远征，企图夺回对岛屿的控制权，但最终"海地"在1804年宣布成立。与此相反，瓜德罗普1794年的废奴运动将多数奴隶引向了共和的一方，却又没有在本质上改革社会等级或者消除经济依赖性；1802年重建奴隶制度并不是一件难事。

因为在加勒比落败，法国失去了那些对国家财政至关重要的非欧洲市场，这正是法国进军埃及的大背景。在欧洲获得胜利之后，拿破仑·波拿巴在1798年5月18日率领大概5万人马，其中包括大批科学家，前往埃及。拿破仑确实能够指望打下一场荣耀的胜仗，但没有人知道这一次进军能带来什么军事或者经济上的好处。从埃及出发，侵袭英国在印度的领土的企图，从一开始便已告无望，因为红海上没有船只能将军队运往印度。虽然已经向督政府作出承诺，但比起直接打击英国的领土，拿破仑大概更想要加强法国对地中海东部之贸易枢纽的控制。

97 不过，法国的进军并未作好足够的外交准备，从而使得苏丹和其宿敌俄国结起盟来回击侵略。1797年，沙皇保罗一世凭借某种暗箱运作，被推选为马耳他骑士团的大团长；他对马耳他遭受的袭击表示担忧。此外，依俄国看，一旦法国占领埃及，他们从 1792 年攻下的黑海海岸的港口出发，参与报酬丰厚的地中海贸易的机会就会被限制。

在意大利，拿破仑把一种手段运用得越发纯熟，那就是用当地的收入来覆盖军旅开支；但此方法却几乎不能运用在埃及。热带疾病令军队损失惨重。世俗主义的远征军和埃及伊斯兰文化之间的龃龉比欧洲天主教地区的冲突更甚。开罗的民众于 10 月 21 日掀起暴动，而法国人以镇压相回应，使得二者失去了在未来展开合作的机会。虽然在军事上战胜了马木留克军（Mamulukenheer），但这几乎无法弥补 1798 年 8 月 1 日法国舰队在阿布基尔（Abukir）被英国人摧毁的败绩。如今已无退路，也无法补给。拿破仑决定率领麾下尚存的 1.5 万名士兵，迎战来自叙利亚的一支奥斯曼军队，但也未获胜利；他的进军被截断在严阵以待的阿卡城（Akko）。瘟疫令死亡人数节节攀升，因此唯一的退路是返回开罗，毕竟这样还能对阿布基尔的奥斯曼军队稍加制裁。除军事上的落败外，媒体的报道也不堪卒读。因为军队极缺乏食物和水，拿破仑下令处决数以千计的战俘。在雅法的军医院，无法行进的士兵遭到毒杀；英军撞见了一些因药物不足而生不如死的幸存者。他们描画了一个嗜血的"科西嘉怪物"的形象。

1799 年 8 月 23 日，拿破仑秘密出逃，离开了败军之地。1799 年 10 月 10 日抵达法国之后，他宣称在其继任者让·巴蒂斯特·克莱贝尔（Jean Baptiste Kléber）治下，埃及成了一片安定祥和的法国殖民地，借此逃过了政治批评。接着，他在雾月十八日发动政变，并在媒体上宣传远征创造的科学成就。1801 年法国对埃及的占领终结，统治权被交还给奥斯曼帝国。

比起 1763 年欧洲诸国签订的和约，法国在欧洲创下的胜绩以及她在海外的落败被认为能带来"更为牢固的""长期均

98

势"[17]的契机，因为这种情况造成大不列颠、俄国和法国之间的力量均衡：法国控制欧洲的南部和西部，大不列颠拥有欧洲以外的世界，而俄国则掌管欧洲东部和东南部。问题在于，这一均势能否在意识形态、经济和权力政治的层面上保持稳定。

4 革命之后寻求稳定

欧洲的一致性

后革命时期的法国及其对手之间的意识形态斗争，在《吕内维尔和约》以及《亚眠和约》之后有所减缓。拿破仑向第一执政晋升意味着迈出了回到君主制的最初一步，有这种想法的无论如何不止俄国沙皇保罗一世。一个姓波拿巴的王朝无法因其身世得到正名，但不拘一格的继承规则也会出现在其他国家，只是程度不同罢了。在俄国，谋杀先皇是迫使政治更易的办法。叶卡捷琳娜大帝便是如此在1762年获得了权力，保罗的皇子亚历山大一世在1801年也有类似经历。大不列颠的君王乔治三世患有间歇性的精神错乱，而其王储威尔士亲王乔治在财政方面昏庸无能。英国议会虽然在1811年将威尔士亲王任命为摄政王，却限制了其君主的特权。同样，威廉·本廷克（Williams Bentinck）——英国向西西里王国派驻的代表——在1811年逼令国王费迪南多一世（Ferdinand）及王后玛丽亚·卡罗琳娜（Maria Carolina）让位给他们的王子弗朗切斯科一世（Franz）；1812年，新任国王的母后不得不离开国家。

拿破仑转向了保守：签署教务专约，赦免流亡贵族，推行个人崇拜，设立"荣耀军团"（Legion d'honneur，1802年），并在1804年之后进行新一轮授勋而背离公民平等，在1806年重新推行格里高利历法，削减由选举产生的会议的职权，设立省长制度，重启间接税制。自此以后，执政府和帝国就既与革命的坚定拥护者，也与合法君主的拥护者发生冲突。拿破仑处理这两方反对者的方式，就如同其他王国处理各自的雅各宾派：开除公职，逮捕与流放，采取更严苛的政治审查，追查对立阵营的著作，还有公开处刑。斯塔尔夫人（Madame de Staël）在 1795 年回到法国，此后便往返于其父母位于日内瓦旁的科佩（Coppet）的屋宅、巴黎以及另一处法国农庄之间；因为批评了新的政治制度，她在 1803 年被驱逐出巴黎。虽然对极端的保王倾向抱有一定怀疑，斯塔尔夫人还是在维也纳和柏林的宫廷里受到了友好的接待。但拿破仑却在 1810 年查没了她的《论德国》（*De l'Allemagne*），这本书综观了德国知识分子的生活，将德意志王侯们的自由与在法国发生的压迫两相对照。与之相反，有另外一些著作夸耀天主教满足了感官的需求，或者保障了社会秩序与稳定，譬如弗朗索瓦 – 勒内·德·夏多布里昂子爵（François-René Vicomte de Chateaubriand）的《基督教真谛》（*Genie de christianisme*，1802 年）。这部著作如今也在法国获得了上流人物的赞同，这名作者便有幸在拿破仑政府的罗马公使馆中谋得职位。

100

　　由于法国在政治上趋于保守，其他国家便更容易接受法国带来的革新。不久，欧洲大陆上就建立起一支支作为军事化警察部队的宪兵（Gendarmerie），他们受任稳定国内地区、抗击强盗土匪。将天主教教会财产收归国有成了缓解财政赤字的灵方妙药。推行更合理的行政区域制度、限制贵族的权威、解除工商业遭遇的限制、取消内部关税，这种种措施都体现了各国企图引进那些曾造就"法国速度"的东西。

　　另外人们同样期待，在未来，由选举产生的会议也能参与制定税收的工作。在"普鲁士改革"的构想中——1806 年战败以后这一场改革就被提上日程——包含了组建具有议会性质的会议，而莱茵兰诸国以及反对拿破仑的西班牙人也抱有同样的打算；这种会议也是英国支持拿破仑在西西里岛的那不勒斯政权的条件之一。在法国的姊妹共和国或王国那里，议会会议带来了一定影响。像是在少数莱茵兰国家（1807 年威斯特伐利亚、1808 年巴伐利亚、1810 年法兰克福、1812 年贝尔格），以及瑞典（1809 年）、西西里（1812 年）与西班牙（1812 年），都颁布了宪法。

法国大革命和开明专制主义的另一项政治遗产是法典，例如在整个帝国范围内都具有效力的《民法典》（Code civil，1803/1804 年）以及《刑法典》（Code pénal，1810 年）。拿破仑要求那些被他的亲戚所统治的国家在数月之内引进这些法典，但成效寥寥。在与法国联盟的德意志国家中，围绕着《民法典》的引入发生了激烈的斗争。只有巴登成功完成引入，而在此地，直到 1901 年通过《公民法典》之前，拿破仑法典都一直是有效的法律。《民法典》的引入如此困难，是因为这部法律要用一个不同于现行法的法律框架——此框架忽视了等级隶属以及复杂的财产、地产关系——取代此前一直实行的、地区之间相互不同的种种法律，这将有可能彻底摧毁等级社会的秩序。

《民法典》大幅扩展了那些拥有"法国人资格"并享有一切公民权利的人的范围，从而补充了关于政治意义上的"法兰西共和国公民"的规定。但是这一革命性的平等理想却并未触及家庭内部的领域。在这一领域中，男性家长的权威毋宁说是被巩固了。因此依照拿破仑的一种明确的期望，"法国人资格"将在原则上从父亲那里继承过来。《民法典》明确回绝了关于提升妇女法律地位的那些要求；甚至说在第 376 条和第 377 条中，秘密逮捕令（lettres de cachet）要转而以一种更为私人的方式留存下来，父亲仍能将他的孩子投入公共监狱。《刑法典》也以相似的方式，在革命成果与社会关系稳定之间寻求一条中间道路。该法典确立了公共审判程序中的陪审员制度，却只给政治罪行作出模糊的定义，并将社会上的边缘群体——如乞丐或流浪汉——有罪化，从而使迫害政治对手变得更为轻松。

借助于透明的、合理的法典编纂，明晰地管制财产关系，确立全国统一的罪名与刑罚，抑制等级隶属所带来的影响，或者甚至要达到彻底的法律平等，是欧洲的法律改革家希望完成的。《民法典》中的许多部分并不和那部从 18 世纪末开始便已着手筹划，并于 1811 年在哈布斯堡帝国的奥地利区域颁行的《普通民法典》（der Allgemeinen Bürgerlichen Gesetzbuch）有所区别。在欧洲全境，仅仅允许贵族买家获得"骑士封地"（Rittergüter）或其他"贵族土地"（Adelsland）的规矩，已几乎绝迹。在 1800 年之后获得的土地上，俄国不再推行农奴制。1806 年之后，普鲁士扩大了城市自治的范围，允许农民迁徙以及用交付赎金的方式解除其封建税负，并着手取消行会，同时缩减军官和普通士兵之间的差距，从而提振了士气。而大不列颠在 1812 年和 1813 年取缔了大部分贸易寡头，在 1814 年取缔了全国范围内原已几近不被遵守的强制会籍制（Zunftbahn）。

在社会阶层的领域中，同样能找到趋同的现象。法国大革命没有一个阶段是"公民的"，也即仅仅由商人和城市公民权利的所有者塑造——哪怕 1794 年以后，上位者中依然有大部分是那些在 1789 年之前就已隶属贵族和教士等级的人。无论如何，对先前等级限制的克服都是一件较为轻松的事情。虽然在拿破仑的军队中并非所有士兵都在行囊中装着元帅权杖，但是大贵族对军政顶层的垄断已经被打破了。例如，后来的警务大臣富歇就是一名海员的儿子。不过执政府的 13 名官员全都来自旧制度中的特权阶层，例如法官、军官、外交官或教士；而 5 位执政则都在 1789 年之前就已为穿袍贵族或佩剑贵族。

102

1800 年之后，老贵族和新晋"显贵"（Notable）就融合为一了，在他们之间，政治分歧虽然根深蒂固，却存在共同的经济利益。社会的金字塔被放置到新的根基上，却不在形式上有所变更。要是此前的社会不平等主要是因为阶级出身——财产和职权都与之相连，那么此后便主要归因于个人在两种意义上的"材能"（Vermögen），也即财产和能力。在意大利北部，人口登记簿上在很长一段时间内都找不到贵族等级的踪迹。不过，对"低微的"出身所带来的不足进行补偿却并非首要之务。革命为所有拥有求学兴趣与时间的人开放了更高等的教育机构，但在拿破仑治下，一种拥有特殊学校〔公立高中（lycées）和大学校（grandes écoles）〕的体制却被巩固起来了，这些学校依据成绩挑选学生，将他们培养成高等的将领或官员。不过，才华是很难彻底与出身区别开来的，因为经济能力会影响到备考的难易程度。因此，新的体制很难为一名单亲洗衣女工的优秀子女提供机遇，不过能防止公爵家的一名扶不上墙的儿子爬到聪慧的商人之子的上头。

当普鲁士于 1810 年着手在柏林建立新大学时，他们收到了相似的实效。虽然新大学开设了具有公众影响力的讲座，但对学生的选拔却要经过与成绩和收入挂钩的中学毕业考试；此外，继续学业意味着会在很长的一段时间里放弃取得收入。威廉·冯·洪堡（Wilhelm von Humboldt）提出的大学理想强调了一种无目的的教化与科学，但这也同样很明显地与某种实用的目的相关联，即尽可能好地将学生培养成行政、法律、医疗和教会的人才。

和革命的起源地一样，在与法国竞争的国家中也同样出现了社会断裂。几乎在所有地方，立刻地，或者经过几代人的努力，将经济上的成就转换为社会地位或者贵族头衔，都变得更加容易了。在所有国家，战争都提供了大发横财的机会，使人

们能够为社会地位的迅速提升打下经济基础。拿破仑的元帅们
积聚起了巨额财富，同样的情况也可见于英国指挥官韦尔斯利
（Wellesley）和巴伐利亚将军卡尔·菲利普·弗里德（Karl
Philipp Wrede），其中，后者在战争结束后获得了一座宫殿，
它原属埃林根地区的世俗的德意志骑士团的辖区团长。所有那
些参与了战械和军粮运送的人，只要获得了报酬，便也都能小
发一笔战争财。苏格兰的制鞍学徒彼得·劳里（Peter Laurie）
在 1790 年代于爱丁堡度过了充满革命精神的少年时期之后，
成了一名伦敦的军队供应商，早在 1826 年就能满载巨额财富
退出行业，并准备好了凭借地方上的政治事业晋升为男爵，即
世袭贵族中的最低一层。

　　这样一种发迹不管是发生在法国权力领域的内部还是外
部，通常都是机遇使然。许多家庭决定不把一切都投到政治版
图上价值成疑的地区中。在法国莱茵河左岸，父亲们会把几个
儿子送到法国的公立高中，并把另几个送到莱茵河右岸的学校
里去。这样一来，在经历了种种政治变动之后，莱茵兰诸城市
的公职仍然常常为一个家族所把控，因为各大家族成员从未
同时身败名裂。弗朗切斯科·梅尔齐公爵（Francesco Melzi
d'Eril）首先是拿破仑建立的意大利共和国的副总统，接着又
是其意大利王国的首相，但他的亲戚何塞·帕拉福克斯 - 梅尔
齐（José Palafox y Melzi）却在西班牙抗击法国的扩张。在
1812 年的时候，俄国和法国的军队中有一些符腾堡军官。亚
当·恰尔托雷斯基（Adam Czartoryski）公爵自 1805 年起便
是沙皇亚历山大一世最重要的政治顾问；他之所以会在 1795
年被送去沙皇的宫殿，是因为他的双亲作为波兰改革运动的支
持者，想要表达政治妥协的意愿。

　　这些例子表明，不仅社会上的边缘人士，而且德意志、俄
国、意大利或西班牙等地的边缘人士，也都被各位王侯纳入

了最得力的顾问团。1810 年被任命为奥地利外交大臣的克莱门斯·文策尔·冯·梅特涅伯爵（Klemens Wenzel Graf von Metternich）出身于莱茵兰，普鲁士首相卡尔·奥古斯特·冯·哈登贝格（Karl August von Hardenberg）来自汉诺威，而长期担任那不勒斯首相的约翰·艾克顿（John Acton）爵士则来自英格兰。这种在大部分欧洲反革命国家中发生的人事整合，只有英国没有参与，因为在那里外国人被禁止担任公职。

同样，法国也几乎没有让外籍人才登上权力顶峰。这种情况归因于一个决策，即让法语成为唯一的行政和教育语言。讲意大利语、德语、斯洛文尼亚语或者克罗地亚语的新法国人在由选举或任命组成的议会会议中犹如局外人。因为执政府时期和帝国时期的人事政策只适用于中央政府的官员，而并不适用于各地的行政官员，并且因为遇到语言障碍的新法国人几乎不可能被纳入老法国，所以绝大部分省长都来自 1792 年前便已归属法国的地区。也许对来自意大利、尼德兰以及瑞士法语区的显贵来说，还算是开放了一些在帝国中获得仕途的机会；那么在 1800~1804 年被任命的 304 名省长中，却只有 1 名来自那 8 个"德意志"省。[18]

帝国以及它的结构性问题

1802 年，拿破仑通过公民表决将执政官的任期从 10 年提升为终身。这既没有解决继任者的问题，也没有解决法国的那位准国王以及各位"真正的"国王之间的关系。拿破仑将不再重建波旁王朝，这种信号十分明显，引发了保王党的新一轮密谋，1800 年，他们便已经对第一执政实施了刺杀的行动。1803 年又有一起阴谋败露。因为拿破仑错误地认为那些离法国边界最近的波旁族人将会积极策划他的倒台，所以在 1804 年 3 月，拿破仑从巴登绑架了无论怎么看都是清白的昂基安

（Enghien）公爵；在草率的审判之后公爵被判枪决，这令很多欧洲贵族深感恐惧。

也许拿破仑希望他的加冕称帝能够消除颠覆他统治的企图，哪怕他尚未迎来子嗣，也至少能廓清继承的大统。"法国人的皇帝"的庄严加冕仪式落在共和八年霜月二日（1804 年 12 月 2 日），这一仪式同时也强调了教宗和法国皇室之间的关联性——虽然拿破仑当着教宗的面亲自戴上皇冠。帝制与共和传统之间将会更难联系起来，即便人们也可以辩白说在罗马共和国里面也同样有一名英白拉多（Imperator）。

有一件事情引发了争论并且最终也尚未辨明，即拿破仑的帝国是否将古典时代或中世纪的泛欧帝国视作了楷模。在教宗面前举行加冕仪式让人们想起卡尔大帝奠立加洛林王朝的故事。拿破仑和长期担任外交大臣的塔列朗有时候也会想，拿破仑是否应当接替弗朗茨二世成为罗马帝国皇帝。但是仔细地看就能发现，他还是中规中矩地继承了好一些传统，例如拿破仑于 1805 年初加冕成为意大利国王并戴上了曾属卡尔大帝的伦巴第铁王冠，在 1804 年参观位于亚琛的卡尔大帝之墓；又譬如拿破仑 1799 年跨越阿尔卑斯山的举动，是承接了汉尼拔以及卡尔大帝的衣钵——1800 年，雅克 – 路易·大卫（Jacques-Louis David）把这一场景描画了出来。

处处皆有对古典罗马的提及，可见于建筑、家具、时尚、奖章、徽章以及军团勋章之上。除此以外，无论什么办法，只要能让新王朝与过去接续起来、赋予其历史的深度，都被视作正确可取。

以王国和侯国来供养拿破仑的家人及友人，则表现出这种用来巩固统治的实用策略的另外一面。在这件事情上，就表现出了一位氏族首领应尽的义务，也就是说他要去供养他可以信赖的亲属。此外，要是拿破仑没有利用好他的兄弟姐妹与养子

图 2 雅克－路易·大卫所画的《拿破仑跨越阿尔卑斯山》

养女,他就会失去使其新王朝立即统合进现存"君主国际"的机会。

拿破仑的兄弟、姐妹与表亲获得了王国与侯国。他的兄长约瑟夫·波拿巴在 1806 年成为那不勒斯国王,在 1818 年成为西班牙国王。路易·波拿巴,拿破仑的继女奥坦斯·德·博阿尔内(Hortense de Beauharnais)的丈夫,在 1806~1810 年统治着荷兰,而热罗姆·波拿巴(Jérôme Bonaparte)则在

1807~1813年对威斯特伐利亚行使统治权。费利克斯·巴奇奥奇（Félix Bacciochi），拿破仑的妹妹艾丽莎（Elisa）的丈夫，在1805年成为皮翁比诺和卢卡亲王；卡罗琳·波拿巴（Caroline Bonapartes）的丈夫若阿尚·缪拉（Joachim Murat）首先是在1806年成为贝尔格大公，1808年又作为约瑟夫的继任者在那不勒斯登基。只有瓜斯塔拉女公爵波丽娜（Pauline）几乎双手空空，因为吕西安自1803年就不再被委托以统治的任务。被排除在领土分配之外的吕西安于是就要反对拿破仑这第二套旨在融入国王体系的政策。热罗姆尚且愿意与美国人伊丽莎白·帕特森（Elizabeth Patterson）离婚，以便在1807年迎娶符腾堡国王的女儿卡特琳娜（Katherina），吕西安却要在再婚中与一名平民女性结合，这使得王朝的保守分子将他踢出帝国继承的行列。吕西安因此在1810年冒险逃亡美国，却最终被英国人所捕获。

为了扩大与名门望族的通婚规模，拿破仑也利用起他的养子养女。1805年成为意大利亲王的欧仁·德·博阿尔内（Eugène de Beauharnais）迎娶了一名巴伐利亚的公主。拿破仑所领养的约瑟芬的一名侄女，斯蒂芬妮·德·博阿尔内（Stefanie de Beauharnais），则嫁给了巴登的王储。波拿巴家族与欧洲古老王朝结合的高潮在于拿破仑的第二次婚姻：在与沙皇家族结合的企图失败之后，他在1810年迎娶了哈布斯堡皇帝的公主玛丽-露易丝（Marie-Louise）。

在波拿巴家族得到普遍承认的时候，流亡的波旁族人仅仅受到经济上的援助，这对后者来说代表着一种蔑视。从1797年开始就自称"路易十八世"的普罗旺斯伯爵，首先是在1791年受到了国丈撒丁国王的接待。之后他迁入科布伦茨的流亡者聚居区。在对法国的讨伐败北之后，他辗转于威斯特伐利亚、不伦瑞克、俄国与普鲁士，之后又回到俄国，居住在远

108

离事件中心的宫殿中。他的弟弟阿图瓦（Artois）伯爵在英国政府的资助下，在伦敦策划了一场又一场的密谋。但是在"路易十八世"于1807年决定借道瑞典搬往英国的时候，英国政府却表现冷淡，先是拒绝了他的入境，然后又拒绝将他承认为法国国王（英国政府勉强地称他为"最虔敬的基督教国王"），最终没有允许他在伦敦落脚。

需要与地位问题展开搏斗的不仅是逃亡路上的国王。从1795年开始，神圣罗马帝国就濒临解体，因此皇帝必须预料到自己迟早只剩下匈牙利与波希米亚国王的头衔。不过，拿破仑旨在提高地位的专横行动却偏偏提供了一个机会，在帝国的东部保留下弗朗茨"一世"的帝位——作为交换，罗马帝国皇帝弗朗茨二世将拿破仑承认为法国人的皇帝。而俄国、英国和奥斯曼帝国最初却拒绝将拿破仑称为皇帝。

不过，这一种多样的、大陆性的、某种程度上也是泛欧洲的聚合却不意味着各国以相同的方式为国家支出筹款，自然也不意味着各国背负有相同的债务。虽然1797年英国在短暂的一段时间内中止了国债的偿还，但是高税收体系还是使她能够按时偿还国债；而与此相对，不管是公开的还是隐藏的，破产已经成为欧洲大陆的传统，这推高了国债的利息。执政府继承下名义价值为22亿法郎的债务。在英国，关税和消费税占据了税收收入的八成；其中最大的份额来自法国还无从染指的奴隶贸易以及殖民地商品贸易。因为对间接税的废止属于革命的核心成就，拿破仑便只能求助于国家垄断和印花税，以及宣布国家选择性违约：向漫天要价的军队供应商欠下的旧有债务贬值了大约2/3，并且以永续年金的形式，每年支付负债价值的5%。这样一种年金（rentes）可以依据某一个价格——此价格会因为政权的政治前景而上升或跌落——转售出去。拿破仑的第二个财政政策是在共和十一年芽月（1803年3月）引入一种名叫法郎（Franc）的新型货币，此货币也以硬币的形式发行。新成立的法国银行仍然会超发无法用贵金属担保的纸币，于是接下来的政治危机将会造成 15% 的汇兑损失；但是，法郎纸币是从 1789 年起的第一种价值相当稳定的货币。当然，从它的命运可以看出，拿破仑政权一直都是脆弱的。到了 1813 年，法郎的价值就要低于流通贵金属的一半。而在革命政权与拿破仑政权不受欢迎的地方，也就是法国的西部和南部，新硬币的推广过程也非常困难。

拿破仑法国虽然放弃了偿还国债，但它也仅仅在为数不多的和平年份中能够避免赤字。在数额比以往高的预算中，王室开支所占的比例达到 7%。因此，比起因为消费冲动而遭人愤恨的玛丽·安托瓦内特，约瑟芬虽然更受欢迎，但她花的钱显然也更多。

因此，当法国在 1800 年获得路易斯安那的时候，贫弱财政的地平线上便仿佛闪现了一道银光。要是能够夺回圣多曼格，那么墨西哥湾就变成法国的海域，并且法国就能替代英国成为首屈一指的贸易国家。但是英国在 1803 年再度开战，向圣多曼格的扩张也在 1804 年失利，此时法国便向美国售出了路易斯安那属地，以便用这笔进账资助对英国的侵略。在海地革命战争中有一则讽刺的故事，那就是英国政府允许美国在伦敦的资本市场上借出购地所需的金钱，也没有妨碍账款抵达法国，因为对伦敦当局来说，让北美西部落入美国之手，要来得更有意义。

于是此后，法国就只能在欧洲的范围内有所作为。尼德兰、北海海岸、汉萨同盟和教宗国不久就并入了帝国的版图，带来了财政的盈余。1811 年，法国本土收入 7100 万法郎，而上述地方则创造了 3600 万法郎。解决财政困境的另一种办法是关税政策。一条关税壁垒围绕着欧洲大陆（自 1806 年的

111

"大陆封锁"出现便一直存在），另一条则围绕着帝国，帝国需要在国外竞争者面前保护自己的加工贸易行业。这两条壁垒沿着政治疆界把欧洲分成赢家和输家两个阵营。莱茵河左岸、帝国境内的纺织业受益于对制服的需求，但他们在莱茵河右岸的竞争对手则在很大程度上被排除出了法国市场。而这向紧邻法国的大陆国家施加了更为迫切的改革压力，因为它们无法通过出口获得收入以供养法国守备队以及自己的军队。

法国的盟友在财政的状况上有所恶化，而与英国结盟的国家却能摆脱一些财政问题。经过换算，伦敦当局在 1801~1813 年向其盟友支付了大约 10 亿法郎，战时每年支付的大约是 1792~1799 年的 2.5 倍，而大不列颠自己只得到 4 亿法郎。资金筹措所借助的是征收更高的税款。直到 1815 年，英国的人均名义税收攀升到 100 法郎，而法国则停留在 20 法郎。如果说法国在革命之后获得了比对手更强的动员能力，那么在 1800 年，情况却发生了戏剧性的倒转。这是为什么呢？

上述税收并没有招来会严重动摇英国政体稳定性的起义。虽然英国的统治制度具有压迫性，例如它有大量的死刑判例、处决数量和因轻微的侵犯财产权罪而作出的放逐，但是大部分民众都表示认可，而与此相对的法国模式却显得没那么具有吸引力。战争造成的经济困难——例如在波罗的海"武装中立联盟"成立的那一年里谷物价格翻了两倍——因为"旧"济贫法提供了相对慷慨的社会保障而得到缓冲。战争开支的分摊也相对合理。消费税首先适用于奢侈的商品——英国没有像革命前的法国在某些地区所做的那样推行高昂的盐税。即使税收政策向地产倾斜，也没有一个等级是完全免于纳税的。所得税在 1799~1802 年、1803~1816 年从 0.8% 提升至 10%，但这只适用于高收入人群，并且证明了精英也是承担了一部分战争支出的。最后，拿破仑兵役制度中的"血税"，在英国找不到任何对应。

因此，如果说法国无法打击英国的经济或者征得远高于英国的税款，那么它就必然在军备竞争中屈居下风。法国的战略是不断扩充军队，以回应英国的财政投入。在 1805~1806 年的战役中平均有 16.2 万名士兵，而在 1812~1813 年时则达到了 31 万名；相形之下，1792 年瓦尔密战役则"只"投入了8.6 万名士兵。这种战略胜算不高。[19]

拿破仑的欧洲新秩序

不过在一开始的时候，法国似乎是战无不胜的。1801 年和 1802 年签署的和约让拿破仑得以解决关于欧洲中部政治新秩序的问题，这个问题从 1795 年以降便一再被拖延。为了吞并莱茵河左岸，法国承诺要对莱茵河右岸作出补偿。1803 年，法国与俄国在帝国代表大会进行磋谈，确定了补偿的方式。这一方式令帝国的宗教政权（采邑主教以及帝国直属的教堂与修道院）"世俗化"，不过美因茨除外，它作为阿沙芬堡公国幸存了下来。帝国直属的小片土地（自由城市、帝国骑士的领地与公国）"陪臣化"（Mediatisierung）。在这种补偿办法下，大量民众就被分划进剩余的领土中。这时，在战略权衡以及与法俄的政治距离面前，由吞并造成的损失就不再如此重要。由此，普鲁士这位赢家就获得了约 6 倍于其损失的土地、4 倍于其损失的人口。新秩序主要影响了莱茵河两岸的国家。德国西南部的政治版图变得更为明朗，但在图灵根以及德国中北部，却有很多小国在帝国终结之后留存在法律体系当中。获得大幅扩张的国家，如巴伐利亚、巴登和符腾堡，在接下来的几年里面临着这样的问题：如何统合新领土并且同时满足拿破仑对金钱与兵员所提的要求。这一问题从结构上迫令上述国家深入展开行政改革，并且推动世俗化的进程，也即所谓的莱茵邦联

113

改革。

和平在 1803 年便宣告终结，因为英国和法国拒绝履行《亚眠和约》的义务。英国控制了马耳他，而法国则在那不勒斯留下守备部队。此外，在 1802 年，拿破仑还因占领瑞士而惹恼了其他强权；他在 1803 年赋予瑞士一部长效的、以各州为中心的宪法。

英国重新宣战，而法国在美国构想的法—西帝国方案也惨遭破产；从这时起，拿破仑就开始寻求迫使对手签署新一轮和约的办法。1804 年他在海峡岸边集结军队，以便直接进军一开始作为"孤家寡人"的大不列颠。奥地利和俄国将英国视作一名糟糕的伙伴，因为后者主要在欧洲之外逐利，并且不愿将马耳他交还俄国。而俄国也无法发动战争来扩大其影响范围，因为她宣称自己为本区域的守卫者；该区域曾向君士坦丁堡争得了自主的地位，如 1802 年的摩尔多瓦和瓦拉几亚，以及 1804 年的塞尔维亚。

然而，计划中对英国的侵略从未开始。拿破仑在意大利登基称王，又吞并了其他地区：利古里亚共和国、帕尔马以及皮亚琴察在 1805 年成为意大利王国的一部分，而卢卡则变成拿破仑妹妹埃莉莎的公国。维也纳和圣彼得堡当局将此视作拿破仑不久将要吞并整个意大利的标志。因此，奥地利、俄国、瑞典和那不勒斯就准备好了投入新一轮战争。开战时间当然选得十分失策，因为正在海峡岸上接受密集训练的士兵立刻就能启程东伐。奥地利侵入北意大利，而拿破仑则进军南德以示回应；他在这里对大批奥军施以围困。1805 年 11 月 11 日，维也纳陷落；由沙皇亚历山大一世本人指挥的军队虽然抵达，但联盟却在 1805 年 12 月 2 日的奥斯特里茨遭到了毁灭性的打击。因为英国 1805 年 10 月 21 日在特拉法尔加战胜法—西舰队并在 1806 年重新占领开普殖民地，法国雄踞大陆而英国雄踞海洋的局面便无从改变。

拿破仑从战争中总结道，他必须继续缩小奥地利的领土以及终结英国对大陆的影响。普鲁士获得了汉诺威选侯国作为与纳沙泰尔和克莱韦的交换，其中克莱韦属于贝尔格大公国，是大不列颠及爱尔兰国王的出生地。曾属普鲁士的安斯巴赫与拜罗伊特、奥格斯堡城、帕绍主教区的一部分、奥地利的因河地区、林道、福拉尔贝格以及蒂罗尔并入巴伐利亚，而远奥地利则被巴登和符腾堡瓜分。奥地利的威尼托被割让给意大利王国；奥地利得到的补偿只有贝希特斯加登和萨尔茨堡——萨尔茨堡的统治者获赠新建立的维尔茨堡大公国。那不勒斯王国落入拿破仑兄长约瑟夫之手。此外，奥地利被迫同意其对手在等级提升方面作出的安排：巴伐利亚和符腾堡升作王国，之后贝尔格、黑森-达姆施塔特和巴登则成为大公国。16个德意志国家宣布退出，它们在"首席选帝侯"（Fürstprimas）——美因茨总主教卡尔·蒂奥多·安东·玛利亚·冯·达尔贝格（Karl Theodor Anton Maria von Dalberg）统领下，结合为"莱茵邦联"，在外交上完全依赖于拿破仑这位"庇护者"。由此，帝国的最终灭亡不可避免：1806年8月，罗马帝国皇帝弗朗茨二世退位。莱茵邦联迅速扩大；到1807年，它已包括除普鲁士和奥地利外的所有德意志国家。

1806年10月，恰是在拿破仑再一次取得军事胜利之后，普鲁士决定在与萨克森和俄国的结盟中寻求战胜法国的机会。柏林方面旨在向法国对普鲁士中立的践踏复仇，因为1805年拿破仑在没有允准的情况下挥师越过安斯巴赫与拜罗伊特。此外，普鲁士也担心，要是法国和英国达成共谋，它会再次失去汉诺威。人们很快就能发现，皇帝和首相是高估了普鲁士军队的作战能力了。在耶拿和奥尔施泰特，普鲁士失去了它的母邦及其萨克森盟友；弗里德里希·威廉三世被迫逃往柯尼斯贝

115

格。虽然拿破仑在艾劳僵持不下，但他在弗里德兰再次取得对普鲁士余部和俄国的胜利。

此番进军让法国军队抵达俄国边界，并使拿破仑得以在蒂尔西特亲会沙皇。拿破仑在他面前侮慢了普鲁士国王及其王后露易丝，使亚历山大一世龙颜大悦，许诺将英国排挤出俄国的市场——拿破仑早在柏林便已宣布通过"大陆封锁"将英国商品排除出法国的权力范围。而沙皇则能够放心侵略属于瑞典的芬兰，并且得到了在法国和俄国之间瓜分奥斯曼帝国的承诺。

萨克森选帝侯也在败局中得益，因为他获得了本国的以及曾属普鲁士的华沙公国的王位。在这个讲波兰语的缓冲国立基之际，拿破仑称赞了那些从 1790 年代以来便为法国征战的波兰士兵的忠心，并呼吁波兰保持独立的传统，却因对俄国的忌惮放弃将这个国家称作波兰。普鲁士的西部省份，即汉诺威以及在战争中保持中立、在 1803 年被提升作选侯国的黑森 - 卡塞尔，在拿破仑幼弟热罗姆治下成为威斯特伐利亚王国；此外，法国也吞并了在 1803 年许诺划给普鲁士的、曾属美因茨选侯国的埃尔福特。

在其大陆盟友再一次遭遇毁灭性败绩的时候，大不列颠进一步陷入外交上的孤立境地，几无挥师征讨拿破仑的力量。因为所有其他的强权都向拿破仑妥协了，于是，在 1807 年夏季，伦敦方面便只剩一个选项，那就是动员丹麦驱使其弱小的军队，向法国宣布一场有去无还的战争。1807 年秋季，在丹麦表示拒绝之后，英国的战舰向哥本哈根和丹麦舰队发动炮击——在自视为小国保卫者的俄国看来，这提供了与法结盟的又一个理由。

拿破仑霸权的边界（Ⅰ）：伊比利亚半岛

不过，在这一场道德上的劫难发生过后，拿破仑作出的一次错误决策却令英国得以从政治上重返欧陆。也许拿破仑认为，只要波旁人还在某处执政，如西班牙和西西里，那么他的王朝便遭到威胁。也许他因为大陆封锁的政策，高估了葡萄牙等沿海小国在经济上的重要性；葡萄牙其实大约只占英国出口贸易中的 4%。也许他相信应创造新的胜利。无论如何，恰恰是在其对手认为自己所有盘算都已经落空的时候，拿破仑决定将伊比利亚半岛纳入其直接的控制。第一步便是进军葡萄牙。

在大不列颠侵袭丹麦的时候，拿破仑便已经和西班牙国王商议该怎样瓜分那个世代紧密依赖英国的小国家。北部的 1/3 将要用来补偿刚在意大利被废除的伊特鲁里亚国王，中部的 1/3 以及里斯本将会直接转交给西班牙，而南部的 1/3 则落入法国之手；葡萄牙的殖民地在法西两国之间瓜分。鉴于此种危险的处境，葡萄牙国王——女王玛丽亚一世和摄政王若昂（Johann）——携带着国库财宝，在英国舰队的护卫下与社会上的精英人士一同逃向里约热内卢去了。

对葡战争激化了西班牙国内旷日持久的内政危机。当时，开明专制的首相戈多伊（Godoy）失去了几乎所有等级的爱戴。因为国王夫妇，卡洛斯四世和玛丽亚·路易莎（María Luisa），似乎要无条件地支持戈多伊，人们便把广泛的改革愿望寄托在王储斐迪南身上。王储的支持者们兴致高昂地迎接穿行于西班牙的法国兵，但这只是因为自签署教务专约以来，拿破仑仿佛成了天主教会的一位拯救者。1808 年的起义逼令卡洛斯四世让位给斐迪南七世；戈多伊能活下来全要倚仗法国士兵的介入。但不同于莱茵邦联诸王，拿破仑没有让斐迪南七世安享王位，而是将父子二人邀请去巴约讷，声言要"调解"家庭的不合，实际上却是逼迫卡洛斯和斐迪南让位给其兄约瑟夫。此前领导对葡战争的缪拉获得了那不勒斯的王位。因为侮慢了那位不仅合法而且受人爱戴的君王，拿破仑政权一下子就

118

失去了名望，而那位"何塞一世"①也没能将这个政权在西班牙稳定下来。斐迪南的退位是否合法，这个问题是有争议的，特别是在这位从此获得"众望者"（Ersehnte）名号的国王在法国被逮捕的时候。

另外，事后看来，法国向葡萄牙进军也是一次错误。在葡萄牙于 1808 年起身反抗占领之时，英国立刻决定着手干预；此时，在 1806 年自印度返回欧洲的亚瑟·韦尔斯利将要扮演一个重要角色。因为西班牙发生动乱，法国除撤出葡萄牙占领军外别无他途。通过阻断法国军队在所经之处的补给，韦尔斯利也挫败了接下来的几次进攻。拿破仑的军队此后便无力越过西班牙发动大规模打击，所以英国便控制住了葡萄牙及其港口。为了表彰韦尔斯利在伊比利亚半岛上的功绩，英国政府在 1809 年授予其威灵顿子爵的称号，将之提升至大贵族的行列（随后在 1814 年 5 月赋予其公爵头衔）。

威灵顿子爵利用葡萄牙这座桥头堡，成功向西班牙发动了一次又一次扩张，让约瑟夫政权日趋危急。如果说在一开始，拿破仑因为他与教宗和教宗国之间的交情，能以一种勉强合理的方式向西班牙人民呈现一副天主教会保护者的模样，那么在 1809 年再次吞并教宗国并因此被庇护七世逐出教门之后（教宗因而首先被关押在萨沃纳，然后被转移去枫丹白露），他就成为与天主教会水火不容的对手。在这种情况下，西班牙的反对派与不支持天主教的英国人结盟便更为可能了。西班牙的战略是发动分散的"小型战争"［游击战（guerilla）］，于是决定性的战役就不可能发生。许多地方组建了代议制会议（cortes），它们大都效忠于斐迪南七世，并且在塞维利亚成立了中央执政委员会（Junta），以便把反抗的运动组织起来。英

---

① 拿破仑的兄长约瑟夫得到西班牙王位，称何塞一世。——编者注

国将这个委员会承认为西班牙的政府。在约瑟夫于1810年攻陷塞维利亚时，委员会迁往加的斯，来自西班牙全球帝国的所有区域的众代表在此地组成国会（Cortes）。1812年，国会颁布了一部君主立宪制的宪法，这部宪法此后便被欧洲的进步力量视作范例，尤其是因为它只采用一院制而不再循例区分贵族与平民代表，明确立法、行政与司法之间的权力划分，承认个人自由和法律平等，以及规定君主的行动需要得到大臣的同意。但是，对一部分西班牙民众来说，这部宪法过分自由了，哪怕它宣告天主教信仰是"西班牙国家的宗教"（第12条）并禁止了其他的宗教；而对另外一些人来说，它却又太过"保王"。

　　向西班牙和葡萄牙的出征是拿破仑的一场灾难。首先，西班牙所结的盟友超出他的预料，另外这个国家也不是拿破仑想象中的"金矿"。而且西班牙反抗的规模首先使得维也纳当局开始反思，其他国家的民众是否也成熟到能够动摇拿破仑的秩序。因为希望发动一场民众起义，奥地利在1809年再次对法国宣战。企图让莱茵邦联和德意志的诸模范国家①的民众能够像在西班牙一样揭竿而起，这样一种期望自然是要落空的。确有个别起义发生，但它们反对的是上层人物的一些具体的行事，而非被视为异类的统治者。蒂罗尔是抵抗最激烈的地方，它的农民并不那么关心是要像在1789年那样反抗奥地利统治者的压迫，还是要像在1809年和1810年那样反抗巴伐利亚统治者的压迫。他们之所以在安德雷斯·霍费尔（Andreas Hofer）的领导下起身反抗，要归咎于巴伐利亚引入兵役制的企图——奥地利已明确让蒂罗尔人从这番束缚中解脱出来。在

120

---

① Modellstaat，指拿破仑设立的三个卫星国：贝尔格大公国、威斯特伐利亚王国和法兰克福大公国。——译者注

新一轮的法奥战争中，普鲁士不再是冲突的前线，而俄国因为1808 年埃尔福特贵族院（Fürstentag）确立的义务，要与法国结下盟约。虽然奥地利在阿斯庞再一次挫败拿破仑的不败战绩，但它接下来在瓦格拉姆遭遇了败绩；奥地利变得更小了：这个国家失去了萨尔茨堡和贝希特斯加登，并且向巴伐利亚割让了因河地区，向意大利王国割让了南蒂罗尔，以及向符腾堡割让了施瓦本地区。迪利亚斯特和此前曾属意大利的"伊利里亚省"一样，被直接移交给了帝国。波希米亚的一部分被划分给萨克森，加利西亚落入华沙公国和俄国之手。拿破仑的进一步胜利还体现在梅特涅掌握了奥地利的外交大权，后者有作出妥协的意愿，并尤其是与波拿巴家族的女性成员有着十分紧密的关系。

合并的企图

在瑞典转变阵营之际，法国似乎便获得了全胜。芬兰之战的败北引发了贵族和瑞典国王古斯塔夫四世·阿道夫之间关系的破裂，国王在 1809 年让位给其王子古斯塔夫。但是，帝国议会并未将古斯塔夫宣认作"五世"，而是迎立无后嗣的卡尔十三世为国王，他们由此便有机会选立一位义子兼摄政为王储。在第一轮选举中，卡尔·奥古斯特·冯·奥古斯滕堡（Karl August von Augustenburg）获得优胜，但这位王子在一年后便薨逝了。（在其葬礼期间，主张古斯塔夫五世才是合法君主的阿克塞尔·冯·费尔森，又在卫队的眼皮底下为民众所害。）第二轮选举推出了那位在瑞典很受欢迎、在法国却被边缘化的贝尔纳多特（Bernadotte）元帅（约瑟夫·波拿巴的一位内弟），他曾友善地对待瑞典的战俘。1810 年 10 月，贝尔纳多特带着拿破仑的恩典，以实际执政的王位继承人身份抵达斯德哥尔摩；他将英国排除出瑞典的市场，并期望获得前属丹麦的挪威，以此补偿芬兰的损失。

实际上，大陆封锁现已覆盖除葡萄牙外的欧陆所有海岸线，却因为走私而遭到破坏，尤其是在尼德兰这个地方。这在 1810 年造成拿破仑和其皇弟之间关系的破裂，导致尼德兰王国以及直到汉堡的北海海岸线为法国所占领，连与沙皇拥有姻亲关系的奥尔登堡公国也被卷入。矛盾的是，1810 年以后，拿破仑便再次部分地开放了大不列颠和法国之间的贸易，不过大不列颠和欧洲大陆其余部分之间的贸易依然被禁止。

大陆封锁抬高了殖民地和英国商品在大陆的价格。价格上涨的程度因为以下事实而变得了然，即美国在欧洲内部贸易中所占比重极高，哪怕（至少在理论上）商品必须在美国的港口转运。英国不愿意就此失去市场。虽然英国没有禁止路易斯安那被买卖，不过她试图限制美国殖民地借着印第安部落合并的方式向西扩张，试图禁止英国海员与商品被转移到美国的船只之上。英国海军奉命搜查美国商船上的走私货物和逃兵。美国在 1812 年以宣战来表示回应；这样一来，重新在政治上陷入孤立的大不列颠就被迫投入到新的战场当中。

122

拿破仑霸权的边界（II）：俄国

但是，孤立的局面不会再持续下去了。1809 年和 1811 年间，沙皇俄国和法兰西帝国之间的关系迅速冷淡了下来。法国与俄国在瓜分东方的问题上虽然达成战略伙伴的关系，但这种关系仅仅让双方草拟出借道波斯朝印度扩张的乌托邦式的方案；拿破仑并不愿意放弃君士坦丁堡或巴尔干。人们是不会对沙皇亚历山大的全面备战感到惊讶的。他集拢起拿破仑的对手，包括后者在科西嘉的少年同伴波佐·迪博戈（Pozzo di Borgo），因为拿破仑的干预而被逐出普鲁士的施泰因男爵（Freiherr vom und zum Stein），反革命的撒丁王国暗探、现任俄国大使约瑟夫·德·迈斯特 (Joseph de Maistre),以及曾反对与法国结盟的俄国大贵族。沙皇以贿赂的手段与拿破仑的近臣取得联系,并首先以刺激养马业的方式把他的国家全面武装了起来。

1811 年,沙皇和拿破仑都公开地推动了对峙的升级。拿破仑威胁着要重建波兰国;他已经将波兰的徽章赋予华沙公国的军队。沙皇敦促皇帝把军队撤回莱茵河左岸 (这将迫使法国独力承担起自己的开支)。拿破仑的回应是在普鲁士东部和华沙公国集结起一支来自法国、德国、意大利、尼德兰、奥地利、波兰、葡萄牙和西班牙的国际军队;他借此表示,自己将像打击奥地利和普鲁士一样同样有力地打击俄国。只有瑞典与俄国结盟,因为拿破仑在 1812 年初占领了瑞典的波美拉尼亚。

回顾之下显而易见,人们并不能像对其他欧陆强权一样征服俄国。1811 年威灵顿公爵在葡萄牙展示了遏制法国军队的一种办法,那就是摧毁其行军路上的食物储备。亚历山大和他的将军们清楚地注意到这一点;相反,拿破仑却没有意识到,此后他要对垒的是这样的敌手——他们愿意以行军区域之民众的房子、庭院、仓库和种子为代价换取胜利。

除此以外,拿破仑也很明显没有在 1807 年的间歇期正确地利用起他部署军队的那一片地区。理论上看,60 万名士兵便将竭尽普鲁士东部和华沙公国丰年期间的资源,更何况 1811 年的收成并不丰盛。在大军团 (Grande Armée)(其成员仍然常常会严肃地想望,他们将要和俄国人一起被调遣去温暖的印度)进驻之际,食物的缺乏已经达到这样的程度,即就连最无情的掠夺也无法提供士兵的口粮或马匹的饲料。忍饥受饿的士兵开始成批成批地自尽或逃役;在每一条稍宽些的道路两旁,都能找到马匹的尸体,它们因为吃下未成熟的干草而死于消化不良。每死去一匹马,都意味着将只有更少运力被投入到重型武器、弹药和补给的运送中，也意味着骑兵战力的进一步缩减。

因为拿破仑将征战视为耀武扬威的途径，并且说到底也在期望着与亚历山大重结旧好，所以他不能施行 1790 年代在意大利成就累累的一种战略，也即用各种承诺（例如废除农奴制）把人民笼络到侵略者一方。其实，这种办法本来或许是能够引发反响的，因为俄国的农民甚至把法兰西士兵的尸体堆积到了他们地主的房子里，好让法国人射杀这名地主以示儆戒。因此在准备的阶段上，俄国的统治者便散播起所谓的穆斯林侵略军的消息，鼓动宗教仇恨的情绪，借以阻碍入侵者和国内的底层民众结下合作关系。尽管如此，武装起来的俄国农民引起了当局的高度猜忌，战争结束后，立下战功的那些农奴首先是被解除了武装，然后被枪决。

显然，拿破仑希望在军队部署的时候就能够迫使对手谈判，并一直在等待着他们提出这个建议。1812 年 5 月 9 日他自巴黎动身，首先在德累斯顿停留至 5 月 29 日。大军只有等到 6 月 24 日才越过尼曼河并——根据当日命令——发动"第二次波兰战争"。我们难以确定这个时候他们事实上（还）有多少人。官方的数字是 60 万名士兵（大批男女平民为他们带路），这主要该归因于没有一名军官想要上报坏消息。俄国的密探一致认为有约 24 万名士兵，这种新的估算提供了最低数字；实际人数可能在 30 万和 40 万之间。[20] 一开始，这支因为战斗、雷雨、瘟疫、食物短缺而不断减员的侵略军接连不断地获得胜利。一座座城市不战自降，守军撤出前的任务仅仅是烧毁粮仓和弹药库。1812 年 9 月 14 日，俄国当局甚至把莫斯科也留给了拿破仑——毕竟皇宫位于圣彼得堡。但是在莫斯科，火情彻底失去了控制。在拿破仑于 9 月 18 日再次进入俄国的老首都的时候，城市的大片区域都被烧毁了，民众和占领军疯狂地四处寻找用来填腹的东西。10 月，拿破仑决定将他那支缩减至 10 万人的队伍撤回波兰。他命令那些疲弱的、随时可能遭遇袭击的士兵，还有带路的平民，沿着来莫斯科的路又再撤走，以便腾空野战医院。因此，军队又穿过进军路上的战场，在这些地方有成千名死去的战友曝尸野外；他们在被烧毁的、荒无人烟的、没有任何储备的城市落脚。他们在彼处聚集的伤员通常因为照顾不周全而死去，而伤员本身也拖慢了军队的行程、消耗了已所剩无多的储备。然而即使能仰仗俄军的宽恕，他们也不见得更容易活命。冬衣几乎无从获得，这也是因为战斗准备阶段的指令自相矛盾；凛冬降临之后，士兵们要么因晚上火堆冷却而被冻坏，要么在火炉温度过高的小屋里被烧伤。数千匹马毙命或被宰杀，于是可带上路的武器和物资越来越少。1812 年 12 月 5 日，拿破仑离开了他那曾经声势浩大的军队，他命令他们不惜一切代价坚守储备丰富的维尔纽斯。皇帝想要在灾难的整个规模被公众得知之前抵达巴黎，至此为止，关于远征俄国的最后一期公告刊登在 1812 年 12 月 3 日，它主要报道了马匹的大量损失，因此掩盖了连人也仅余数万存活这个事实。这期公告以臭名昭著的一句话作结："La santé de Sa Majesté n'a jamais été meilleure."（陛下从未如此健康。）

拿破仑霸权的边界（III）：德意志国家

对拿破仑健康的强调并不只是一种讥讽。从 1812 年 10 月以来，部分军官就利用拿破仑已战死俄国的谣言寻求政变。虽然在拿破仑听闻这则消息之前，他们就都被处了刑，但显而易见，帝国的大统并未按规则传承。面对死讯，没有人去做正确的事情，也即把拿破仑那位出生于 1811 年的皇子——他从外祖父弗朗茨一世那里获得了"罗马国王"的称号——迎立为法国人的皇帝。

　　而那位此时首当其冲的缪拉，因为需要为自己确保那不勒斯的安全而放弃了维尔纽斯，所以俄国军队就进驻了波兰。拿破仑从西班牙调遣来的军队——他又把西班牙还给了斐迪南七世——只能部分地补充在俄国损失的人马。因此，拿破仑需要一支新的军队，他们不仅要抗击俄国的士兵，而且必须防止法国此时的盟友以瑞典为榜样，投向俄国阵营。法国缺少足够的步枪、马匹和制服。招募副手的赏金高得异乎寻常，但义务兵越发频繁地用逃跑或自残的方式逃避和死刑几乎别无两样的兵役。

　　因此不出意料，每一个独立的国家都会再三考虑与法结盟收益几何。率先迈出坚实一步的君主国是普鲁士，它一开始在拿破仑的扩张中捞到最丰厚的油水，之后却又因为后者而遭逢最深刻的苦痛。因普鲁士的军官可以说是擅作主张与沙皇合作，弗里德里希·威廉三世便受迫决定加入联盟，他得到一种允诺，即俄国、瑞典和英国的联盟将会让普鲁士恢复到 1806 年的地位。1813 年 3 月 25 日，亚历山大和弗里德里希·威廉三世在卡利什共同敦促德意志的王侯和每一名德意志人加入他们对拿破仑"世界统治"的反抗。同时，他们也威胁那些拒绝合作的王侯，"要通过公众舆论的力量公正地加以毁灭"，也即通过民众暴动加以毁灭。

　　长期以来人们都认为，国王和沙皇成功地鼓动起那股据说在法国长期的"异族统治"下变得更为敏感的民族情绪——尽管"被解放"区域的税收因为要支付战争费用而有所抬高。据说有一波民族情绪尤其把学生动员了起来，让他们主动去服役。新近的研究把这种阐释追溯到普鲁士神话，这种神话致力于构造出一段 1871 年立国前的悠久前史。对解放战争的抬高，是普鲁士以及德意志中西部那些"来自城市并受过良好教育的中产阶层年轻新教男性"的成果；而在德意志南部，对拿破仑

127

体制的忠诚持续到诸王侯命令抗击拿破仑之时。大批普鲁士人迅速集结到同一面旗帜之下，但与其说这是因为学生（他们在同龄人中占比不足 1%）受到宣传的蛊惑，不如说是因为"普鲁士国家惨淡的经济状况"迫使人们将参军当作最后一条出路，而在正常情况下，参军只会被视为社会地位的降低。[21]

虽然《卡利什宣言》的实际影响有限，但是号召"人民"背叛其统治者并发动兵变的观念在哈布斯堡帝国唤醒了人们对 1789~1790 年动荡的不安记忆。在那之后，奥地利外交大臣梅特涅便致力于加强君主原则、反对"从下往上的"运动，并在强权之间构建微妙的均势，借以消除法国的霸权，这确保了长期的和平。而在 1813 年春季，均势首先是阻止了俄国建立霸权。因此，奥地利为那些加入新联盟的王侯保障了财产和主权，其中就包括作为那不勒斯国王的缪拉。在拿破仑的直系亲属以外，还有一位德意志的君主没有接受这个提议，即萨克森国王。在萨克森这个地方，拿破仑于 1813 年 3 月 2 日在吕茨恩（Lützen）、5 月 20~21 日在鲍岑（Bautzen），击败了俄国、普鲁士和瑞典的联军。

打完这些胜仗之后，军事局势便没那么明朗了。梅特涅企图利用在 1813 年 6 月签署的停战协议将拿破仑的法国整合到未来的欧洲均势中；这一企图并非完全无望。但是，拿破仑认为，他的统治无法容忍法国缩小并退回其"自然"疆界或 1792 年疆界内。当停战于 1813 年 8 月 13 日结束时，可以看到，这一段休止的受益者主要是联盟一方。虽然拿破仑于 1813 年 8 月 26 日和 27 日在德累斯顿获胜，但巴伐利亚加入后的联盟拥有兵力上的优势，在 1813 年 10 月 16~19 日莱比锡的"人民战役"中取得胜绩，打通了前往美因河畔法兰克福的进路。

英国大使、第四代阿伯丁伯爵乔治·汉密尔顿－戈登

（George Hamilton-Gordon）描述道，马匹和士兵的躯体遍布"方圆三到四英里"的土地，"许多仍未死亡"，"动弹不得的伤员在成堆腐坏的尸体中呼求饮水"，但他们被"野蛮的农民"掠夺一空；这样的报道描绘了战争岁月中每一场大型战役之后的场面。阿伯丁伯爵的结论是："胜利是崇高的，但人们应当远离它。"[22] 在莱比锡，大约有 11.4 万名士兵死亡或受伤。

拿破仑霸权的边界（IV）：法国

在法兰克福，联盟必须决定是否要推翻拿破仑政权。亚历山大的宗教使命感越发高涨，誓要吞并巴黎来为莫斯科的毁损复仇。大不列颠同样倾向于取缔拿破仑政权。不那么清晰的一件事情是，应当让谁取代拿破仑的位置：是让出身哈布斯堡的玛丽 - 露易丝辅佐拿破仑之子为王，还是由结束英国流亡的波旁国王来统治，或者干脆就令贝尔纳多特成为由俄国迎立的法国国王，这样一来瑞典的王位就会传给古斯塔夫四世的儿子？这些都得到或多或少严肃的考虑。此外还有一件事情不太明朗，那就是如何取得对法作战的胜利。各方之间的不信任在不久之后便发展到一个地步，即为了防止受到欺瞒，参战诸国的国王和首相都投身前线去了；在 1814 年初，英国外相卡斯尔雷子爵罗伯特·斯图瓦特（Robert Stewart, Viscount Castlereagh）［以及斗牛犬"维农"（Venom）］也投身前线。

在发动"人民战役"之前，贝尔纳多特已经作好了袭击丹麦的准备，以便巩固挪威。俄国、普鲁士、巴伐利亚和黑森 - 达姆施塔特已经控制住他们感兴趣的区域：波兰、萨克森和拿破仑的"模范国家"（Modellstaaten）——尚未到手的只剩莱茵河左岸的国家了，它们曾是帝国的一部分。不过上意大利这片奥地利战略中的利益区域还未被攻陷。因此，在法兰克福展开的磋商制订了两个进攻方案。普鲁士和俄国的军队在考布

（Kaub）跨越莱茵河、直抵尼德兰，而奥地利破坏了沙皇明确作出的承诺，伤害了瑞士的中立状态，以便在进攻法国南部之前确保意大利北部的安全。

拿破仑寄望于法国民众组织起反抗运动以对抗入侵者，但在悲观情绪的影响下这样的运动并未出现。拿破仑不愿冒险离开巴黎；但前线需要他，因为他的军官们不再习惯于自主地作出决定，而是等待着来自巴黎的命令。此外，元帅们也对宣慰之辞抱有信任，他们相信不久将得到补给。因此他们一直乐意用空间换取时间，因此一步又一步地削减了拿破仑控制下的法国领土，使得他征税或征兵的机会日渐短少。

法国的政治精英明白拿破仑的处境有多么无望。1814 年3 月 31 日，联盟军入驻巴黎；4 月 2 日，元老院宣布废黜拿破仑。1814 年 4 月 13 日，他在枫丹白露无条件退位。除了为他保留继续使用皇帝头衔的权利，联盟还赋予了他对厄尔巴岛（Elba）的控制权以及 200 万法郎的年薪。"女皇"玛丽－露易丝得到了帕尔马、皮亚琴察和瓜斯塔拉公国的补偿，这些地方将为她的家族所持有。

法国和欧洲的新政治秩序

在联盟抵达之际，曾任拿破仑政府外长的塔列朗设法将沙皇迎进了自己的宫殿。这使他得以对法国宪法的制定过程发挥影响，并让他被推举为未来的外交大臣。联盟虽然同意让波旁家族重回政坛，但这却只是因为没有更好的选择。例如沙皇就传递了一种极为明确的信号来展现他与旁人的距离，他在路易"十八世"入主巴黎的那一天，意味深长地赴拿破仑前妻约瑟芬处用餐。不过此外，就连沙皇也会要求借助于一部议会性质的宪法来确保法国的政府与精英能够同心戮力。除非是要放逐1793 年的弑君者，否则新老精英之间的分裂是不允许出现的；

但就连一部分弑君者，例如拿破仑曾经的警务大臣富歇，也得到了波旁家族的恩免与接受。

　　路易十八世自然将自己视作路易十六世和路易十七世的后裔，因此也隶属于一项不曾间断的君主传统。无论如何，他愿意以带有中世纪风格的特许状的方式颁布一部《宪章》（Charte），由此设立一个两院制的议会。1814年5月30日，新成立的"老"法兰西君主国和联盟签订和约，这似乎一定程度上承认了路易十八世的地位。和约将法国限制在其1792年1月1日的疆域中，不过塞舌尔、多巴哥和圣卢西亚（Santa-Lucia）被移交给了英国。为此，法兰西商人也得到了大不列颠赋予其他国家成员的一切特权。诸国王放弃了所有的经济要求，却保障了自己私人的合法要求。至于欧洲的新秩序，和约仅仅草就了一种空泛的说法：德国将在"联邦式的邦联"下团结起来，瑞士必须保持独立与中立，而意大利不与奥地利接壤的部分应当由拥有主权的王侯统领。这具体意味着什么，将会在两个月内于维也纳的一场会议中谈妥敲定。

　　在巴黎召开的协商会议结束之后，俄国的沙皇、普鲁士的国王和奥地利的外相在大不列颠巡游了一遭，以此向这个最终支付了军费的国家表示他们的敬意。在这个国家里，他们出席了场场喧哗的庆祝活动，与会民众在奇特的、陌生的外国首脑面前展现了自信的一面，有时候甚至显得"疯狂、下流和危险"（mad, bad, and dangerous）[23]。无疑，有两件事情都令客人大惊失色，一是那位不受欢迎的摄政王的马车竟被投以烂泥与石块，二是当沙皇的妹妹因不喜音乐而试图在宴会上阻止人们演唱国歌时，伦敦城的商人竟用骚乱对她发出了警告。

　　种种庆典与感恩礼拜被转移到了维也纳，这是因为亚历山大希望赶快返回俄国，故而在1814年9月末召开了"维也纳的"和会。在这场会议中，如何建立欧洲政治的新秩序，以

131

及如何在旧制度传统断裂之后构造外交的规则框架，成了受争论的话题。往外国王廷派遣外交官的等级章程，和通往河流与港口的道路或者奴隶贸易的未来一样，都是需要议定的事务。1814、1815 年于维也纳达致的这种折中办法，在外交实践中被长久地执行了下去。受委任的外交人员的等级位次几乎处处都依照着维也纳的规则确定了下来（教宗的代表拥有优先权，余者按在职时间长短来论资排辈）。在这种规则中，王朝的年岁便成了一个决定性的因素。

和任何一场和会一样，在维也纳，原则与强权的利益之间也发生了碰撞。关键词就是"正统"（Legitimität）。从这种说法中受益的是所有"古老的"君主国，尤其是东山再起的波旁家族，与普鲁士、那不勒斯—西西里、俄国、西班牙、奥地利或者教宗国不同，它从未与法国大革命串通。这种说法将法国的代表抬升为道德的胜者，事实上塔列朗也成功地迫令所有会议都加上法国的议席，而这一席位此前是未被设立的。

因为人们心怀重建 1789 年前秩序的企图，"正统"一词听上去很像"复辟"。但实际上二者却彻底不同。一个极端的案例是发生在欧洲北部的瓜分勾当。瑞典加入反拿破仑同盟的一项条件是，用挪威来弥补芬兰因拿破仑的世俗化政策而蒙受的损失。作为反制，丹麦想要获得瑞典属波美拉尼亚和 100 万塔勒的赔偿。在丹麦看来，因为挪威和瑞典接壤，瑞典属波美拉尼亚便是一块遥远的飞地。因此普鲁士向丹麦提议，用瑞典属波美拉尼亚与丹麦接壤的劳恩堡公国交换。在寻得这样一种可接受的交换方案之后，瑞典却又拒绝履行对丹麦的义务，直到英国要求瑞典提供金钱和领土来赎取在 1813 年获得的、前属法国的瓜德罗普岛。

总的来说，1814 年之后的政治边界与 1792 年之前的相距甚远。不再有德意志神圣罗马帝国了，而尼德兰共和国、威尼

斯或热那亚的共和国、波兰或奥斯曼帝国的原始疆界也未得重
建。相反，大不列颠、法国、俄国、奥地利和普鲁士的代表们
在大部分其他国家的共同努力下，构建出了一幅政治版图，此
版图应当阻止任何强权获得对欧洲的霸权。

133

虽然费迪南多一世才是"正统的"，但缪拉还是得以保
留下"他的"那不勒斯王国。复辟之后的教宗国没能讨还位
于法国的财产。奥地利在欧洲其他地区（比利时、远奥地利）
遭遇的损失将在意大利得到补偿：她得到了伦巴第、威尼托
和达尔马提亚，同时摩德纳、帕尔马、皮亚琴察和瓜斯塔拉
被移交给了哈布斯堡的王侯。与法国接壤的国家将会得到增
强。因此除其世袭领土以外，撒丁王国还得到了热那亚共和
国、萨伏依和尼斯。瑞士获得日内瓦，以及此后仍然属普鲁
士国王的纳沙泰尔。新建立的尼德兰王国迎来了一名结束流
亡英国之旅的国王，他是 1795 年逃离的总督的孙子；王国除
保有原先诸省以外，还吞并了曾经的哈布斯堡尼德兰以及被
提升为大公国的卢森堡。

法国的传统盟友必须为这一种同盟付出代价；如果法国决
定再一次进攻其东部的邻国，他们就将成为首批牺牲者。获得
了普法尔茨的巴伐利亚，还有开始对莱茵兰和威斯特伐利亚行
使统治权的普鲁士，都成了法国的邻国；两片区域都没有与各
自的母国相连。如今，普鲁士的人民正在被瓜分，瓜分者主要
是那个轻易获得扩张并被提升为王国的、此后与大不列颠共有
一个君主的汉诺威。

德意志问题扩大了，成为一个火药味甚浓的问题。俄国坚
持要掌控整片受俄普瓜分的波兰地区，例如通过重建一个波兰
王国并使其与沙皇俄国共有一个君主。既然沙皇承诺，要把普
鲁士败于拿破仑之前拥有的土地面积和 / 或人口归还给它，那
么就必须找到代替品；于是沙皇对萨克森王国动了心思，这样

一来萨克森国王将要失去他的王位。法国、奥地利和英国的代表极力反对这一方案。在英国，无论是在出版物中，还是在议会中，都能听见一种声音，严正抗议将英勇的波兰人交付给俄国暴政的行为；对塔列朗来说，萨克森国王下台与"正统"的原则相悖；梅特涅认为，普鲁士和俄国力量的增强将威胁到奥地利对欧洲中部的霸权。这三个国家警告俄国，若俄国坚持它的最高要求，便要以战争相回应。最后出现了一种妥协的办法：俄国获得了一个缩小的波兰（"波兰会议王国"），这个国家以沙皇为其国王，却将会与俄国分开治理。普鲁士得到的赔偿是萨克森的一部分（未来的普鲁士萨克森省）以及德国西部的广大地区。萨克森国王仍会是一片较小土地的君主。

　　这种协议引发了后续的问题（例如要是普鲁士承担起了保护莱茵兰免遭法国侵袭的责任，那么巴伐利亚是否还应当保留美因茨这座堡垒），这些问题又与莱茵邦联涉及的更普遍的问题有关。法国的很多德意志邻国，如巴登和黑森-达姆施塔特，都只是一些战力疲弱的小国。因此为了让德意志国家能在东邻或西邻面前自我保护，就似乎有必要接受在巴黎提出的"联邦式的邦联"方案。但这一种邦联会是什么样的东西，还是未定之数。维也纳会议期间人们提出了大量建议，包括重建帝国（施泰因这位曾经的帝国骑士对此表示赞同）、构造强有力的联邦秩序（这是大部分普鲁士方案都会提及的内容），以及最后敲定的，尤其是为巴伐利亚和符腾堡这些中等国家所偏好的一种模型，也即由主权国家组成松散的"德意志邦联"，它的核心目标是防范外部侵略或内部颠覆。为了实现这个目标，各国将在美因河畔法兰克福召开会议，来自大约40个留存下来的德意志主权国家的代表带着各自的使命，在此处齐聚一堂，而奥地利则担任主席一职。

　　至于哪些德意志国家将以怎样的疆界留存下去，很久以

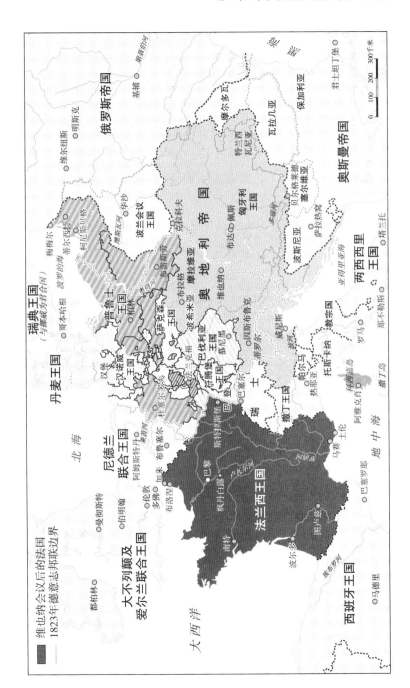

后，才有大量自由裁量的决议给出解答。根据这些决议，法兰克福重新成为自由城市，而奥格斯堡和纽伦堡仍留给巴伐利亚；黑森－霍姆堡（在 1817 年）作为主权国家重建起来，而曾是莱茵邦联成员的伊森堡－布丁根（Isenburg-Büdingen）则成为陪臣。新国家的国界只有在 1823 年的所谓《法兰克福属地调停》（Frankfurter Territorialrezess）中，才得到明确。

1815 年 6 月 8 日，《德意志邦联条约》（Deutsche Bundes-akte）被极匆忙地签署下来，其中有一部分作为第 53~64 项条款并入维也纳会议 1815 年 6 月 9 日签署生效的最终文件。一系列原因使得这一过程必然匆忙：欧洲诸王国又一次认为自己受到了拿破仑的威胁，并且他们的联盟已经日渐崩颓，以至于新建的帝国能够再一次将之瓦解。关于波兰之未来的争论清楚显示了，反拿破仑同盟是如何不堪一击。此外，和 1814 年 5 月相比，政治架构已经发生了改变，因为大不列颠在 1814 年 12 月结束了大西洋战争。由于制定和约的动机之一是要从一开始便抽掉美国与法国结为联盟的基础，所以显见，"联盟"阵营内部的猜疑已经发展到怎样的地步。在北美，没有一方达到自己的军事目标。美国接收英国在大陆北部的殖民地的企图破产了；而英国发现，哪怕摧毁了华盛顿的政府大楼也没有办法损害美国的稳定。就这点而言，1814 年平安夜，缔约各方在肯特一致决定，让所有东西回到 1812 年之前的状况，这是与军事上的局势相呼应的。因为和平的消息跨越大西洋用时甚久，所以 1815 年 1 月 8 日在新奥尔良还发生了最后一场大型战役。此后，要是同盟（1814 年秋季时它由欧洲的五个强国组成）发生瓦解，那么英国的海军与陆军便又能在各处作战了。

拿破仑的百日回归

在维也纳会议为拿破仑逃离厄尔巴岛的消息所震动不久

后，同盟便已开始瓦解。路易十八世从一开始就没打算给拿破仑支付约定好的薪金，后者将此举视作对其最后的军事力量、因此也是对其一切保护的剥夺。此外，拿破仑对复辟君主制的成效表示怀疑。他没有在那不勒斯寻求缪拉军队的保护，也没有在维也纳发表将会保护玛丽－露易丝领地之安全的声明，而是经由海路前往法国并进入波旁的属地，于1815年3月1日着陆。阻止他的尝试都落败了，因为士兵们追随着身先士卒的元帅奈伊，要么支持拿破仑，要么拒绝对皇帝开枪。

在复辟的最初几个月里，波旁家族不仅招致左派与自由派的厌烦——他们从一开始便拒绝重建君权神授的绝对王权，就连正统主义者也对路易十八世产生了怀疑。他们不太肯定路易十六世及其王子是否真的薨逝——也许有另外一个男人替代国王受了处决，有另外一名男孩代替储君夭亡？至少总有一些觊觎王位的人在致力于编造这样或那样的故事，而且还能获得一定的支持。路易十八世对这类怀疑其地位的流言怀抱十分严肃的态度，以至于在原本计划于1814年举行的登基仪式之前（该仪式最终也并未举办），他还命人去挖掘一个由某位精明的生意人布置成前代国王之陵墓的万人坑；然后，他把两个挂着"微笑"[24]的颅骨指认作玛丽·安托瓦内特和路易十六世的尸骸。在拿破仑势不可当的事实逐渐明晰之后，路易十八世就已几乎放弃一切了——塔列朗和富歇只能努力劝服他留在根特，而不是马上返回英格兰。

拿破仑虽然正确地估计了法国的局势，并力图通过呼唤雅各宾传统来扩大自己的政治基础，但他对欧洲现状的分析却没那么准确。他猜测各国君主业已分道扬镳；但实际上他们还都待在维也纳，所以他们能够立刻对拿破仑作出谴责，调动军队以及为欧洲筹划出新的和平秩序。《维也纳条约》的签订使拿破仑更难游说个别国家脱离同盟。例如，虽然英国民众曾群情激愤地要制定一部法律（该法在 1807 年允许英国海军追击海盗等奴隶贩子），但哪怕承诺让法国退出奴隶贸易，也还是无法减轻他们对拿破仑的敌意；这一定程度上要归功于维也纳会议在 1815 年 2 月 8 日便已颁行的规定，即欧洲的所有国家都必须废除奴隶贸易。不过给予拿破仑最后一击的并不是外交的失败，而是战争的失败。他没能分头击退冲他而来的英国和普鲁士部队。1815 年 6 月 18 日在滑铁卢的败北，终结了"波拿巴的"第二轮统治——"百日王朝"。

战后秩序的轮廓

这样一个事实，即法国在战败一年后便重获与同盟对抗的实力，促使同盟制定了比在巴黎签订的第一份和约严苛得多的条款。在第二次占领期间，法国的疆域缩小至 1790 年的水平（也就是说，它失去了萨尔布吕肯等一部分边界堡垒），并且必须为联盟派驻的 15 万占领军提供薪金，以及在 5 年内将原可以发展军备的税收用于向战敌支付 7 亿法郎的赔款，每个大国都能得到其中的一亿法郎。

拿破仑的追随者如今遭到严惩。对他持明显同情态度的官员在某种政治清洗中失去了职位，这一清洗活动尤其让法国南部笼罩着白色恐怖的氛围，并造成了数以百计的死亡。奈伊被处决。缪拉一开始曾动身前往法国，滑铁卢之战后则试图在意大利重演拿破仑在法国获得成功的戏码，也即单枪匹马征服一个国家，但在 1815 年秋季他获得了与奈伊相同的命运。这样一来，在维也纳商议出的让那不勒斯国王复辟的方案便畅通无阻了，该王国此后就被称为"两西西里"。

但是，虽然法国被进一步削弱了，人们却不清楚应如何防止波拿巴东山再起。亚历山大沙皇为此建议将拿破仑也送上刑场。而英国政府——那位法国人的皇帝已经放弃了它提供的保护——既没能决定作出审判，也在犹疑是否要作出一次法外处决。它将拿破仑流放到与非洲隔海相望的圣赫勒拿岛上。波拿巴和博阿尔内家族的其余成员不愿受到国际上的抨击，虽然在波拿巴主义者看来，法国的皇冠应当落到拿破仑"二世"的头上，后者作为帝国城市的公爵居住在维也纳的皇宫里；而在其于1832年逝世之后，首先应由约瑟夫，然后应由路易继位——而路易也同样没有去作出继位声明。不过他的公子自然要抱着不一样的看法。

约瑟夫首先留在了美国，他在此地置下一座能够防范刺客的农庄。19世纪30年代末，他移居英国和意大利，并于1844年在意大利去世。路易在"百日王朝"期间没有与其兄结盟，化身"圣列伊伯爵"（Graf von St.Leu）逃往瑞士和梵蒂冈并最终返回意大利，他在这里潜心著述对尼德兰的治理工作。之后，他在荷兰进行了一次旅行并得到了友善的接待；1846年，他在里窝那（Livorno）去世。那位早在1814年之前便已丑闻缠身的吕西安，在1815年出人意料地参与了"百日王朝"的政治实验，却同样在教宗国安定下来，教宗在这里赐予了他"波拿巴王子"的称号。他死于1840年。而热罗姆也首先将意大利选为其逃亡之地。他是拿破仑的弟兄中能够在1851年之后重回第二帝国的唯一一人，因为他活到了1860年。拿破仑的妹妹卡罗琳、艾丽莎和波丽娜逃向哈布斯堡的领地。博阿尔内家族是最为成功的。欧仁·德·博阿尔内一直担任洛伊希滕贝格大公直到1825年逝世，并得到了沙皇和欧洲其他国王的认可。欧仁家族成功地无缝衔接到了后拿破仑时期的君主国际中；他的儿女们入赘或嫁进了瑞典、葡萄牙、俄国和巴西的王室。

波拿巴和博阿尔内家族的命运充分地反映了1815年以后的政治和智识环境。值得注意，所有人都能够在逃亡路上保持

140

体面——例如路易的妻子奥坦斯·博阿尔内在 1817 年买下了瑞士的阿伦嫩堡（Schloss Arenenberg），并在其翻修上投入甚多。对私有财产的尊重也适用于流亡君主的私人财富："百日王朝"期间拿破仑没有动用路易十八世在巴黎银行里的存款，而路易在 1815 年也同样没有劫掠拿破仑的账户。

吕西安和路易向教宗的接近，反映了宗教事务的重要性日益上升；在 1813~1815 年的沙皇亚历山大身上，人们也能越来越清楚地发现，宗教的觉醒体验是怎样影响了他个人的行动及其君主制的表现形式，例如他下令举办的庆典活动日渐减少，而庄严的礼拜、宣道、濯足逐渐增多。在 1815 年的时候，他的书桌总有一块地方要留给耶稣基督。这样一种发展趋势的顶点是在他提出构建欧洲基督教君主"神圣同盟"的时候，该同盟致力于发展信仰、修炼灵性，并将世界的正统秩序建立在君主间兄弟情谊的原则之上。1815 年 9 月，弗里德里希·威廉三世和弗朗茨一世决定缔结这一同盟；但卡斯尔雷和威灵顿公爵却不愿意严肃地设想这样一项充满"崇高的神秘主义与胡说八道"[25]的方案；与此相反，摄政王储亚历山大倒是寄出了一封表示赞同的私人信件。

君主之间的兄弟情谊是与 1813~1815 年的经历相符的，要理解这一点，我们只需要看看一小群王侯及其最亲信的顾问是如何为了和平与安全重新规划欧洲边界的，而实现这一点需要借助于改变，而非对传统的坚执。欧仁·德·博阿尔内极出色地融入了这样一幅图景。虽然他那意大利总督的名号无论如何也不是正统的，但他是一名勇毅的、杰出的指挥官，以骑士的风度接受了自己的失利，没有祈求土地与饶恕，并且决心尊重曾订下的约定——也就是说，他会是某个公国的一名尊贵的统领。

不过这样看来，维也纳的秩序里已经为罅隙埋下了伏笔。这种罅隙与边界的具体划定无关，尽管后者也导致了瓜分波兰一事的重重问题以及普鲁士的一分为二。在对君主之团结与权能的强调以及议会会议的必要性之间，一道隐蔽的裂痕出现了——《德意志邦联条约》的第 13 项条款向德意志诸国委以颁行"代表国内各等级的宪法"（landständische Verfassungen）的任务。在君主和议会的目标不一致的情况下，会发生什么呢？此外，将基督教尊为整顿秩序之权威，与诸如亚历山大那样的个人的、不具普适性的宗教经验之间，也出现了紧张的关系。对"宗教"的信赖是以超越信仰的共同关系为前提的，而这一关系的前提又在于人们将宗教的核心问题驱逐出公共舆论与政治领域。将个人经验与启示的力量释放出来，真的能够相合于稳定的目标吗？

第二章

改革（1815~1840年）

1　中段总结

在巴黎遭到第二次占领的时候，1/4个世纪走向终结，这段时期若不是战事不断，便是战机四伏。的确，并非所有欧洲国家都时时刻刻受到影响，而且并非所有宗教都直接地经历了战争。瑞典和英国，或者俄罗斯帝国的广泛区域内，都没有爆发过战争。然而，欧洲没有一处地方能置身事外。挪威没有成为战场，但在欧洲的国家中它是唯一因为战争而遭遇了人口衰减的，这是因为海路的封锁妨碍了粮食的运输。而在别处，革命战争至多是减缓了人口的扩张势头，哪怕单是1812年的俄法之战便夺去了100万士兵与平民的生命，而战争冤魂的总数推算为300万~600万。1801~1821年的人口统计显示，大不列颠的人口从105万上升到141万，而爱尔兰的人口在1791~1821年从480万上升到了680万。在法国，居民的数量也上升了370万，虽然有大约2万人在恐怖时期遭到处决，并且约有130万士兵在1790~1815年丧生。

而战争时期的经济也有所发展。也就是说与1918年或者1945年不同，1815年之后社会关切的并非对受毁地区的重建，或者大规模的公共祭奠活动。

144 如果说有什么脱离了常轨，那就是政府与臣民之间的关系。1789年革命之后，法国和欧洲其他一些地区试验了一种又一种的宪法形式，在不同的观点看来，这些试验或是前景光明，或是引发灾难。受到广泛传播的种种著作对任何一种君主统治的合法性提出诘难，而同样遍地散布的宣传册却粗暴地驳回了民众参与政治决议的诉求。

民众对国王与大臣的粗暴态度，给欧洲的君主们留下了噩梦般的回忆。路易十六世及其臣仆或者在瑞典的阿克塞尔·冯·费尔森是如何丧生的，而西班牙的暴徒们又是如何对待戈多伊的，都显示了，被激怒的民众很容易就能成为一团粗野的、不受控制的暴徒。但与此相反，君主制的反对者试图阐明，"人民"只要作出了决定，便多么容易就能推翻一种统治的秩序。

革命的原因与机缘尚未明朗。极端的启蒙政治哲学、无神论、不可知论、贫穷或贫富差距、对贵族缺少尊重、扭曲的贵族仪节、波旁的政治失误以及战争，都能轻易被拿来构筑理论解释。不同的假说会提供不同的方法，以防止或促成新一轮的革命。无论如何，几乎所有君主和政府都能在一点上保持一致，那就是必须防止战争，避免民众在过重的压迫下揭竿而起。

但是他们也同样希望保留 1815 年之前的疆界以及种种革命的机构，这些机构是有利于提升国家效能的。这意味着，政治的结构需要适应世界各地的持续变革，而一种新式的、注重考证的历史科学以及一种以历史意义为导向的历史哲学——柏林是这种哲学的智识中心——将会对这种适应的过程发表它的见解。格奥尔格·威廉·弗里德里希·黑格尔提出一种逻辑的诊断，这种逻辑规定了历史的发展；在 1824 年，利奥波德·兰克（Leopold Rankes）的首部作品——《罗曼与日耳曼民族史》（*Geschichten der romanischen und germanischen Völker*）出版了，这部著作的附录以对 15 世纪风俗的批判性

145

分析为例，为如今自称为"科学"的历史编纂学引发了方法上的革命。

如果这些对迅疾变革的诊断是正确的，那么我们要看到，人们完全不可能将旧秩序的一切细节都保留下来。能做的至多是找到种种结构去引导变革，以便保存统治秩序的核心。至此为止，"改革"意味着回归过去的理想状况［或谓"再造"（Re-Formieren）］，而若这种办法不再可能了，就要重新理解"改革"的意义，把它视作逐渐适应变动不居的现实的过程，作为"革命"的一种可能的替代方案。这样一来，只有当中期看来，政治架构或领土秩序都无法保证稳定时，改革才是必要的。1800年前后的年月里发生的，主要是种种阻碍稳定的政治骤变与军事冲突。在1815年之后长期和平的几十年里，有另外一种动力要素进入人们的视野，那就是经济与社会的变革，它们深刻地改变了不同社会阶层与国家的影响力。不过，澄清这一种发展的动力与规模，比澄清革命和复辟的动力与规模还要困难。

146

2 "进步与贫穷"[1]

经济现代化的规模、边界与阴暗面

在18世纪末19世纪初，经济史的中心有一个谜团：为什么生产力的发展首先发生在了英格兰，然后又在欧洲和美洲的其他地区，在农业收成或低或高的工业国家中促发了经济的增长，并将世界诸地区的富裕程度提升至此前未曾出现的水平？从前工业时代到工业时代的转变表现得十分明显：手工生产让位于机械生产，可再生能源让位于化石能源，并且系统的自然科学与工程科学也在尝试对生产技术作出改进——这些尝试不再只是兴之所至。

对变革作出描述也是一件相对容易的事情。原本，因为结婚时间晚以及单身男女比例相对高，欧洲人口的增长受到了限制，但这种人口结构在 19 世纪早期发生了变化。年轻男女不再等到哪个家庭出现空缺再行结婚，而是期待着能创造新的位置，或者在陌生的大城市里冒险追寻婚外恋情。通过出台规定来限制人口增长，例如大部分德意志国家都将婚姻许可与获得可靠收入的证明关联了起来，这样的企图几无成功。

预期寿命在缓慢地提高，虽然医疗风险仍居高不下。儿童死亡率停留在较高的水平。因为死于传染病的可能性仍然存在，所以在稍大的城市中，居民人数仅能因为人口迁入而得到保持。因此，在 19 世纪上半叶，城市的发展一直是"农村人口流动"的结果。

147

早在 1800 年，拥有超过 100 万居民的伦敦就已经是远超欧洲他国的最大城市；到了 1850 年，有大约 260 万人居住于此，约占了英国人口的 13%。不过，在这 50 年中，伦敦的人口"仅仅"发展了两倍多。像布拉德福德这样的工业城市，其居民人数在这些年里从 1.3 万扩展到了 10.4 万（1∶8）；像利物浦这样的港口城市，其居民数量从 8.2 万扩展到了 37.6 万（1∶5）；而像曼彻斯特这样的生产和贸易中心，则从 7.5 万扩展到了 30.3 万（1∶4）。1850 年前后，每两名英国人就有一名住在居民数量超过 1 万的城市里，大约 3/4 的英国就业者是在工商业、贸易、交通和服务业这些行当里赚取工资的，仅有 1/4 在农业部门工作。大不列颠成了第一个"工业国家"。

欧洲其他区域的变化要缓慢一些。在 1815 年统一为一个国家、在 1830 年再次分裂的尼德兰中，阿姆斯特丹的居民人数（以下数据皆取自 1800 年和 1850 年）从 20 万发展到 22.4 万（1∶1.1，占据北尼德兰居民的 11%），布鲁塞尔从 6.6 万增长到 25.1 万（1∶4，约占比利时人口的 6%），安特卫普从

6.2 万发展到 8.8 万（1∶1.4），海牙从 3.8 万发展到 7.2 万（1∶1.9），而鹿特丹则从 5.3 万发展到 9 万（1∶1.7）。不过，北尼德兰的地区城市化率（指拥有 1 万名以上居民的城市在地区总人口中所占比重）是欧洲大陆中最高的，达到了 29%，而法国（约 25%）和比利时（约 21%）跟随其后。到了 1850 年，巴黎的居民人数增加到了 100 万左右，但里昂和马赛却停滞在大约 20 万以下。但是 1850 年前后，在法国、比利时和丹麦，却有一半的男性就业者是在农业部门工作的。

在 1800 年，维也纳和柏林分别有约 24.7 万和 17.2 万名居民，在 1850 年则分别有 44.6 万名（1∶2）和 42.6 万名（1∶3）；慕尼黑从 4 万发展到了 11 万（1∶3），美因河畔法兰克福则是从 4.8 万到 6.5 万（1∶1.4）。在莱比锡这座成功的工商业城市，居民从 3 万上升到了 6.3 万（1∶2），而工业城市乌珀塔尔则从 1.6 万升至 8 万（1∶5）。中部欧洲德语区的城市化规模为 10%~15%，稍微低于拥有大都市米兰（1800 年有 13.5 万名居民，1850 年有 24.2 万名居民，人口比为 1∶1.8）的北意大利。

越是远离英国、尼德兰、法国和德国西部，城市就越稀少，居住在村庄或者自家农庄的人就越多，而首都则越发从城市的体系中凸显出来。在西班牙，有 70% 的男性就业者直接在农业部门就业，在 1850 年代大约有 16% 的人口居住在拥有 1 万以上居民的城市内。虽然君士坦丁堡的居民数量从 57 万上升到 78.5 万，增长了 38%，但巴尔干半岛的城市仍旧很小，以至于大部分统计者会认为，拥有 2000 名或者 6000 名居民的居住区就已经是城市了。1800 年前后圣彼得堡住着大约 22 万名居民，到了 1850 年却已经拥有居民约 50 万，超过莫斯科（1800 年有 24.8 万名居民，1850 年有 37.3 万名居民）。但是，人们若将视线从敖德萨的成功史移开（这里的居民人数从 6000 跃至 9 万，即扩张为原来的 15 倍），就能发现俄语地区也同样

148

主要为小城市所占据。

在意大利人们能够观察到，扩张着的工商业与贸易城市如米兰，发展停滞的城市如罗马（1800 年有 16.3 万名居民，1850 年有 17.5 万名）或博洛尼亚（在两个时间点分别有 7.1 万和 7.3 万名居民），以及正在萎缩的城市之间存在着怎样的差异。那不勒斯在 1800 年拥有 43 万名居民，是仅次于伦敦、巴黎和君士坦丁堡的欧洲第四大城市，但它后来却失去了约 1.7 万名居民，并退至排行榜的第八位；威尼斯的居民数量减少了 2.8 万，缩至 10.6 万的水平。伊比利亚半岛上的图景也相差无几。虽然马德里从 16 万名居民扩张到了 28.1 万名，而里斯本的人口也从 18 万上升至 24 万，但瓦伦西亚的人口却从 10 万缩减到 9 万。斯堪的纳维亚的诸首都也同样各有约 2 万居民的增幅，因而属于人口增长缓慢的地区（哥本哈根从 10.1 万增至 12 万，斯德哥尔摩从 7.6 万增至 9.3 万，克里斯蒂安尼亚即日后的奥斯陆从 1 万增至 2.8 万）。

这样一来，欧洲就分裂成两个区域，其中一个迎来了迅疾强劲的城市化进程、出现了密集的城市网，如英国、法国（北部）、荷兰、比利时、德国（西部）和意大利北部；在另一个区域，城市化滞后，占主导的仍然是农业的经济结构，如欧洲的西部、南部、北部和东部，以及阿尔卑斯山地区。此种划界将欧洲分为经济"进步"和"落后"的两种地区，这同样也能在交通方式上体现出来。早在 18 世纪的最后几十年里，大不列颠就已经广泛铺设下需收费的高速公路网；从伦敦到约克长达 300 公里的路程原本在 1750 年需要走 84 个小时，因公路网而缩减到了大约 30 个小时。1829 年，来自泰恩河畔的纽卡斯尔的工程师乔治·斯蒂芬森（George Stephenson）因为研制出"火箭号"，在一场长途机车制造比赛中获得了 500 英镑的奖金。这笔奖金的提供者是曼彻斯特和利物浦之间一条正在建造的铁路线的运营商，他们希望找到平均时速可达 16 公里的发动机——而火箭号时速达到了 24 公里。

这一时期，用铁路进行运输的理念并非新奇之事；不过，矿车仍是由马匹或者固定的蒸汽机以及滑车驱动，机车驱动较为罕见。斯托克顿（Stockton）和达令顿（Darlington）之间开通于 1825 年的第一条"铁路"，仍旧在同时运用上述三种驱动方法。但多亏斯蒂芬森，在 1830 年落成的利物浦一曼彻斯特段铁路所投入使用的只有机车。十年之后，伦敦、伯明翰、曼彻斯特、利物浦、约克和纽卡斯尔之间就被总里程近3000 公里的轨道网接连起来。此时伦敦和约克之间路程所用时间就缩短到 8 小时以内了。直到 1850 年，英国铁路网延伸到了 12000 公里以上。

150

早在火车之前，船只就已经是由蒸汽机驱动了，但是汽船的普及过程却要来得更慢。在欧洲，汽船自 1820 年代以来便被投入到短程的摆渡与河运中；自 1830 年代末也出现在了大西洋北岸和东方，这样一来，要是人们能够乘坐最贵的船，那么北美和欧洲之间原本花费 6 周的旅程就能缩短到大约 2 周。但是在 1850 年，登记有将近 25000 艘帆船的大不列颠只拥有1200 艘汽船（21∶1）。这一比例在法国是 14000 对 126（约111∶1），在丹麦是 2000 对 16（125∶1），在尼德兰是 1800对 12（150∶1），而在西班牙则是 4500 对 23（约 196∶1）。

然而，要是人们不关心价格，那么在今后以更快的速度旅行的确是可能之事。1813 年，为了横跨海峡抵达大陆，英国的外交大臣卡斯尔雷还必须花费 3 天时间等待有利的风向。但他若是在 1822 年之后坐船，则仅仅需要 3 个小时，便能走完加来（Calais）和多佛（Dover）之间的路程。不过在眼下，快速的旅程会在加来中止。在法国，从 1830 年起，圣埃蒂安和里昂之间就有蒸汽机车投入使用了；1840 年，人们已铺设了 400 公里的轨道；并且在 1843 年，巴黎—鲁昂段的完工还把巴黎和布鲁塞尔、列日、科隆连接了起来，当中包括了比利时的第一段铁路，也是 1835 年大陆上开通的第一条铁路线。1848 年，轨道长度达到了 1900 公里；但是加来直到 1849 年才成为第一个拥有火车站的法国港口。

在德意志邦联，最初的几条列车轨道是从纽伦堡出发的，直达菲尔特（Fürth，1835 年），以及在莱比锡周边运营（1837 年）。1850 年的时候，人们能够借助总里程达 7200 公里的道路网，从柏林出发，抵达汉堡、基尔、汉诺威、亚琛（然后继续前行至比利时）、布雷斯劳、波兹南、什切青、维也纳和布拉格这些城市，或者在一段绕行之后抵达华沙。列车将法兰克福和曼海姆与上莱茵连接了起来，却把莱茵邦联排除了出去，因为在此地搭乘汽船更加实际；慕尼黑和纽伦堡之间基本上已畅通无阻。

一个欧洲远程线路网正在成形，它的各部分线路主要是由经济中心之间的个人运营者建造的，在出现商业需求的时候，人们会把这些经济中心连接起来。在轨道的终点处，货物和人员必须被进一步转移到马车或者船只上去。在向南的方向上，一切路网都在瑞士和奥地利港口的里雅斯特（Triest）处终止。此时，在阿尔卑斯山地区西部建造铁路，似乎仍然是无利可图的，而这主要是因为在意大利尚未有接续的道路。意大利的第一条线路出现在那不勒斯和波蒂奇（Portici）之间；此外，在 1840 年代末，米兰与威尼斯、佛罗伦萨与里窝那以及都灵与蒙卡列里之间也有列车通行。在丹麦和爱尔兰也只有支线铁路，分别在哥本哈根与罗斯基勒（Roskilde）、都柏林与金士顿［邓莱里（Dún Laoghaire）］之间，以及贝尔法斯特周边。在俄国，直到 1850 年，建成的铁路线长度是 380 公里，约比西班牙短 60 公里。在瑞典、葡萄牙、希腊和奥斯曼帝国，仍

151

未有铁路出现。

在铁路开通运营的 8 年后，有 540 万英国人坐上了火车，这个数字在 1850 年达到了 7000 万人次，换言之，从统计上看，平均每一名英国人每年至少乘坐三次火车。在 1836 年的比利时（铁路开通运营的第二年），出现了将近 90 万的火车乘客，在 1842 年则发展到了 420 万——只比全国人口稍低一些。在 1843 年，法国拥有 740 万的"铁路用户"（Bahnkunden），在 1850 年则将近 1900 万；也就是说，从统计上看，超过一半的法国人会在一年内搭乘一次火车。

旅行速度的提升使得季节性工作得以扩张，也将大型建筑工程的影响范围远远地推广至单一区域之外。在经济压力和政治压迫下，个人和家庭自愿决定借助于日渐延伸的线路搬离故土，甚至出现了跨洲的人口迁移或工作变换。流动性正在上升，虽然有一套控制移民的体制存在：除英国和斯堪的纳维亚外，有一套体制规定，任何一次超出居住区域周边的旅行，都要取得通常需收费的官方许可（"通行证""家乡证""流动证""工作证""服务证"等），理论上说，每日都须将这些许可提交给警察审阅，而警察将为接下来的旅行作出同意或拒绝的批复。每一次跨越边境都要求持有一份需收费的入境和出境护照，而只有在拥有领事馆的大城市才能弄来这样的护照。

虽然有这样一种官僚主义在阻拦着，但人们探亲访友所花费的时间确实变短了，信件能更容易并且以更让人信赖的方式寄送出去，而报纸、宣传册和书籍也获得了更为广大的读者群。电报系统自 1839 年以来便和铁路网一样得到了迅速的扩张，于是信息的传递几乎不需浪费任何时间。在第一份电报从伦敦的帕丁顿火车站被传送出去的那一年里，英国邮政运送了 9200 万封信件，而法国邮政则要运送 1.42 亿封信件。

在欧洲经济扩张的中心地区，人员运输、商品交换和书面

交流正在迅速地发展，但在与便利的汽船、铁路和快速邮件无
缘的大陆部分，这些方面却很明显要更为落后一些。1816 年
前后，在铁道线路尚未触及的法国农村地区，借助驿站马车
（diligence），旅行速度达到 3.4 公里的时速；到 19 世纪中期，
快速邮政的时速则提高到了 10 公里以上——要是人们付得起
这个钱的话。但是在俄国、西班牙、葡萄牙、意大利的广大地
区，因为道路状况糟糕、河流或运河未得到管制，想要提升速
度，不为恶劣道路条件下马匹的脚力掣肘，是基本不可能的。

在欧洲的这些与商业干道隔绝的区域里，人们很难感
觉到，在"工厂"（Fabriken）里竟有越来越多的商品被制
造出来。这些工厂坐落于已成形的工业中心，为一个跨区
域市场服务。德语"Fabriken"、英语"factories"、法语
"fabriques"——这些词从 1830 年前后开始主要是用来描述
一些生产车间的，在这些车间里，有一个能量源头为纱锭、织
机或者锤子提供驱动力。此前，"factory"（"Faktorei"）主
要被用于指称一个贸易点，偶尔也指可供组织手工业生产的建
筑物；而"Fabrik"则指称能制造出什么东西的地点。工厂制
造业的重镇位于英国中部地区、威尔士、苏格兰部分地区、比
利时、法国东北部、"鲁尔区"、山城地区 [①]、威斯特伐利亚、
萨克森和西里西亚。

1820 年代的时候，在一处较大的工厂里会有大约 2000 人
工作，例如罗伯特·欧文（Robert Orwen）位于苏格兰新拉
纳克（New Lanark）的棉花纺纱厂。纺织厂取代了手工劳动。
机械纺锤或织机能够比手动装置更快速地运转；此外，要是生
产过程能够集聚到一个地点，那么经销商、分销商和家庭手工
业者之间就无须再进行运输了。

153

———————————

① 指莱茵河东岸齐格河（Sieg）和鲁尔河（Ruhr）之间的地带。——编者注

　　工厂要求为劳动结构、劳动纪律、劳动节奏和劳动报酬提供新型体制。为铁路列车制定标准时刻表成了必要之事；而与此相应，倒班企业的逻辑也让个人的劳动节奏发生了转变，这种企业是不怎么会管时日与季节的。工作的地点和可供喘息的地点之间界限分明，而不断延长的工作时间要求劳动力以更快的速度重焕活力。近代早期的标志性的间断式睡眠让位于非间断式的休憩，而醒来之后人们又将担心患上病态的睡眠障碍。

　　对企业家来说，向工厂劳动的转变是存在着风险的。工厂让抗议活动更加容易，因为摧毁工厂里的机器将会比砸碎经销商的窗户引发更大的损失。但是引入水力或蒸汽作为动力被证明是相当高效的，以至于英国的棉布不久之后将主要由机器来生产，并且在国际上几乎无可匹敌。英国的钢铁生产以及在铁路方面拥有的高科技，例如机车、轨道技术和信号装置，同样在国际上处于领先水平。

154

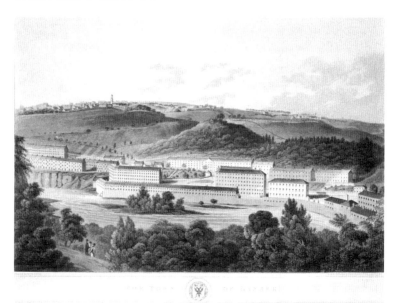

图 3　罗伯特·欧文位于新拉纳克的纺织厂

工业化的经济优势与其阴暗面相伴相生。高速发展令工业城市无所适从。住宅、街道、排水渠或者水井的建设跟不上人口迁入的步伐。工人们住在逼仄、昏暗的房间里，而房间有时还要由多户家庭共居。车间人满为患，温度要么过高、要么过低，在不可靠的机械装置旁工作长达 12 小时是一件危险的事情，而对劳动事故的补偿又很不常见。哪怕是置下了房产的能够养尊处优的工厂主、有教养的公民或者商人，也会因为空气中遍布蒸汽机和加热装置排出的煤烟，以及因为数以千计的污坑或者露天水渠发出的恶臭而备受折磨。

纺织业城市如曼彻斯特或布拉德福德，依赖市场对服装和家具材料的需求为生。冶金业城市如谢菲尔德或埃森要满足对铁制品和钢的需求，而矿业城市如多特蒙德或者黑乡（Black Country）地区则回应了对煤与矿石的需求。不过矿井和冶金厂的规模都明显小于织布厂。1850 年代末，一处典型的英国矿井里会有 100~200 名矿工，最多的甚至拥有 1500 名。1849 年，多特蒙德拥有 294 名矿工，而铸铁工只有 6 名。1850 年，埃森的克虏伯（Krupp）工厂拥有 241 名工人。

尽管信任市场自发调节的能力，工厂体制的批评者们还是认为有必要改善恶劣的劳动条件。这些批评者来自激进民主的左派以及家长主义的右派。他们赢得了一些胜利，但这些胜利却仅仅影响了妇女和儿童，亦即那些被视作技能不完全成熟，因而非完全参与市场的劳动者。1819 年，英国禁止雇佣 9 岁以下的儿童参与棉花厂的劳动，并且在拥有 20 名以上儿童的工厂里，童工的劳动时间受到了缩减，以便让他们有机会去上工厂学校。1834 年，18 岁以下青少年的每日劳动时间被限制在 12 小时以内，同时人们设置了一位工厂督察，不过他虽然会揭发许多违法的行为，却只能施加很少的惩罚。1842 年，英国议会禁止矿井雇佣 6 岁以下儿童并禁止女性下井。最终，

1847 年，法律将女性和青少年在纺织工厂的劳动时间缩短到了每日 10 个小时。

在法国，因为工业化的速度有限，而且人们信任个人的契约自由，政府的行动于是更加迟缓。对儿童工作时间的第一条——未得贯彻且仅是形式性的——限制措施（12 岁以下儿童每日工作 8 小时，16 岁以下儿童每日工作 12 小时）出台于 1841 年，但直到 1868 年才设置工厂督察。与此相对，家长主义的普鲁士官僚早在 1839 年就禁止矿井雇佣童工，而在 1853 年又禁止了工厂雇佣童工。至于保护妇女的规定，在法国和普鲁士都未曾出现。

156

集中在英国工厂城市里的经济增长的指标十分亮眼。煤炭开采量从 1800 年的 1500 万吨上升到 1830 年的 3100 万吨，并在 19 世纪 40 年代末达到了约 5600 万吨（约 1：4），铁的产量从 1800 年 18 万吨上升到 1850 年的 220 万吨（约 1：12），而棉花的消耗量则从 1780 年的约 3000 吨上升到 1850 年的 26.7 万吨（约 1：89）。1850 年前后，法国加工的棉花还只有 6.9 万吨——仅仅是英国的 1/4，却也比 1800 年的水平高出了几倍。

从这一种欧洲史的视角来看，有三个问题：哪一种结构条件以及政治契机使得被称作"工业化"的进程发生在欧洲的某些区域，而非另一些区域？这一进程为社会带来了什么样的转变？这又怎样反过来影响了政治领域的种种讨论和行动的可能性？

对工业化的解释

人们一直认为回答这些问题是很简单的。英国显然在 18 世纪和 / 或 19 世纪经历了一次"工业革命"，它展现了与法国的政治革命不同的另一种方案。在法国，农民抄起连枷围捕反动贵族，但在英国，热衷于修修补补的人走上工作台，提高了人民的福利，于是让一场政治革命变得多余。至于为何有不同的发展，人们可以列举种种原因：苏格兰启蒙运动有实用的导向；英国有现代的产权概念，没有持续的"封建体制"；英国有银行、保险和交易所，它们让海外贸易中挣来的资本能被投入到蒸汽机、工厂设备、运河、高速公路和列车轨道的建设中。依据这种假说，欧洲的其他国家亦步亦趋，它们把技术创新接受过来，因此经历了一次更高速的工业化，但这却伴随着剧烈的社会分裂。

157

工业化的结果也同样众所周知。据说它让一个着眼未来的"公民阶层"以及来自企业家的一个"中产阶层"迎来兴盛。据说这种社会阶层主导了英国的下院。据说在法国以及欧洲几乎所有其他地区则与此相反，以农业为主导的贵族企图保持政治控制权，引发了分裂，使种种革命爆发，而公民阶层就在革命中筑起街垒，以此寻求政治权力。公民阶层要是像在法国或者比利时一样强大，那么就能胜利；他们要是像在意大利、西班牙或者德国一样弱小，那么就要败北；他们要是像在俄国一样只是很小的一群人，就不会作出革命的尝试。

这种解释是和一种工业化的见解有关的，但是这一种见解和历史研究的最新成果并不完全相符。如今我们似乎已经能够确定，无论是 18 世纪还是 19 世纪早期，英格兰都没有发生工业"革命"。虽然欧洲的一些最为进步的地区——英国、尼德兰、法国北部——在 18、19 世纪迎来了一个增长的阶段，但这只是有限的、连续的、费时长久的增长，而不是像从前工业模式转向工业生产生活方式那样的惊人的转变。人均来看，英国经济的年增速在"漫长的 18 世纪"中明显低于 1%；只有在1830、1840 年代，增长才达到每年 20% 的水平。无疑，和中世纪以来相对停滞的经济发展相比，这是一场显著的变动，但却不是能和 1880 年代或 1950 年之后的"经济奇迹"比肩而立的革命性的飞跃式增长。因此我们必须说明，为什么仅仅是欧洲的特定区域迎来了这一长时段的稳定增长。目前存在三种解释模型，我们更应将它们理解为相互补充而非对抗的关系，虽然在具体的因果关联或者重要性的分配上仍未有定论。

158

"古典的"模型指出，18 世纪的技术突破带来了累积效应，这些突破与钟表或望远镜等技术性玩意的生产过程紧密相关，正是从这些生产当中，之后能被应用于蒸汽机、机车或织机等装置上的技术才能发展出来。在农业领域，机械设备促进了生产，并且让更庞大的人口得以从事加工制造业。在纺织工业和运输业领域，水力和化石能源被用来驱动机械织机和蒸汽机，提高了生产力，纺织工业从而就能够凭借对时髦轻便棉衣的大量需求，一跃成为第一个"主导部门"。"先进地区"服务于日益广阔的市场，并开启了全球劳动分工的时代。大约在 19 世纪中期，欧洲的棉织品主要来自英国和法国，在这两个国家里，种植于美国、印度、埃及和欧洲南部的棉花得到了加工。17 世纪的奢侈商品，例如来自印度的彩色棉布以及来自中国的瓷器，此时都被送往了更广阔的市场，而且一个越发扩大的中产阶层不多费气力就能到欧洲的某些地方购买这些商品；其他国家引进英国的生产技术，以期驱动本地的工业化进程。

这种模型解释道，英国之所以处于领先地位，是因为大部分发明都出现在英国，例如埃德蒙·卡特赖特（Edmund Cartwright）于 1786 年发明的织机，或者詹姆斯·纽科姆（James Newcome）和詹姆斯·瓦特（James Watt）分别于 1712 年和 1769 年改进的蒸汽机。英国农业是特别高产的，而英国的地理条件也十分有利——几乎没有一片区域远离可航行的水道，并且煤矿是相对容易获得的。这个国家拥有一种以产权为核心的法律体系，拥有各司其职的银行与交易所以及高度

159

统合的内部市场。与法国、德国或者俄国不同，社会精英能够投身于现代的经济部门，而实业家也能够在赚取大量财富之后晋升到精英的行列。

这种解释在许多地方都很有说服力，不过它有时候夸大了英国和法国或者尼德兰的区别。使英国工业得以发展的资本，并非直接来自英国占领先地位的远洋贸易所产生的剩余。伦敦各银行基本上未曾为工厂筹措资金，而购买铁路公司股票的主要是有列车驶经的地区，而那些主要关心国债的伦敦交易所甚少经手此事。但凡有商业上的好点子，人们多半会从家族或者从地区人脉圈获得资助，或者要自己花钱投资；大部分"新"实业家是中层或上层的人士。

的确，在英国，财产以相对明晰的方式被分配给个人，盗窃会遭到严厉的处罚，并且独立法院保护了财产免遭权力滥用的威胁。然而因为两套平行的法律体系［"普通法"（common law）和"衡平法"（equity）］之间存在冲突，要想在法庭中坚持财产权利，将耗时甚久、费用高昂、成效寥寥。借助于一种与大陆的遗产信托（Fideikommiss）相似的被称作"严格授产制"（strict settlement）的制度，贵族家庭能够将地产长期撤出不动产市场。长期或"永久"的租约（不过所谓的"永久"其实是 999 年）要基于持久与稳定，而非变易与发展。英国的工厂城市大部分是"新"城，因为直到 1835 年，"老"城诸如布里斯托仍然将行会垄断写入其法律并限制企业的规模，以及向父母并非本城公民，或本人未在城市行会中完成学艺的手工业者索要高额准入金。在 19 世纪上半叶，带着行李的人要是想从伦敦港登船，就必须雇一名城市警察，让他带着箱包穿过市区并确保它们将重新离开城市——否则就需在城市的边境缴纳税款。

此外，技术创新的成果转化过程十分缓慢。很长时间以来，总是被当作工业进步阴暗面之象征的以蒸汽为动力的纺织厂并不多见，因为蒸汽机比水力驱动装置昂贵。哪怕在英国，直到 19 世纪中期，人们才敢想象丝绸等昂贵材料能以机械方式生产。大部分人在小企业里做工，或者当仆役谋生。詹姆斯·凯伊（James Kay）[《曼彻斯特棉花制造厂受雇工人阶级的道德及身体状况》（*The Moral and Physical Condition of the Working Classes Employed in the Cotton Manufacture in Manchester*），1832 年]、弗里德里希·恩格斯 [《英国工人阶级状况》（*Die Lage der arbeitenden Klassen in England*），1845 年] 和本杰明·迪斯雷利（Benjamin Disraeli）[《西比尔：两个国家》（*Sybil, or the Two Nations*），1845 年] 等著者批判了工业化为生活处境带来的变化，但这种变化只是冰山上煤烟缭绕的一角，在其下仍埋藏着种种渐次的生产力或生产过程的变化。

此种状况令我们引入第二种解释模型。鉴于工业技术突破之慢，以及工业化所涉及的经济部门为数之寡，我们需要解释的据说并非一场"工业革命"（industrial revolution），而是一场"勤奋革命"（industrious revolution）。[2] 据说，在 18 世纪的进程中，欧洲西北部有越发广大的民众将更多时间用于为某个市场生产商品，以便凭借进款购买其他商品。因此，工业化的驱动性力量来自这样一场变革，即空闲的时间或者原本用于满足生存的基础性生产，让位给了有商业利用价值的职业或者薪酬工作。据说这样一来，家庭中的不同成员要专攻不同的生产（例如男性负责农产品而女性负责纺织品）。具体说来，为了买来一瓶金酒，人们就需要去做裁缝的工作，而不是自己生产酒精饮品。

我们可以引证一系列指标来说明这样的发展，例如新教国家中节日数量下降了，而女性儿童所从事职业的市场导向程度有所上升，每日的有薪劳动时间延长，而对烧酒等加工食品、易碎瓷器、玻璃、陶器［例如韦奇伍德（Wedgwood）的反奴隶制徽章］等消费品的需求正在增长。于是，工业化的一种驱动力量便是消费方式的转变，这种转变推动了劳动分工。消费方式发生转变的前提在于，禁购奢侈品的规矩以及阶层的限制被打破了，这样一来，哪怕是中下层人士也能够摆弄色彩斑斓的玩意，或者像怀表这样的饰品。此外，大众也开始了消费的活动，这部分是因为他们读到种种文章，部分是因为看到城区中心上等人士的生活方式。另外，在这种阐释下，工厂工作就显得如同一种自律，因为比起原本在家的工作，工厂经济的高效率提高了个人的赚钱能力。

这一模型观察到了英国和尼德兰在首都规模和报刊业结构上的领先水平。1800年前后，像伦敦《泰晤士报》这样一份日报，有一半的篇幅被用来刊登足以唤醒欲望的广告。巴黎也以相似的方式发挥辐射作用，但其强度显然更低。维也纳的种种习惯，例如对咖啡的消费，没有被奥地利的农村地区接受过去——说到殖民地商品，只有消费烟草在这个时代成为一种全欧的习惯。在俄国、西班牙或者意大利，城市规模小、交通不便、识字率低、一定程度上等级固化使得这些地方并不存在开展一场"勤奋革命"的条件。

这种分析方法首先考虑到大量个体的劳动与消费行为，并且视需求为核心要素，但其优点同时也使它在经验的层面上引发了问题。我们就算能找到19世纪的大量文献，实际上却也还是对贫困人口的消费行为一无所知，更别提17、18世纪了。仅凭几张"快照"得到普遍的结论，是一件困难的事情，因此我们几乎不能评定，工业革命中的哪些部分能够借助劳动和消费行为的转变加以解释。这一方法尤其几乎无法为下面的问题提供回答，即为什么虽然亚洲的农业也发生了相应变化，但欧洲西北部的"勤奋革命"却引发了与之不一样的结果？而究其原本，"勤奋"的概念就是源于亚洲农业的。

第三种解释模型直接生发于这样一个问题：为什么在亚洲的那些以小作坊形式被组织起来的、部分以市场为导向的、强调勤奋的地区里，没有发生工业的突破呢？据说直到 19 世纪，欧洲和欧洲之外的工商业地区之间的区别仍微不足道；但与此相反，在 19 世纪的进程中，亚洲的大部都经历了一次"去工业化"，而这是与欧美部分区域的工业繁荣同时发生的。在这段时间之后，出现了工业区域与农业区域这样一种全球性的劳动分工，并造成各地区富裕程度的差别。在这场旷日持久的讨论中也许有一点仍然总会被提到，那就是殖民地的问题。18 世纪末，欧洲的军队并未在结构上优于亚洲的军队。但是自 15 世纪以来，欧洲就额外占有了美洲的资源，而且还从非洲进口奴隶来实施开采，于是这些利润就不再留在当地，大部分都流向了欧洲（因英国掌控了西班牙与葡萄牙的殖民地，便有极多利润流向了英国）。殖民地的存在使大批英国人失去了在本土手工业中的工作。据粗略估计，光是借助从加勒比进口来的糖以及波罗的海诸国和北美的林地——舰队所需的木材便是从这些地方而来（这两个地区，一处在推行农奴制，另一处则是奴隶制），英国就获得了超过 10.6 万平方千米的"幽灵田"（Geisteräcker）[3]，当中有一部分是由"幽灵工人"（从非洲掠夺来的奴隶）开垦的。这些"幽灵田"的面积比苏格兰和威尔士领土还大。

这样一来，我们就能用在地理与制度上有利的环境中发生的技术创新，用"勤奋革命"的影响以及英国在欧洲帝国体系中的地位，来很好地解释英国的"工业化"进程。但是这些因素各自的重要性在不同的地方受到了完全不同的对待。例如，就奴隶贸易为英国经济所作的贡献而言，有些人会彻底对其视而不见，有些人却要从与非洲人开展的跨大西洋贸易中，看到欧洲工业化的真正起源。

工商业自由与自由贸易是经济改革的模范？

然而很明显，欧洲的后发工业国所面临的处境，和先驱地区是迥然不同的，因为后发国家能够通过引进英国技术，一下子建造起它们的工厂。因为大不列颠对特定商品颁布了出口禁令，并且限制了专业人才的外流——即便这种限制很难说得到了执行，所以普鲁士等国家要部署工业间谍，便是一种不言而喻的办法了。此外，英国的经验使人们得以判别哪些改革能够促进增长。限制或取缔行会、解放农民、开放农村贸易等做法都经常能被移植到他国，但英国模式中的另外一些要素就并非如此了。在英国，劳动者自1824年起便能自由加入工会、互助会或者其他组织。然而反观大陆，譬如在法国，人们禁止成立各种联盟以取缔行会，或者在普鲁士，人们将大部分新出现的组织（例如同业公会和医疗保险组织）置于国家的监管之下。

164

国家的经济政策将筹码押在能够提高生产力的改革上，寄望于借此清除生产力遭到的阻碍，但是在欧洲的广阔地区上，各种组织和个人却要激烈地反对这些改革，因为种种取缔和限制措施威胁到了他们的特权。于是在普鲁士，"农民解放"的政策——赋予雇农权利以使他们能够一次性偿清在租税和劳动方面的定期义务——在实际运行中，成为债台高筑的贵族或公民大领主的救命稻草。在计算解约费的时候，他们不会顾及雇农对社会保障的要求；另外，通过把1/3的土地转移给领主来解除捐税的办法，也催生了大量经济上无法自足的企业，它们的所有者之后将被迫卖出土地。

虽然许多政权都在致力于开放内部市场、扩大职业选择和增加生产方式，但英国要"出口"国际贸易政策之原则的企图却屡屡落空。人们有充分的理由认为英国是最成功的贸易国家。1804 年，英国的出口额达到了 4100 万英镑，1844 年则接近 6000 万英镑。早在 1830 年代，在英国的"工业"出口中，便有 36% 的产品被运往欧洲，35% 被运往北美和加勒比，29% 被运往世界的其他地区。[4] 英国贸易取得的全球扩张，与自由贸易理念越发上涨的人气十分相称，这种理念在亚当·斯密出版于 1776 年的经典著作《国富论》(*An Inquiry into the Nature and Causes of the Wealth of Nations*) 中得到了经验的支持。斯密赞成全球的劳动分工，这种分工将会有利于所有市场参与者。在他的著作中，我们能够找到一种颇有宗教色彩的人类学假设，而这说明了为什么他信任"看不见的手"的介入——据说这缩减了经济不平等，也同样说明了为什么他信任市场参与者的正直行为。拿破仑战争后，除这些论断外，还出现了一种想法，人们期待自由贸易将在经济上建起彼此交织的关系，使未来不再可能发生战争。

对自由贸易的积极成果的信赖，塑造了英国的立法。对进口商品的转售价格所规定的税率持续下落。从 1823 年开始，任何一国只要给予了英国相似待遇，其船只就能以和英国船只相同的条件，在英国的港口运输货物；英国船只的半垄断地位便因此消失了。虽然有一两处抵牾，但这一方法还是符合英国的经济利益：在自由市场上，英国的工厂制品实际上无可匹敌。因此，英国政府致力于瓦解外国的关税壁垒。于是自1830 年起，英国便有意识地资助宝宁（John Bowring）在法国为自由贸易奔走呼告。宝宁是将政治自由主义、商业利益和自由贸易运动三者结合的模范。1792 年，他出生在信奉一位论的布商家庭里；在 1820 年代的时候，他热心于进步哲学，并与功利主义者杰里米·边沁（Jeremy Bentham）成为亲密的同事，后者认为，所有的政制都要把为最大多数人谋求最大量的（物质）幸福当作目标。此外，宝宁还参与了极端主义者和自由主义者都深切关怀的所有其他事务：和平、希腊的独立以及政治改革。这些活动与其原本的商人工作几乎没什么关系；宝宁之所以免遭财务崩溃，是因为被政府聘用了。1835年之前，他都在法国发挥其杰出的才能，在英国政府的资助下向商人、劳工、政客和记者大力灌输自由贸易的思想，并游说他们反对限制性较大的法国政策。但他最终失败了，因为他的传教恰恰坚定了人们的看法，即自由贸易是一项所有法国爱国者都要拒绝的"'英国'教条"。[5] 而失败既未吓退宝宁，也未吓退其政府，在接下来的数年中，政府仍会把他派到瑞士、意大利、德国和埃及。

乍看起来，宝宁和仅年长其三岁的罗伊特林根人——格伯森·弗里德里希·利斯特（Gerbersohn Friedrich List）之间拥有很多相似之处。1817年在图宾根担任政治学教授的利斯特，同样是主要在为经济改革和自由贸易奔走呼告。他在1820年因其政见而失去了教职，却被选举为符腾堡议会中代表罗伊特林根城的议员。1822年，他因发表批评性言论而被捕并被驱往美国。在美国，利斯特不仅看到了新的铁路技术，还找到了通过关税壁垒保护新工业的论点。在他于1832年作为美国公民和领事返回莱比锡的时候，他涉足实业——不过几无所成——并且呼吁人们要依据美国的模式制定保护主义的政策，这样来自英国的竞争对手就不能妨碍德意志的工业渐渐成形。德意志各国自1828年起便结成的种种关税同盟，本质上就是采取了这种向外界保持有限封闭的政策，这也就是为什么英国想要全力阻止同盟的建成。

但人们也能说，这种限制性的贸易政策虽然保护了德国和法国的纺织工业，却在另一层面上带来了某种竞争劣势。自

166

由贸易理念的成就在于，它使大不列颠成为一个新教或者犹太外籍商人乐意定居的国度。罗斯柴尔德、巴林（Baring）和施罗德（Schröder）这样顶尖的银行——它们的奠基者统统是从德国移民来的，以及布拉德福特拥有"小德国"（Little Germany）绰号的、住着大批德国工厂主的高档社区，都佐证了这一点。曼彻斯特的德国人存在感不高，不过有一位来自巴门（Barmen）的实业家之子，弗里德里希·恩格斯，在1842年的时候以纺织厂"欧门 & 恩格斯"（Ermen & Engels）厂主的身份来到该城，他将会在此地细致地考察劳动的条件，并对它提出尖锐的批判。虽然获得英国国籍并凭此购置合法房产，对外国人来说会是一件困难重重的事情，但开设工厂或商行却似乎相对简单。1844年，在英国议会注意到一大批成功的钢琴制造商、矿产所有者、钢铁厂厂主和商人正在从德国赶往英国的时候，它终于开始放松入籍条件。

在工业化、国际化和商业化的影响下，社会发生了哪种程度的变革，仍是未定之数。不过很明显，在伊比利亚半岛、意大利南部、斯堪的纳维亚以及欧洲东部和东南部，却没有发生足够引发改革压力的社会变革。然而在这些地方，也有部分人感觉到了与欧洲先进地区的差距，而这些差距只能借一场有力的改革才能缩小。

一种"公民"中产阶层正在兴起？

人们常常认为，在欧洲那些正逐渐工业化的地区，工商业生产的兴起从大约1800年以来便带动了一种"公民"中产阶层的兴起，这一阶层是由工厂主、商人、银行家和会计组成的，他们在1830/1840年代向乡村贵族强硬地提出了自己的诉求。此外，同属"公民"群体的医生、教士、律师、中学和大学教师，人数据说也出现了明显的上升。不可否认，城市"公民阶层"的地位仅仅是在城市化助力下才得以急遽地攀升。然而，"公民阶层"的概念在不同的地区却意味着不同的东西。在法国以及 1835 年以来的英国，这一概念仅仅是指城市里的居民。与此相反，在德意志国家、俄国、意大利部分地区、斯堪的纳维亚、西班牙或葡萄牙，"公民"及相应概念所标记的是对一种等级团体的隶属关系，这个等级团体被允许从事手工业或商业，并在特定情况下拥有政治参与的权利。在此意义上，并非所有的城市居民都是公民。

168

哪怕在工业化的核心区域里，也只有很少公民成为成功的实业家，并且只有屈指可数的实业家成功登上财富金字塔的顶端。实业家并非工业化的真正受益者，正如农民并非 17、18 世纪全球农业市场的首要受益者一样。贸易商、保险商、律师或银行家捞取的利润一直是比实业家更丰厚的。和 18 世纪一模一样，在 19 世纪早期的英国，领主、商人和一种被同时代人批判为"古老的腐败"的保护人体制的受益者——法官、官员、律师、大臣、军需商和开发商，在身后留下了大量财产。在不兼任商人或银行家的工厂主当中，只有少数能够跻身这一行列，例如首相罗伯特·皮尔爵士（Sir Robert Peel，第二代从男爵）的父亲（第一代从男爵），他在兰开夏开办了一家工厂生产彩色棉布，并将所获利润中的大部分投到地产及其政治生涯当中。

"老"财富精英也同样利用起新的投资与获利方法。"激进杰克"、第一代达拉谟伯爵约翰·乔治·拉姆顿（John Geroge Lambton，Earl Durham），出身于一个从其地产下的煤炭矿藏中获取巨额利润的"老"领主家族。第四代诺森伯兰公爵阿杰农·珀西（Algernon Percy，Duke of Northmberland）的矿山投资获得了成功，不过在"新"技术如蒸汽犁的投资上遭遇了挫折。另外一些英国贵族在他们的土地上建起贸易与温泉城镇，购买银行或铁路的股份。

169　　　于是，伦敦与巴黎等城市中的社会精英将一直由贵族、顶尖的银行家、律师和商人组成。在维也纳、那不勒斯或圣彼得堡也大体相似。在伦敦和在科隆一样，人口的绝大多数在手工业性质的小微企业做工，他们自费搭乘马车或舟楫，勤勉辛劳地换取每日工资，侍奉高档人群，购买少量的商品。直到 19 世纪末，在伦敦、巴黎或维也纳等城市中，剧院是拥有最多雇员的企业；之后则是糖厂或啤酒厂等食品加工企业。的确，一面是安于做（实实在在的）手工业者的人，另一面是商人、银行家或者工厂主，两方之间的财富差距正在逐渐增大；但是这并非从 19 世纪才出现的现象，而种种发展也暂时没有改变一种情况，即"中等"城市阶层内部的财产分配相对来说仍然是平等的。

在那个时候人们察觉到，来自（工业）企业的一种工业中等阶层或者"资产阶级"正在取得突破性进展，但在考察之下，我们却发现社会与历史仍是连续的。这种断裂抛出了一个问题：我们应该在多大的程度上将"中等阶层"兴起的说法理解成一种政治设想？根据这种设想，某些党派代表能够自称代表着一个政治上温和节制、社会上举足轻重的群体，从而要求获得统治的权力。能佐证这一点的是，"中等阶层"的概念出现的时代，主要是一个出现了尖锐的政治极化而非社会极化的时代。例如，自 1830 年代以来，小资产阶级（petite bourgeoisie）和"大"资产阶级（"grande" bourgeoisie）的划分就已成惯例，这种分类并不仅意味着社会上的区别，同时也是某种政治的诊断：就像对海因里希·海涅（Heinrich Heine）来说，手工匠人、店主和酒馆老板并不仅是在经济上，

170　而且也是在政治上落后于真正的市民阶层的，因为他们为拿破仑一世这样的煽动者及其政治遗产撑腰，而非如工人阶级那样

支持真正热爱自由的政治家。

从数据上看，"中等阶层"绝非处于社会中层；依据不同的计量方法，他们是社会最富有的 4%~20% 的群体。"中层"的概念所指示的首先是，这一社会群体会在政治上保持温和的态度。因此，和工人阶级不同，他们远离革命的冲动，而且和贵族不同，他们克服了统治的欲望。对那些充作"中等阶层"的代言人来说，这为他们在政治体系中发挥核心作用的诉求奠立了基础。

"无产阶级"的贫困化？

有一种同样是修正主义的视角，被用来考察工业化对底层民众物质状况的影响。人们如果将首批工厂城市中生产生活的状况描述得十分恶劣，便自然会认为，从家庭劳动到工厂劳动的转变纯粹意味着社会等级的降低。劳动人民生活状况的恶化呼应了牧师、统计学家托马斯·罗伯特·马尔萨斯（Thomas Robert Malthus）在其出版于 1798 年的《人口论》（*Essay on the Principle of Population*）中提出的预言：人口的增长将会比食物的增加更为迅猛，因此他认为应当阻止穷人生养小孩。

马尔萨斯预言的人口危机并未成真，这一点的确毋庸置疑；但是人们还是不清楚，在早期工业化的进程中，底层民众的生活状况是已有所改进了呢，还是先发生了恶化，然后才在 1850 年代和 1860 年代的欧洲呈现上升的趋势。

有证据证明，壮大中的工人阶级在物质和社会的层面上都有所改善，这种改善的开始时间也许是 1800 年前后，不过也有可能要等到 1840 年代；这些证据包括间接的福利指标，例如对糖、茶、咖啡、肉类的人均消费水平，平均身高，以及预期寿命等。工厂中的劳动时间有所延长，如果我们不把这种情

171

况理解成劳工牺牲小我换来生产力的提高，那么我们就会从中得出一个结论，即劳动市场上的求职者处境已变得更为艰难。

要把 19 世纪早期的薪酬和物价还原出来是极为困难的。我们不得不凭着碎片化的、地区性的数据——它们无法涵盖日常所需的大量商品（例如二手餐具、衣物或床具）——并且借助种种假设，算出一个全国的平均值。这已足以在计算一名男性薪酬劳动者的收入时造成巨大的误差。但该数值仅仅是为了计算家庭收入而得出的第一步结果，要算出家庭的总收入还需要其他的假设：男人、女人和儿童同时受雇的可能性，每年的工作日数，以及手工企业和自由职业者的工作饱和度。这时候，哪怕是倾向于对福利的发展作出悲观设想的科学家也会得出这样的结论：在 19 世纪早期，对经济发展核心区域的那些未受教育的劳工而言，他们的真实收入要么出现了轻微的上升，要么保持在原来的水平；但在欧洲南部、中部和东部，这一人群的真实收入或许有所下降。根据一种新的推算，在战争年月经历了仅仅是 4% 的下落之后，英国的平均实际收入哪怕在 1820、1830 和 1840 年代也有缓步的抬升（大约上升至 1770 年代水平的 130%）。[6] 无疑，这些数据就其准确性和在全国的同质性而言，多与现实不符。对该时代的人来说，战争带来的经济危机大概要糟糕得多。此外，我们所计算的是横跨数十年的平均值，而这又掩盖了在有些时候，谷物价格会出现剧烈的月度变化。我们能够在某种程度上确定下来的是，对劳动人口来说，工业化既没有引发灾难性的恶化过程，也没有显著地提高他们的生活状况。

然而，仍然有足够的指标能够证明，在批判工业化的著作中，那些对发展状况的阴暗描写所言不虚。人们心想着，普遍的和平能迅速地带来普遍的福利，这种愿景在 1815 年之后就落空了。乍看之下，许多彼此间没有联系的贫困情况，都很好地应验了马尔萨斯的解释。但纵使城市里状况糟糕，纵使众目睽睽之下的工厂状况糟糕，乡村的生活却没有怎么得到切近的观察，在人们的想象中它仍笼罩着瑰丽的色彩；可乡村生活能带来的又只是更高的预期寿命，而非更高的生活水平。显而易见，由劳动过程的机械化导致的失业不断引发抗议活动：1810年"卢德分子"（Luddites）对机器发动进攻、1819 年曼彻斯特圣彼得广场上的大规模抗议、1842 年发生于同一地点的锅炉塞暴动（Pug Riots）、1830 年反对引入脱粒机的"斯温暴动"（Swing riots），都显示了抗议活动在发生机械化的地区里会以怎样的形式出现。

　　哪怕工业化并未造成大规模贫困，但在 19 世纪早期也还是有大量人口和早先十几年一样困顿无助。巴黎有 75%~80% 的葬礼是薄葬，而将近 80% 的死者被埋葬在公墓里隐没了姓名。在所有欧洲国家中，仅有少量人口拥有足够的财产来应付长时间没有收入的状况。同时没有收入的状况又是那么轻易出现，因为劳动者不愿意进入一段长久的雇佣关系。在家丁、女佣和仆役定约效力至少一年的情况下，他们就失去了提高收入的可能性，为厂长、主人或领主的惩戒权所支配，并且几乎无法保障自身免遭单方面的解约。在英国，仆役关系被批评为半奴隶制，而随时可以解除的"分钟契约"（minute contracts）则被许多劳动者视为理想的契约形式。1840 年，不来梅的泥水匠协会反对以一周为解约期限这样的无理要求，他们指出，如此"我们就仍旧像一个地道的奴隶"。[7]

政治结论：济贫和"社会主义"

　　对雇主和领主所承担的救济义务丧失信任之后，除家庭网络和邻人互助的原则外，城市中还出现了种种体现同志关怀的（genossenschaftlich）规避风险的形式，如"友善社会"（friendly societies）、行会或手工业协会、疾病或死亡保险。如果这些仍不足够，那么还有公共济贫的办法，大约有3%~10%的人口——主要是老弱病残——要依赖于此。济贫有两种模式：以税收相资助，或依靠捐赠及教会的款项进行资助。16世纪的时候大部分英国教会的财产被收归国有，自此之后英国便凭借对领主收税开展济贫工作。穷困的人数若上升，则税收也上升。支援的力度由当地定夺；18世纪末，在许多伯爵领地中有一种办法流传开来，也即确保每位居民至少取得最低工资，最低工资的水平由家庭的规模所确定。有时连外地人也能得到保障，这样一来就能在惨淡的年份里留住专业人才。

在19世纪20年代，越来越多人担忧如此大度的济贫办法会招致风险。社会保险体系有可能不仅是危急情况下伸出的援手，还代替了薪酬工作。英国的济贫支出哪怕在相对繁荣的19世纪二三十年代也仍然在持续攀升，并在1832年达到了700万英镑的总量。在战争岁月里，这个数值仍高达400万英镑，人均增幅是13%。设立于1832年的调查委员会发现，在许多职业中，比起勤勉工作，人们能够因济贫活动获得更多钱。此外，依照马尔萨斯对人口增长失控的警告，依家庭规模来确定救济力度这样一种办法，似乎是在冒着风险去资助一场儿童战争。

由委员会提议、在1834年被议会通过的解决办法是，借助种种惩戒手段，使得任何一种雇佣劳动都要比接受救济更具吸引力。此后，穷人应当在劳改所接受隔离，并且要在男女分隔的严苛纪律下接受管制；儿童和有能力工作的成年人不应再接受现金或实物的资助。只要家庭中的一名儿童要寻求救济，整个家庭就需接受强制隔离；这样一来，贫苦阶层的生育率就应该会受到抑制。短期来看，这样一种被受到影响的劳工激烈批评的改革，令救济支出降低了1/3左右。也许节约下来的费用还要再多些，因为大量资金被投入到济贫院的建设与运营中，这些济贫院在18世纪三四十年代几乎出现在所有济贫法适用区域。

在欧洲大陆，更具典型性的是济贫法的其他变式。在这些地方，慈善机构的财产、对拍卖或消遣活动所收取的特定地方税，以及私人布施者的捐赠，都能够为济贫提供支持；有些地方还有教会拨款。在法国，地方的慈善部门统筹救济活动，这些部门原则上是由市长等地方官员或者牧师管理的。和反周期式的英国体系迥然不同，这种救济体系主要是以顺周期的方式开展工作的：在救济需求急迫的年份里，捐献意愿和娱乐支出恰恰会下降，这样一来，在萧条的时候，待助者越众而经费却越少。

175

通过对19世纪早期经济和社会史作出这种粗略的描述，我们或已可见，就应当对种种现象作出怎样的描述和阐释的问题而言，即便是在当时，人们便已经争执不下了，并且这也一直是历史学的问题。在对一种戏剧性的、复杂的变易过程的个别方面展开观察的时候，我们也将对未来的发展作出推断，而基于这些未来的发展，我们又能够探讨当下的政治。保守主义者会指出农业的核心地位，指出在财产、才能和权力上可预见一种不平等的分配，由此证成了那以阶次和传统为本的统治秩序。此外，他们能够让现代工业经济中的阴暗面和乡村生活的状况两相对照。与此相反，自由主义者认为，经济发展是与一种希望联系起来的，也即每一个勤劳的人都能够上升至中间阶层，并且能因坐拥一份独立的家产而化身为一名被赋予了政治权利的公民，而且市民阶层最终将会成为一个涵盖所有人的普世等级。人们在这背后看到的，是由小生产者组成的社会，而非由一名厂主配多名雇员的大工厂组成的社会；但实际上，后者才符合大部分地区的城市经济秩序的现实。

相比之下，如果人们想象工厂生产得到了全面的普及，便自然会对政治参与和经济自主之间的联系作出批判。工厂经济向来有被误用的可能，恰恰是这种可能性就已需通过为相关人士赋予参与权加以限制。纺织厂主罗伯特·欧文企图在新拉纳克建造一个完美的工厂城市，在这座城市里，为工人提供的学校和住宅以及大量平均主义措施将会降低并最终取缔社会不平等。1825 年，他从虔信派教徒、通神论者、炼金术士约翰·格奥尔格·拉普（Johann Georg Rapp）手里买下了位于印第安纳的新哈莫尼（New Harmony）村，以期在彼处实现他的愿景——拉普主义者将会迁居宾夕法尼亚的艾克诺米（Economy）。售价是 3 万英镑或 15 万美元。这场实验吸引了大约 800 名自由思想者、科学家和冒险家，却偏偏没有工人或农民。于是，因为运营者缺少兴建新定居点的经验，而且人们就实验的真正目的争论不休，这一项目迅速落败了；1827 年，新哈莫尼村被转售给了下一个乌托邦社团。

在法国，军人、企业主和宣传家昂利·圣西门（Henri Saint Simon）及其"门徒"，曾为银行家、之后成为殖民地工程师的巴泰勒米·普罗斯佩·昂方坦（Barthélemy Prospère Enfantin），以及曾为行商的作家弗朗索瓦·马利·夏尔·傅立叶（François Marie Charles Fourier），设计出了一种社会模型，其核心同样在于依靠高度同质的劳工，以系统的方式组织起类似于工厂劳动的生产活动。圣西门主义者最终要去寻求与国家的计划进行合作，并在阿尔及利亚发挥余热，但傅立叶主义者却踏上了社会实验的道路，其中有一场由孔西德朗（Considérant）开展的实验发生在当时被墨西哥和美国争夺的得克萨斯，它和欧文在新哈莫尼村的企业一样迎来了失败的结局。在德国、意大利、西班牙和欧洲其他地区，人们同样一直在考虑关于"穷人聚居区"（Armenkolonien）或殖民地的理念——它们据说应当能同时解决社会与政治问题。

把政治与经济两个层面的诊断和药方联系起来，并非一种全新的办法，但在19世纪早期极速变革的背景下，人们急需实行这一办法。然而，对现实的感受常常因为政治"党派"或派系而遭到扭曲。特别是在欧文、傅立叶、圣西门等"空想社会主义者"的失败试验中，人们能够轻易地发现这种扭曲；但同样出现了扭曲的，是保守主义者对世袭等级关系的固执，以及自由主义者关于贵族没落与市民兴起的设想。不过，在保守主义者和自由主义者处，感受和现实之间的距离还是要小一些的，毕竟双方的种种片面性都留存了下来，在现代的历史编纂学中仍能看到。因此，这两种对当下与未来的思索，仍将长久胜负难分。

3　"复辟"的界限

在拿破仑战争之后尝试构建稳定政治秩序的人，当时想必正在面对一片昏暗不明的天。1815年，爪哇这座太平洋岛屿上的坦博拉火山喷发。因为火山灰进入大气层，1816年的夏天阴凉多雨，导致收成出现灾难性的下滑。依据年平均值和全国平均值——虽然这些数值效力有限——英国的谷物价格在1815~1817年上涨了将近50%，在法国上涨接近90%，在德国则上涨超过100%；这种差异昭示了种植技术和市场导向情况上的不同。英国仅仅出现了价格的猛涨，但1816年和1817年的欧洲中部、东部与南部却遭遇饥荒。在德国西南部，大量人口试图向美国和俄国移民——前往这两个国家的风险在这个时期又相对变低了。因为不是所有迁移者都拥有足够的旅游资金，于是，向远方寻求更好生活的尝试，最终有大部分终止在尼德兰的港口或者普鲁士的边界上。

177

19 世纪 20 年代的南欧革命

178 在这一背景下，围绕后革命宪法的种种决议出现了。在革命战争期间失去了一部分土地的诸位国王中，有大部分企图恢复所谓的"美好的旧时代"。其中最为极端的例子是教宗国，教廷不仅逼迫犹太人迁回犹太人区，而且也把天花疫苗和街道照明视作革命性的新事物并加以禁止。在撒丁王国，维克托·伊曼纽尔一世（Viktor Emmanuel I）重新颁行了 1795 年的王历，并把已过世的达官显贵官复原职。如此倒行逆施的企图必然是要失败的。就连撒丁国王自己也承认，要是他想要保住王位，就必须放弃恢复拿破仑之前的财产关系。

谁若意识不到，新的秩序是必须和巨额财富的所有者、军队与民政部门的国家公仆以及一部分知识分子共同建立的，就将很快陷入困境，哪怕在拿破仑第二次统治倒台后，"王党"的力量得到增强。波旁家族在西班牙和意大利的王国首当其冲。西西里王国和西班牙王国在 1812 年颁布了自由宪法，其中西西里是受到了英国的强迫，西班牙则是由于加的斯国会的决议而这样做的。国会宣称是以斐迪南七世的名义行事，在议事过程中却并未与国王有任何联系。在那不勒斯—西西里，两西西里的费迪南多一世重返王位，他不仅宣告他的退位无效，还废除了其子宣誓效忠的宪法，让一部分贵族和知识分子心生失望。

在西班牙召开宪法会议的过程中，有一种自称为"自由者"（liberales）的政治运动渐渐成形。自由者与被称作卑顺者（serviles）的绝对王权的附庸划清界限，要求在政治决议中表达意见，要求国家与教会分离，却也不愿侵犯国家的信仰单一性。在斐迪南七世于 1813 年被拿破仑遣送回西班牙之后，179 他站在了反自由派的立场上，并效仿其身在西西里的叔叔废除了宪法。

但与后者不同，斐迪南七世所引发的不只是国内自由派的反对。西班牙国王威望扫地造成西属美洲出现权力真空，而这是可以由总督即地方执政委员会（juntas locales）填补的，他们既能以斐迪南七世之名行使治权，也可以宣传这样一种观念，即在王位出现空缺的情况下主权复归人民。因为反对派对权力以及正统性的要求在作祟，密谋与颠覆的企图便出现了。西班牙中央执政委员会（Junta Suprema Central）决定在1810年要求来自殖民地的代表前往加的斯立宪会议，但此决定使母国和殖民地之间的关系问题变得更为尖锐。一方面，国会承诺建立一个部分民主化的帝国；但另外一方面，它又想要拯救加的斯当局对美国贸易的垄断权，而这长久以来便已令伊比利亚美洲港口城市中的商人怨声载道。于是在1810年，加拉加斯和布宜诺斯艾利斯，后来包括美洲的其他地区，都宣告脱离拿破仑在西班牙的威权，宣告脱离国会，并且——同样是以斐迪南七世的名义——选举出美洲的议会会议。从殖民地精英的视角来看，斐迪南七世反对国会的宪法实符情理。但他忽视了来自美洲的请愿，要为了母国的利益而维持对殖民地的经济压榨，还把军队调往美洲，企图平息那里的"动乱"，则是不可接受的。

和18世纪末在英国殖民地的情况相似，这种王国政策同样失效了。殖民地的精英不久之后就开始要求独立而非自治。尽管开了好头，西班牙的军队却未能取得胜利。1818年何塞·德·圣马丁（José de San Martín）在智利获胜，1819年西蒙·玻利瓦尔（Simón Bolivar）在波哥大获胜。西班牙的行事在很多方面都正合革命者的心意。它在1820年进入佛罗里达，由此增强了美国的影响和权力。斐迪南将自由派的领袖遣往北非或关进修道院，禁止自由派出版书刊，还对其同情者施以迫害，却不能令要求颁行1812年宪法的呼声暗哑。这

180

场起义在 1820 年获得胜利。由军官拉斐尔·德尔列戈 – 努涅斯（Rafael del Riego y Nuñez）所领导的起义在加的斯爆发，彼时一支 14000 人的部队正要登船前往美国。因为这支军队留在了西班牙，玻利瓦尔便能更轻易地在 1821 年攻陷委内瑞拉，又在 1824 年占领了秘鲁。墨西哥、圣多明各以及西班牙在中美洲的殖民地早在 1821 年就已宣告独立，这样一来，西班牙的殖民帝国此后便只剩古巴、波多黎各和菲律宾。

西班牙革命的消息迅速传遍地中海，为葡萄牙、西西里和撒丁—皮埃蒙特的颠覆活动点燃信号弹。在 1820~1821 年的所有革命中，除了君主制和自由派精英之间相互敌对的权利诉求，国王和教廷间的冲突也起着决定性的作用，尤其是天主教会企图发动保守转向。1814 年，庇护七世复建了 1773 年被取消的耶稣会。这一举措被广泛认为是反对天主教启蒙的信号，它反对拿破仑时代取得的国家和教会之间的妥协，以及天主教会中詹森一派寻求社会改革的思潮。在绝对主义政制于西班牙、西西里和撒丁复辟之后，反对派的出版活动就被禁止了，而异见者也将遭到惩罚。君主制批评者于是被迫转入地下，依靠共济会的余部或者各种秘密协会来进行会面，例如发源于意大利的烧炭党（起名"煤炭"是因为他们的聚会地点处于偏僻的森林）。在这些组织里，贵族、上流公民和学生反思他们在 1820~1821 年所冒险从事的革命活动。

在来自圭亚那的朱塞佩·马志尼（Giuseppe Mazzinis）身上，人们看到促成极端化的一种方法。其母玛丽亚（Maria）原姓德拉戈（Drago），拥护一种以社会为旨归的詹森主义思想。其父贾科莫（Giacomo）年轻时在决定学医之前加入了奥古斯丁教团。18 世纪 90 年代末，贾科莫作为意大利的雅各宾主义者登台亮相。虽然警察已在 1816 年将他分进"独立民主派"的阵营，[8] 但这位公认杰出的医者被允许继续经营诊所；

1822 年他甚至获得了大学的教席。

朱塞佩受业于一些怀念那个短暂的共和时代的私人教师，1819 年他来到一所受到严格管控的大学求学。在这里，为了防止敌对思想的传播，每个学生都要在入学前出示由警察及教士开具的品行报告，并且除了每日参加大学祷告，还要每隔两个月提供关于按时参与圣餐和告解的证明书。为了扼杀犯下政治和道德罪行的机会，公共集会、剧院、酒馆和赌场都被下了禁令，警察也实施了关于日落前不得待在家里的规定。政府的束缚事与愿违，因为它将那群成长于共和独立传统下的教授们心中共同的反抗精神呼唤起来了，他们一致对繁文缛节视而不见，也没有因为缺少道德报告而开除学生。

因此，虽然马志尼在 1820 年 6 月因为伙同其他大学生殴打耶稣会学校的卫道学生而被收入监牢，但这并未损害其学术生涯。1821 年 3 月，在奥属伦巴第的革命落败之后，圭亚那也爆发了一场起义，学生在其中扮演着核心角色。皮埃蒙特政府此后就关闭了大学。在 1821 年 4 月的强制休假中，马志尼试图在港口与政治难民碰面，他们是一些希望讨来赴法旅费的"意大利的见斥者"。此后，这位法学生因对其祖国的状况痛心疾首而穿上了黑衣。

除了共和的传统，波拿巴主义的传统也会驶入一条至少与烧炭党相似的道路。夏尔·路易－拿破仑·波拿巴，曾任荷兰国王的路易·波拿巴和奥坦斯·德·博阿尔内的儿子，在其伯父第二次倒台之后，在阿伦嫩堡（图尔高）和奥格斯堡度过了他的少年时期，并于 1821 年进入奥格斯堡的高级中学读书。此外，激进民主派与教会派的家庭教师引发了一种非比寻常的混合作用，同时他也会定期拜访其父居住的罗马，而就在此地，他开始和其兄长拿破仑－路易·波拿巴一道活动于某阴谋团体当中。

182

国际反应与介入

恰恰因为革命者要反抗在英国遭到仇恨的天主教会，他们便在 1820~1821 年期待着获得英国的支持。葡萄牙、西班牙、西西里和撒丁都在拿破仑战争中接受过英国的资助，而英国的外交官也在彼处推行了或者准备迎接一部宪法。但是在维也纳被宣告的关于欧洲大国之间团结的原则，在面对 1820 年南欧革命的时候却得以维持了下来。五大国于 1820 年在特拉波 / 奥帕瓦（Troppau/Opava）、1821 年在莱巴赫 / 卢布尔雅那（Laibach/Ljubljana）召开会议，支持奥地利介入撒丁和西西里，两地的革命于是就被迅速镇压。虽然大不列颠否决了俄国沙皇那篇带有太浓宗教色彩的保守主义宣言，英国外相乔治·坎宁（George Canning）甚至于 1821 年在下院将之斥为"对国际法和理性原则的嘲弄"[9]，但英国内阁却在是否干预的问题上发生了分裂。在坎宁叫嚷着要为自由派进军的时候，威灵顿公爵却明确站在了奥地利一边。落败的革命者虽然可以指望在英国受到友善的接待，却没能在意大利等到英国舰队驶进港口从而将国王逐入宪法之规限的一天。

在伊比利亚半岛上，英国的贸易利益遭到更直接的触动，须知大不列颠与此地打的交道可要更为长久。英国十分失望，因为斐迪南七世在 1822 年向沙皇和法国的保守派秘密发出了干预的请求，法国于是就能自由地干预西班牙。作为报复，英国成为 1823~1824 年对分裂自西班牙帝国的诸共和国作出承认的第一个欧洲大国，向它们批准了大量信贷，还将其纳入英国舰队的保护。同时，虽然美国当局高层反对英国，但美国也在 1823 年依循着门罗主义，停止容忍欧洲强国对美洲所在半球的干涉。法国也在同年承认了英美对伊比利亚美洲的主导权，只有俄国加强了它对美洲大陆北部领土的主张。

意大利似乎很快便恢复了平静，但法国向西班牙的进军却未带来稳定，而是加剧了该国的分裂。此间，1812年的自由派分化成温和派（moderados）和狂热派（exaltados），前者戮力于颁布以英国为模范的宪法并建立强大的上院，后者坚持的是一院制议会。1820年和1822年之后，国会推行了一项令人联想到法国革命元年的方案。小型的修道院将会被解散，而脱下僧袍的僧侣能够得到一笔补贴。人们希望借出售教会的财产来偿还国债，将贵族的土地分给农民和退伍军人，废除遗产信托制度从而疏通土地贸易，并且设立小学以普及基础教育。取缔宗教法庭和驱逐耶稣会信徒也是该方案的一部分。和1808年之后的情况相似，这样的理念在乡间遭到强烈反对；尽管如此，狂热派还是在1822年的选举中脱颖而出。保守派如今除举事外别无可选；他们在掌握军事控制的省份中停止承认中央政府，并将国王视为处于缺席状态，如同在他流亡法国时期那样。在法军开入之后，中央执政委员会被迫迁回加的斯，并在1823年投降。

　　法国的介入虽让斐迪南重拾了权力，但他们也试图居中调停。拉斐尔·德尔列戈－努涅斯遭到处决，但对自由派的普遍惩罚并未发生（不过许多人动身前往直布罗陀、法国和英国）；在未对买主作出补偿的情况下，被变卖的教会财产悉数奉还，不过宗教法庭没有重新建立；人们引入了两院制和选举权，却也将议会主义保持了下来。在斐迪南对这项折中方案表示首肯之后，他发现其弟、假定继承者堂·卡洛斯（Don Carlos）要比他更为右倾。1827年，一场徒劳无功的保守派颠覆运动爆发了。

　　和西班牙不同，葡萄牙的殖民帝国并未出现权力真空，但其权力领域的重心却在战争的岁月中发生了可见的偏移。王国的官方名称自1815年始便唤作"葡萄牙和巴西"，而若昂六世直到1821年才决定回驾欧洲。面对这种情况，其子佩德罗

184

在 1822 年宣布加冕为巴西皇帝佩德罗一世，并解除了布拉冈萨王朝的南美属地和欧洲属地之间的政治联合。英国对葡萄牙的影响要强于西班牙；1826 年，伦敦内阁甚至因为葡萄牙在军事独裁、摄政统治和议会君主制之间的频繁更易，派遣了 4000 名士兵充作某种和平部队。和西班牙一样，相互对抗的党派也在假定的王储身上寄予厚望：佩德罗一世的幼女玛丽亚是自由派和极端自由派的宠儿，而若昂六世的儿子米格尔则是保守派的宠儿。不过在米格尔尝试加冕之前，他都以玛丽亚的名义实施统治。这鼓励佩德罗在巴西退位并返回葡萄牙。1829 年，在米格尔强制英军撤离的时候，一场内战爆发，其初步结果是佩德罗和玛丽亚晚至 1834 年才获胜，而米格尔则被迫出逃。

英国和法国：保守派改革

奥地利、英国和法国能够在俄国的庇护或容忍之下干预他国，展示了它们有能力更好地回应战后岁月中的政治挑战，虽然采取的方式大相径庭。在英国，由国王、上下议院和独立法官组成的政制成效显著。该政制的基础是一种包含了几百个家族的寡头统治，这些家族分裂为多个松散的党派和委托人网络，必须在每次组阁时结为联盟。在 1815 年之后，内阁是在保守派的主导下组建的。保守派和君主制距离更近，却不固着于斯。在英国的政制下，国王的地位相对不那么紧要，因为其资财有限，而且只有在首相的建议下，才能任命公共职务和颁布荣誉称号。因对拿破仑作战有功而向威灵顿公爵赏赐的 20 万英镑来自政府和议会，而非国王。此外，继承关系的偶然性也削弱了国王的影响力。由于罹患精神疾病，乔治三世在 1811 年之后遭到架空。在他于 1820 年驾崩之后，自 1811 年便担任摄政的乔治四世继任。乔治四世是一名声名狼藉的赌

徒和登徒子，公共部门必须分多次才能偿清国王的债务。但他
同样是一位戴着王冠的美学家，除位于布莱顿的一处建筑奇
观，即被称为"穹顶宫"的游冶处以外，英国王室的两处主
要住地——温莎城堡和白金汉宫——也有他的修缮之功。乔治
的情史造成大量丑闻。1785 年，他在一场合法性相当可疑的
婚礼中秘密迎娶了一名皈依天主教的寡妇——菲兹赫伯特夫人
（Mrs. Fizherbert）。与天主教徒结婚意味着放弃王位，而他
之所以仍能即位，要归功于摆平了此事的诸党派领袖一致保持
沉默。1795 年，为了偿还债务，他与来自不伦瑞克的卡罗琳
娜（Karoline）结婚，两人于次年分居。在登基仪式日渐临近
之际，因为卡罗琳娜拒绝离开英国，乔治便希望实施离婚。控
诉妻子不忠本身并非难事，尽管能出面作证的意大利侍应、使
女、仆役若干人等也颇为可疑。他们的供词是有可能被广泛讨
论的，因为国王的离婚案是"特别处刑法案"（Bill of Pains
and Penalties），需要得到上下议院的同意，并因而成为一件
具有高度政治性的事件。王后居住在伦敦极端派领袖、药剂师
马修·伍德（Mathew Wood）处；她得到另外一位自由派领
袖亨利·布鲁厄姆（Henry Brougham）的辩护，以及受到反
对英国贵族的阵营（所谓辉格党）的支持。

　　无论如何，在离婚诉讼的那一年里，保守派政府处于压力
之下。从 1816 年起，英国在不同的地区爆发了或多或少棘手
的、大部分引发自经济问题的群众示威和暴力行为。1819 年 8
月 19 日，有 6 万 ~10 万人聚集在曼彻斯特的圣彼得广场，以
期聆听极端派演说家亨利·亨特（Henry Hunt）的讲演——他
要求推行普遍的男性选举权以及一年一度的议会选举。在主要
由公民和乡村贵族组成的骑警将群众驱散开来的时候，有 11
人死亡以及多达 600 人受伤；自由派和极端派讽刺地将此事件
与滑铁卢大捷联系起来，称之为"彼得卢"。政府在 1819 年

12月以《六法》（Six Acts）作为回应。这部文件规定超过50名参与者的集会需要获得批准，令亵渎行为和叛国言论更易遭受刑罚，并且把报刊和宣传册的印花税提高至每份4便士，以期降低发行量。但事前审查仍未出现，而指控也不仅需要说服法官，还必须令陪审员信服。1820年，一小撮在卡图街（Cato Street）碰头的人因为炸毁议会的图谋东窗事发而被处决的时候，反对党颇为合理地指出了存在某股人为鼓动的恐慌，英国传统的自由权利遭到干预，以及贫困人口的合法要求遭受嘲讽与轻蔑。但如果说卡图街阴谋以及彼得卢的示威者没能激起英国知识分子的同情，那么在卡罗琳娜处情况就有所不同。1820年11月，上议院以9票的微弱多数作出决议；于是首相决定——对此国王也需听从——否决法案①，以期避免在下议院遭遇板上钉钉的失败。在乔治四世于1821年1月策划一场也许是英国历史上最为恢宏的登基典礼的时候，他遭到了一次苦涩的失败；但无论如何，他成功阻止了其夫人参加典礼。但是当卡罗琳娜于同年过世之时，公众极力营造了一场盛大的送葬仪式。

既然国王哪怕在私人场合也呈现一副软弱的形象，那么他未能成为某一君主党的核心人物，便不怎么出人意料了。但惹人注目的是，英国保守党不仅在经济上推行了自由化的举措，而且也松绑了王冠与祭坛之间的关系。自亨利八世以来，英王就已是英格兰与爱尔兰的国家教会的世俗元首。只有每年依照国教习俗参与圣餐仪式的人，才能获得公职。这种限制既适用于由选举产生的官员，例如城市或国家议会的议员，也适用于每一种公共职位。谁若想要从牛津大学或剑桥大学毕业，就同样必须加入国家教会。此种原本针对天主教徒的规定，也将犹

188

---

① 指国王乔治四世要求议院制定的《离婚法案》（Divorce Bill）。——译者注

太教徒以及其他新教团体（如贵格会和循道宗）的成员从公职
中排除——只要他们不愿意每年忍受一次国教的圣餐仪式。此
外，爱尔兰那些多数信仰天主教的民众也无法直接地拥有政治
代表。作为回应，爱尔兰掀起了越来越多的反抗，尤其是法官
丹尼尔·奥康奈尔（Daniel O'Connell）在1823年建立的天
主教联盟（Catholic League）；这些反抗引发了某些英国政治
人物的同情。1828年和1829年，经过长久的谈判与复杂的党
派博弈（它们中有一部分关乎天主教徒的解放，一部分旨在取
消对不信国教的新教徒的歧视），立法上克服了国王的反对而
获得突破。此后，除最高的国家职位外，政治事务中不再考虑
某人持有何种基督教信仰；但是犹太人仍然被排除在一小部分
政治职位之外，在这些职位中，譬如议会的议席，就职时需要
对"一位基督徒的真正信仰"宣誓。

相反，爱尔兰的领主中原先凭其年租金为40先令（2镑）
的土地而有权选举的，如今失去了他们的选举权；此后，选举
权门槛提高为至少10镑的土地年租金。

有一种见解，即富足的选民只会趋向于一个保守的也即
更忠于国王的议会，在1815年后法国的宪政核心中同样有
迹可循。拿破仑第二次倒台之后重获效力的《宪章》（Charte
constitutionelle），在文句上和英国那部未成文的宪法多有相似。
一部法律在生效之前，必须得到国王、一个世袭的上议院［贵族
院（Chambre des pairs）］以及一个选举产生的下议院［众议院
（Chambre des députés）］的首肯。大臣对国王的决定负责，却不
为国王所任命或贬黜；与英国不同，议会会议对政府的组成没有
影响力。此外，宪法也保障了出版自由，以及废止了义务兵役。

法国的政制总体上比英国更偏向国王。查理十世、曾经的
阿图瓦公爵，在1825年继其兄登基，完全依照传统的仪式为

189

自己加冕，包括通过王室的按手礼实施奇迹治疗①。在拿破仑的百日统治之后，反对党便被逼出上议院，也没法在第一轮选举中进入下议院；而下议院因其奴颜婢膝，被冠以"无双议会"（Chambre introuvable）的小名。

替代极端波拿巴分子富歇和塔列朗担任政府首脑的，是大贵族黎塞留公爵阿尔芒·迪普莱西（Armand du Plessis）。黎塞留曾在俄国度过革命的岁月，在彼处先是担任敖德萨的长官，之后则干脆成了新罗西斯克城（Novorossijsk）周围区域——"新俄罗斯"的长官，并受益于该港口城市和该地区因投机而获得的发展。黎塞留政府此时借助严苛的年龄和财产规定，严格限制了选举的权利。只有年届 30 岁并且每年支付直接税 300 法郎以上（区域之间征收额有天壤之别）的人，才被允许参与（间接）选举——这约占人口的 0.3%；只有年逾 40 岁并且支付 1000 法郎以上的（或者因各省议员不足 50 名而选出充数的），才有被选入代议院的希望。这一种形式主义的规则自然忽视了，在富人中也有波拿巴体制的受益者以及一些极端革命的拥趸。1818 年选举之后，君主制的无条件支持者——极端保皇派（ultras）——便失去了根基，而自由派和自由民主派，例如邦雅曼·贡斯当（Benjamin Constant）以及拉法耶特侯爵，却获得了议席。极端保皇派成为下院中的少数派，而且因为议席世袭这一决定，下院相对于贵族院的独立性提高了。虽然法国政府控制着议会的日程，议会的辩论却带来了种种自由的法律。虽然造成骚乱或亵渎神明的出版物仍会遭到惩办，但惩办与否却以陪审团的判决为准；仅仅公开声明一种思想，绝不会遭到惩罚。虽然遭人嫌恶的义务兵役制在 1817 年重又颁行，但它以拿破仑的抽签系统为范本，提供了推举替代

---

① 《新约》记载耶稣通过按手礼进行祝福或施行奇迹、治愈病人，后来教会在多项圣事中用到按手礼。——编者注

者的可能性，从而实际上把议会中议事的精英们排除了出去。

右倾出现的原因是一场刺杀，与英国不同，这次刺杀得手了。1820 年初，查理十世的王子、唯一的储贰贝里（Berry）公爵为一名凶手所谋杀。事后国王怀疑这是极端主义者的阴谋，而且因为意大利黑手党以及法国的效仿者正在国内扩散，所以国王的猜疑拥有某种成真的可能。于是，接下来上台的极端保皇派政府颁布了更为严酷的方针：对某些报业机构施以事前审查，对西班牙执行反革命的干预，加强教会与祭坛的关系。他们甚至要对革命之后达成的协议，即原则上承认革命期间取得的成果为合法，发动进攻。

由革命期间的财产没收引发的问题仍然悬而未决，因为并非所有的贵族流亡者都能得到同样的对待。拿破仑治下或者复辟期间变成国有资产的教会财产，被归还给原始的所有者。这一番归还令购得国有资产的私人所有者进退两难。这些财产只能作降价处理。因此，政府向仍活于世的曾经的私人所有者提出一种补偿的方法，即支付给他们 3% 的年息，折算后约相当于 10 亿法郎，因而有说法称这项措施涉及范围达到 "十数亿流亡者"。无疑，赔偿的办法是受到了保守派的推动，却也造福了慈善机构。面向未来不无讽刺的是，构成了反对党核心的奥尔良家族和塔列朗、拉法耶特等人成了主要的受益人，而该党之后将最终推翻波旁的统治。

191

德意志邦联与 "梅特涅体系"

更东的地方也同样在解决革命之后的正统问题上犯了难。德意志国家中的陪臣贵族（die mediatisierten Standesherren）相当于法国那些被剥夺了财产的流亡者。1815 年《德意志邦联条约》向他们作出一系列保障，其中包括在未来的议会会议中为他们提供上议院的席位，以及在本地的行政和司法领域中赋予他们一定的特权。由此便造成一些冗长的称号，譬如，《布丁根地方黑森大公伊森堡伯爵县议会公报》就反映了，伊森堡诸伯国被维也纳会议宣布并入黑森大公国，却又能在公国的名义下继续统治其世代传承的领地。德意志中等国家那些建立主权与推广标准化的方案是与这样一些特殊的权利格格不入的，也和语言的多样性之间存在龃龉，而这种语言多样性的成因在于 17 世纪的胡格诺派移民有权以法语为课程语言。于是，陪臣贵族无法在上院建立与新王侯相对峙的贵族团体。有一种办法能够令他们获得发言权，那就是彻底无视宪法。至迟到 1820 年便已有目共睹，那些忽视《德意志邦联条约》的人未曾想到有朝一日竟会遭受惩罚。尽管如此，南德诸国如巴登、巴伐利亚、符腾堡、黑森 - 达姆施塔特、拿骚和萨克森 - 魏玛还是在 1814 年（拿骚）和 1820 年（黑森 - 达姆施塔特）之间颁布了宪法，它们大多规定了两院的制度，而在国王签字宣布生效之前，每一个立法意图都必须依据英法的榜样获得上下两院的首肯。具有决定性意味的是，两院必须定期对国家财政作出审批，从而能合法地征税。宪法的目的首先不在于对政治生活推行议会化的进程，而在于塑造一个政治中心，从这些由彻底有别的诸领地组合而成的新国家中将精英们聚集起来。陪臣贵族只能选择在国家中居于附属地位，否则便会被排除出去；与此相反，为诸公侯所控制的邦联大会拒绝体知陪臣贵族的痛苦。

而普鲁士也在筹划设立一种全国性的代议制会议。和巴伐利亚、巴登或者符腾堡相同，普鲁士所占据的领土对统治王朝并无多少忠诚。此外，议会化的进程也与普鲁士改革家的计划相合，即令贵族出身与非贵族出身的精英都能在国家事务上更好地发声。经长期筹划并颁行于 1820 年夏的普鲁士国家刑法规定，国家若需要发放新的国债，则需得到议会的同意——尽管这一议会仍有待塑造。不过目前仍未是制定宪法的时机。

　　在奥地利和普鲁士这两个强国的内阁中，开始有人怀疑立法会的作用。南德诸国的议会选举要依据财富，而巴伐利亚则更看重职业与居所。选举权的边界没有法国严格，尤其是在巴登，因为在彼处凭借些少花费便能搞到酒商资格证从而取得被选举权。在巴伐利亚，大约 5% 的人口有作为初选选民的资格，即作为足龄（30 周岁以上）男性，持天主教、路德宗或其他新教信仰，拥有足够的财产与适宜的等级；大约 0.75% 的人口能被选作代表。在黑森 – 达姆施塔特，能被选为代表者占人口的比例为 0.25%。

　　议会创造了政治公开性。议会辩论首先会被迅速刊印，然后在报纸上得到详尽报道。审查由此便出现了漏洞，因为议员能自由发言而记者被允许写作。剩余下来的几种控制手段包括将公众排除出议会的商谈以及延迟刊印辩论内容。这令君主制和代表关系紧张，后者希望积极且公开地参与国家的事务。从内容上看，南德议员在提倡出版自由以及限制君主行政权力方面属于自由派，却在自由的经济政策前捍卫国家、教区与行会的自治方面，或在规定犹太人迁移必须取得相应教区同意方面，属于保守派。一项相关的立法在 1819 年引发了巴伐利亚的反犹暴动（所谓的 Hep-Hep[①] 骚乱）并因此被迅速撤回。

　　特蕾莎—约瑟夫传统中已经国家化的奥地利官员以及普鲁士改革家的继承人——他们秉持的是启蒙的国家官僚的智慧——并不理解，为何要听凭议会中的煽动言论破坏公众的安宁，也不理解南德诸议会颁行的社会层面上保守的经济政策。于是两个德意志大国便无限期地推延议会化的进程。因此，德国也受到自由派的政治动员以及保守派的抵制措施的交

---

① "Hep-Hep" 原为德国牧人驱赶畜群的口号，此处用以贬损犹太人。——译者注

194 替影响。学生（与意大利相似）在德国承担起反叛者的角色。解放战争的宣传让许多学生获得一种印象，即战争之后将会出现一个德意志的民族国家——而据说人们已经为此打下决定性的军事基础。声称将要回归一种"德意志"传统的预言家，以及"体操之父"弗里德里希·路德维希·雅恩（Friedrich Ludwig Jahn），鼓励德国大学的学生们相与为一，结为彼此联结的社团。1817 年，萨克森 - 魏玛 - 埃森纳赫大公卡尔·奥古斯特（Carl August）允许他们在埃森纳赫旁的瓦特堡遗址（Wartburgruine）上庆祝德意志宗教改革 300 周年，以及在莱比锡庆祝"人民战役"4 周年。这类场合爆发了种种革命的言论，而普鲁士军事原则、绝对主义以及拿破仑改革的标记遭到焚烧。1819 年，社团成员卡尔·路德维希·桑德（Karl Ludwig Sand）谋杀了俄国顾问、家喻户晓的戏剧家奥古斯特·冯·科策布（August von Kotzebue）。在社团成员看来科策布无耻放肆，竟敢在他的报刊中将他们的计划斥为荒谬，还要对学生的志愿服役中原本并不突出的军事意义大做文章。

此番刺杀给奥地利首相梅特涅提供了契机，实行旨在统一各邦的反动措施。因为至少一个国家——萨克森 - 魏玛——似乎要给社团提供庇护，那种要求 40 名以上受命代表与其王侯进行协商的形式上的邦联法令便不再合用了。作为替代，梅特涅邀请来自十个最重要邦国的代表前往波希米亚的卡尔斯巴德 / 卡罗维发利（Karlsbad/Karlovy Vary）参与会晤，而其他国家必须对这些邦国的方针多少表示同意。大学受到了更严密的政治监视，学期时间被调整、学生的旅行被限制，而政治委员会被设立在大学中，负责评判教授与学生的可靠程度。一切
195 320 页之内的著作应当在付印之前接受审查。美因茨的中央调查委员会负责揭露阴谋，邦联将采取措施对付顽固抗命而对他邦的安宁造成威胁的政府。但是每一个国家都要负责起草与施

行相关法令。中央调查委员会在 1827 年颁布了总结报告，它带着此种组织惯有的偏执幻想，将每一位相对知名的、并非极端保守的政治家都宣称为阴谋家（例如施泰因和哈登贝格）；不过人们对此反响平平。

在《德意志邦联条约》颁行 5 周年之际，维也纳的一场部长会议对该文件作出保守的新解释，大幅限制了议会会议的职能。因为邦联法律所规定的各邦支付国防费用的义务，要重于各邦的宪法权利，所以各议院不得对国家财政行使否决权。此外，政府活动也应确保仅为国王所管控。

由此一来，南德诸政府便面临着一个问题，即它们是更希望制定自己的宪法，还是对维也纳的规定亦步亦趋。因为它们决定反对那条直接违抗宪法的方针，德国便无法大范围重返绝对主义统治。然而像雅恩这样的反对派仍会被绕过审判投入监牢，而不那么卫道的学生仍将看到自己的职业生涯无缘公务活动。同时，因为卡尔斯巴德和维也纳的决议，德意志邦联在政治上被置于边缘地位，并且有可能被剥夺合法性。

俄国和波兰会议王国

在俄国，地区多样性和政治多元性也仍持立。亚历山大一世在1815 年带着被唤醒的宗教意识返回俄国，他那股对欧洲保守新秩序的情感喷涌而出，在国际上引起了轰动。然而他还是维持了亚当·恰尔托雷斯基在 1815 年维也纳会议期间草拟的波兰王国宪法。这部宪法一方面为国王保留了所有决定性的权力。国王任命所有官员，有权撤回法律并作为最高法官解释法律。但另一方面，宪法也规定了一个由选举产生的议会（Sejm），维持了《民法典》（因此也维持了独立于等级的产权）、宗教与出版自由，并保留波兰语为官方语言。更引人注目的是沙皇的个人决定。王国军队的最高指挥权落入拿破仑军队中的老兵之手。曾参与科什乌兹科起义的约瑟夫·扎扬契克（Józef Zajączek）成为总督。波兰军队的司令是沙皇的弟弟康斯坦丁·帕夫洛维奇（Konstantin Pavlovitsch）大公，此人因为在 1823 年迎娶了一名门不当户不对的波兰女子而放弃了继承者的地位。波兰王国的状况判然有别于直接与俄罗斯帝国接壤的诸波兰省份，尽管它也采取了一些压制性的措施，在国家与教会两者在教育事务上所扮演的角色方面激起了矛盾，并造成政府与议会多数派之间的冲突，导致议会遭到中止。

在俄罗斯本土，当初始的改革热情燃尽之后，实际上是顽固派取得上风。这些顽固派成为一些人的眼中钉，尤其是在拿破仑战争中接触到国外机构与观念、希望俄国也能吸取国外成功经验的众军官。当亚历山大于 1825 年 12 月溘然长逝时，因为康斯坦丁尚未宣布他要放弃储位，继承人的问题尚未明朗。军官们趁乱密谋起义，于 1825 年 12 月 26 日拒绝承认尼古拉一世的宣誓，目标是建立立宪君主国乃至议会共和国。因该日期而被称为"十二月党人"（Dekabristen，也即俄语中的 12 月）的军官遭到严酷的迫害，处决和流放西伯利亚的判例数以百计。和卡图街阴谋、贝里公爵遇刺以及学生社团的行动一样，这场密谋同样导致政治局势的紧张，导致当局允许的批评尺度收缩。

"复辟"的胜利？

因此，对大部分欧洲国家来说，19 世纪 20 年代都是自由派落败的时代。而这不仅限于政治的领域。宗教机构与日俱增的影响力缩限了社会的自由空间，对妇女而言尤其如此，她们虽然保留下沙龙这样半私人的领域，却在很大程度上失去了直接参与政治的权利。在战争年月中形成的妇女联合会（例如它们开辟了护理病患的新职业）被限制在私人领域，或被取缔。

然而，19世纪20年代也并非极不受欢迎的政权"仅凭警察便得过活"的年代。哪怕是专断的君主国对抗政治反对派的那些办法，比起20世纪或21世纪的极权主义政制或者革命年代中的恐怖时期，大部分还是只能算作温和。处决只占少数。革命者通常会被判以体面的监禁，被发配往国家的偏远省份，被判流亡或支付罚款。易言之：从根本上讲，在政治上成为反对派所面临的风险，并不如在伦敦街头偷窃怀表或者在商行里伪造票据被抓获的大，犯下后一种罪行通常会招致绞刑，或被发配往澳大利亚并永世不得返回。在几乎所有政制当中，社会精英能就政治变革发出呼告的自由空间仍然留存，例如还有议会可利用，还有特供的或受庇护的报刊，还有内容更丰富而较少受审查的著作。

极端变革的支持者倾向于夸大压迫与复辟的程度，不足为怪。但对他们的纲领提出的批判，也绝非总是无理的。谁要是欢呼学生对抗拿破仑的运动取得胜利，便如曾任柏林大学校长的特奥多尔·冯·施玛尔兹（Theodor von Schmalz）在《对1808年的布雷多-文丘里年鉴中某一处的更正》（Berichtigung einer Stelle in der Bredow-Venturinischen Chronik für das Jahr 1808）中所称的那样，实际上便会因"诗性的戏剧之力"丧失了对军事与政治现实之特征的认识，也即要重复1793年之后把欧洲推入战争的错误。[10]

浪漫派与"维也纳体系"：希腊

然而，人们如果认为"维也纳体系"旨在不惜一切代价守卫欧洲内的新疆界，则是对它产生了误解。从19世纪20年代爆发于希腊的几场成功的革命中便可看出这个体系的灵活程度。19世纪早期，"希腊"为奥斯曼帝国诸多省份之一。它的居民并不说希腊语，却有一大部分属于信仰天主教或正教的基督徒，被赋予了若干权利，作为少数族裔与帝国的穆斯林居民共处。

在奥斯曼帝国，希腊人和犹太人一样，都是以民族和宗教界定的族群，他们首先作为商人出场，在几乎所有港口城市都能寻得踪迹。因为东方贸易的繁荣，例如可见于敖德萨的扩张，他们的地位在 19 世纪早期有所改善。此外，希腊也能在爱奥尼亚群岛上实现自治，并且随着新发明的书面希腊语而迎来了文化的复兴。有些希腊人在奥斯曼帝国中担任领导。他们尤愿担任总督之职［也即作为豪斯波达尔（Hospodare）①］。譬如，在 1807 年被处决之前，亚历山大·伊普斯兰提斯（Alexander Ypsilantis）便曾在与俄国接壤的瓦拉齐亚（Walachei）担任总督。1812 年，摩尔多瓦和瓦拉齐亚成为俄国保护下的自治省份；此后苏丹若想任命某一总督，就须征求沙皇的同意。伊普斯兰提斯的子孙辈在家族长辈倒台之后前往俄国。康斯坦丁·伊普斯兰提斯服役于俄国军队，其子小亚历山大在军队中晋升为将军。

伊普斯兰提斯家族也在总部位于敖德萨的名唤"友谊社"（Filiki Etaria）的希腊秘密组织中任事，该组织致力于促成希腊的文化觉醒，并为一场起义作准备。1820 年伊普斯兰提斯家族接管了组织的领导权。第二年，小亚历山大·伊普斯兰提斯企图指挥一小支军队入侵瓦拉齐亚，从而在奥斯曼帝国挑起一场基督教的起义，并引发俄国与土耳其之间的战争。这一方案失败了。俄国大军并未出现，而在 1821 年针对革命所引发的不安而召开的莱巴赫会议上，俄国代表扬尼斯·卡波迪斯特里亚斯（Ioannis Capodistrias）伯爵也明确表示不愿接掌。亚历山大只得逃亡奥地利。

---

① 斯拉夫语中的王公称号。——译者注

尽管如此，对瓦拉齐亚的入侵在科林斯地峡以南仍被解读为一场暴动的信号；在19世纪上半叶最为血腥的屠杀中，友谊社的成员迎战希腊的大约4万名土耳其人；据说有1.5万人在战争中丧生。土耳其的复仇也同样残酷：处决君士坦丁堡的牧首，摧毁希腊内外的基督教堂，并向不服从的希腊人发动战争。老亚历山大·伊普斯兰提斯的另一名孙辈迪米特里奥斯（Dimetrios）认识到，只有建立一套现代的宪制才能获取欧洲的好感。希腊的国民议会在1821年12月于埃匹达鲁斯（Epidauros）召开，在1822年1月宣告独立并着手筹备宪法。

希腊基督徒对土耳其穆斯林——人们经常听闻后者如何施行镇压——的斗争，会唤起受过古典教育的欧洲人关于欧洲科学、民主以及军事力量之起源的一套刻板印象。极易为宏伟计划动情的巴伐利亚国王路德维希一世致力于向希腊的事务提供支持。支持奥斯曼立场的奥地利政府也至少倡议在圣彼得堡召开一场会议。

在这个时代，也有一位媒体宠儿试图借着希腊的事务复出再临。第六代拜伦男爵乔治·戈登·诺伊（George Gordon Noel）出生于1788年。这位继承了大量财富的公子作为诗人而成名，其声名因为他那些半带尖刻嘲讽、半带浪漫感性的诗篇而逸出英格兰直达远处；他的第一部成功之作《哈罗德游记》（*Childe Harold's Pilgrimage*，1811年）基于其游历欧洲时所获的印象写成。1816年，他被迫仓忙离开英国，因为他的夫人怀疑拜伦与其同父异母的姐姐奥古斯塔（Augusta）发生了性关系——两人在长久的分别之后于1807年重逢——并威胁要掀起巨大的丑闻。拜伦迁往意大利，过着丑闻不断的生活，并出版了讽刺诗《唐璜》（*Don Juan*）等主要著作。

绝非每位文学或艺术领域的浪漫派代表人物都在政治上持自由或激进的观点。夏多布里昂写作浪漫主义的小说，并在复辟之后成为坚定的极端保皇派，作为外交大臣谋划了法国对西班牙自由政府的干涉。浪漫主义的想象受到中世纪的吸引，讴歌天主教与君主制强国的统治，既能与共同的自由联合起来，也能轻易转向政治上的反动。一些小说中的主角，如沃尔特·司各特（Walter Scott）笔下的艾凡赫（Ivanhoe），要在中世纪的背景下对抗代代相传的偏见，但亚当·海因里希·穆勒（Adam Heinrich Müller）等作家却要保卫因袭的等级秩序。

不过，浪漫主义的艺术思潮如何邻接于政治自由主义或极端主义，却不仅体现在海因里希·海涅或者化名司汤达的亨利·贝尔（Henri Beyle）这些个别的人物身上。他们的共同点是强调特殊之物，强调个体或群体（如民族、国家）的独特之处。此外，艺术家们也各依自己的灵感作出展望，而这样的展望是超脱了家庭背景、礼节教养和社会身份的，这公然表达了一种潜在的平等。虽然成名艺术家鲜少来自公民以下的等级，例如海涅是银行家的儿子，拜伦出身苏格兰的贵族，司汤达之父是多菲内高等法院的律师，沃尔特·司各特同样是律师之子且自己也是法官，但是当音乐家之子路德维希·凡·贝多芬如王侯将相一般葬于维也纳的国家公墓之时，却的确昭显了等级社会的礼俗传统已被打破。

在政治层面上诱发浪漫主义想象的，首先是一位英雄般的、难以置信的、为天命所遴选的首领，譬如希腊独立战争的将领，或者拿破仑。这位在圣赫勒拿岛上仍渴望着延续传奇并最终死于 1821 年的君王，在艺术和文学［内在的含糊是它们规避审查的一种手法］中获得首次"重生"。此番"重生"也借力于一种谣言：人们说皇帝向他的老兵们留下了巨额的财富，但财富的转移却遭到波旁家族的阻挠。

相似的，对荣耀的想望，也激励拜伦在 1823 年自费武装一小支军队并前往迈索隆吉（Missolunghi）——他没来得及

于此地参与作战便在 1824 年罹患上热病。他由此提高了人们
对希腊事务的关注度。在拜伦为希腊的自由"殉道"之后，他
的朋友们试图在西敏寺为他举办葬礼，如同大不列颠的其他伟
大诗人；在这座天主堂表示拒绝之后，英国名流的众马车导引
着送葬的队伍，护送拜伦的遗体穿过伦敦。人们完全可以说，
除莎士比亚外，没有一位讲英语的作家曾带来比拜伦之死"更
大的世界影响"。[11]

　　和美国一样，在欧洲所有国家也都建立起了种种受到知识
分子追捧的希腊协会。这些协会筹集资金或征募志愿军，以援
助希腊为己任。但它们也抱着其他的目的。人们希望私人的协
会能够建立起武装力量，对抗国家的暴力独裁。在保守的国家
中，对希腊之自由的援助提供了批判本国政治局势的机会。尤
其是在德国，暗自生发出了一股针对普鲁士与奥地利之奴役的
反抗力量。这些协会自然不能在希腊问题的决议上产生什么影
响力。在 1823 年之后，国际磋商会议就耽搁下来。土耳其未
能镇压起义，而苏丹拒绝撤离 1821 年占领的多瑙诸公国以及
设立一位获沙皇首肯的行政官。此外，俄国越发觉得自己成了
欧洲会议外交的冤大头。当法国赢得对西班牙的掌控权，而奥
地利也加强了它对意大利的控制时，俄国一无所得。相反，奥
地利紧盯着它那尽可能遏制俄国力量的目标，利用奥斯曼帝
国的危机，令地中海东部地区的贸易转移到了奥地利的商船
之上。

　　在 1825 年以前，欧洲会议外交的拖延战略对俄国形成遏
制，而苏丹则因为对出身阿尔巴尼亚的埃及总督穆罕默德·阿
里帕夏（Mohammed Ali Pascha）——他随着一支派遣去抵抗
拿破仑的军队来到埃及——施以援手，获得了对希腊的胜利。
埃及的干预为希腊事务增添上新的一面：根据从俄国和希腊传
来的消息，苏丹企图把欧洲文明的故土交付给"非洲部落"。

当此之时，伦敦和巴黎越来越担心地中海东部的动乱会逐渐对商路形成普遍的威胁。在 1827 年夏季，法国、大不列颠和俄国一致同意强迫奥斯曼帝国接受与希腊临时政府停战。为了昭显这种新的姿态，大不列颠向希腊人送去了新一批陆海军指挥官，而俄国则派遣卡波迪斯特里亚斯担任新的首相。的确，这不能防止奥斯曼军队入侵雅典；但当英法的战船于 1827 年 10 月 20 日在纳瓦里诺（Navarino）摧毁了埃及与奥斯曼的舰队，穆罕默德·阿里和苏丹还是被迫放弃了希腊，而希腊此时为英国和法国所占领。俄国 10 万兵员开赴巴尔干和黑海东部，踏入奥斯曼帝国，以期增强对实行自治的塞尔维亚与多瑙诸公国的控制。在俄国看来，巴尔干之战并不尽如人意，因为直到1829 年，当俄国军队最终侵入亚得里亚堡（Adrianopel）时，战役才宣告结束。但是在英国和法国的支持下，奥斯曼帝国被迫另外向俄国割让位于黑海沿岸和多瑙河河口的领土，在有限面积上（不包括色萨利和爱奥尼亚群岛）承认希腊的独立，并将多瑙诸公国置于俄国的控制之下，直到高额的战争赔款偿付完成。

剩下的问题是，独立的希腊需要制定怎样的宪法？各国的折中办法是建立立宪君主制，君主请自外国，受到诸直接参战国的保护。至于君主人选，黑森－霍姆堡（Hessen-Homburg）一位效力于奥地利军队的王储不久便得到提名，其后英国又推举萨克森－科堡－萨尔菲尔德的利奥波德（Leopold von Sachsen-Coburg-Saalfeld），即乔治四世之女夏洛特的鳏夫。1832 年，在利奥波德表示拒绝之后，经过希腊国民议会的投票，维特尔斯巴赫家族（Wittelsbacher）的王储奥托被正式选作国王。由此，他的父亲为希腊事务所作的贡献得到了奖赏，而路德维希对希腊的狂热——此种狂热在慕尼黑的城市建筑上便已有所体现——被进一步煽动。但同时希腊也面临着信仰的问题：新国王保留了天主教信仰，但民众却将归属于东正教会视作希腊身份的核心。

人们有很好的理由将希腊的独立视作维也纳体系的胜利。鉴于法国和奥地利的地位有所巩固，俄国通过向地中海东部地区转移力量而获得补偿，于是欧洲均势就能保持。在这些年里，欧洲诸国的内阁哪怕是以军事胜利为目的，却也愿意为了欧洲诸大国之"协调"（Konzert）的稳定性而保持克制。在法国内外，外相关于在俄国入侵亚得里亚堡之后重建欧洲秩序的方案都未能获得共鸣（奥斯曼帝国的东部地区分给着眼于印度的俄国，塞尔维亚和波斯尼亚分给奥地利，萨克森和北尼德兰分给普鲁士，莱茵兰分给萨克森国王，比利时分给法国，尼德兰的殖民地分给大不列颠）。

希腊独立标志着国际公众之意见的重要性，也标示了后拿破仑秩序中实行政治改革之可能性。希腊在国民议会的敦促下迎立了国王，制定了一部宪法，发动了群众运动，而一种原则——一个民族应当在一个国家中共同生活（不过希腊的农民自然不会有太大兴趣）——也成功挑战了当前边界的稳定性。因而，希腊问题就不仅仅是在时间维度上构成一种从复辟岁月到拥抱改革的19世纪30年代的过渡了。

205

4　自由的觉醒？

大不列颠的"改革"

对欧洲最重要的两个民主国家来说，1830年是划时代的选举年。1830年6月26日，英王乔治四世驾崩。其继任者威廉四世和他那不受欢迎的王兄一般，不太像一位理想的君主。在交际中，这位革命战争时期的海军军官呈现着一个粗野的海员形象，拥有十位私生子，并且也同样只有在债务逼人的情况下才愿意缔结合法的婚姻。威廉四世不是"自由主义者"，却在可能发生的选举权改革方面比他的哥哥持更为开放的态度。英国选举权之复杂，几无出其右者。在粗略的简化下，选举区域——每个区域会设立1~4位代表——被分成两个类别："郡区"和"市镇"。在英格兰和苏格兰的郡区中，选举权名义上看是十分广阔的：每一位占有值2英镑年租的土地的成年男性，都有权参与议会代表的公开选举。在中世纪，"40先令"曾是一个不小的数目，可如今相比爱尔兰自1829年便要求的10英镑，2英镑年租却绝非一笔厚重的财产。不过，这种相对广阔的选举权却尤其会产生一种后果，即在郡区中事实上会出现多位候选人。为了在一个竞争激烈的郡区获得胜利，人们必须投入数以万计的英镑。在一个中等大小的城市里也总归是要花费数千英镑的——200英镑的年薪在这里已经是一笔可观的收入了。在筹办选举的时候，候选人需要将"他们的"选民运送至选举地点，好吃好喝招待着，赠送一些款项以及在对立阵营面前掩护他们，因为只有（有时就是字面意义上）"奋力抵达"选举簿的人才能够选举。选举簿的内容通常会被打印出来，因而选举人就需要准备好在接下来至少7年的时间里防范他人的复仇。于是，只有在精英改换立场或者富有的局外人决定参选的时候，公众才会变更意见并影响选举结果。若非如此，郡区的精英就会一致推选代表，而代表人选的决定则会以鼓掌通过。

　　"市镇"根据各自的选举权制度进行选举。某地允许拥有一定地产的领主参加，某地允许城市所有公民参加，某地允许所有缴纳济贫税以及有义务接任城市公职的人参加，某地（如威斯敏斯特）允许所有拥有煮锅的居民参加，而某地（如伦敦）则允许所有行会成员参加。

　　此时，在下议院议员出身的城市中，有许多已经败落成村庄，但像曼彻斯特这样的工业中心却没能在下院占有议席。根据一切可设想的标准（人口数量、税收负担或者财富）进行计算，这个国家中最有活力的地区（伦敦和中部地区）的代表程度都是不足的，但拥有许多败落城市的西南部却很明显占有过多代表。

　　大部分选区只有为数稀少的选民，并且多少偏爱出价最高的候选人，甚至出现了针对选区进行交易的黑市。爱德华·威克菲尔德（Edward Wakefield）便是其中一位代理商，谁要有兴趣取得议院的席位，都可以和他谈谈。

　　该体制的支持者辩护说，它的不合理性恰恰允许埃德蒙·伯克等有才能的人或老罗伯特·皮尔等成功的企业家开启议员生涯，而像法国那样的以理性方式构造的选举权制度却要么带来激进分子，要么造就过分顺从的议会。这一种辩护的说服力自然与日俱减，因为议会的代表框架和经济变革的活力形成了越发明显的对照。激进派要求一种普遍的、平等的，或者甚至匿名的男性选举权，并且要求每年选举一次；这意味着建立一种涉及所有男性人口的直接代表制，而选民对代表的授权具有半强制委任的性质（quasi-imperativer Mandat）。温和的批评者只要求对方承认再明显不过的不公正现象，尤其是承认"托利"党拥有的结构性的有利条件——这种条件让该党自1769年以来稳坐主导党的地位。"托利"和"辉格"的说法可上溯到17世纪80年代的政治对抗，其时前者遵循着对君主制更加友好并因此更为保守的方针，而后者则在1688年和1689年发动了"光荣革命"，并致力于防范君主制的新一轮增强。

　　议会的选举伴随着王权的每次更迭。在1830年选举后，作为托利党党首而受威廉四世委托组建政府的威灵顿公爵，在就选举权改革而发起的不信任投票中落败。于是现在轮到辉格党人行动了。他们主张的是一种超前于19世纪之状况的党派纪律。所有议会的所有成员代表的应是地理上的特定区域，而非政党。他们仅应拥护更好的论点，而非党首的指示。此番设想反映在一个含贬义的称呼"党团"（Fraktion）中，它指的是一些分裂议会的群体。不过，虽然在每一个议会会议中都会存在一些共有特定利益并采取相似立场的人，但这些"圈子"却是不稳定的，因为"党派纪律"不太可靠，尤其是因为没有一位代表会把当选归功于对某"党"的隶属，而只会归功于某位金主的经济支持。于是，威廉四世命令此前的反对党首领第二代格雷伯爵查尔斯（Charles, zweiter Earl Grey）组建政府——该政府主要由大贵族组成——并筹措（选举权）"改革"。

革命与革命的企图：
法国、比利时、德国、波兰和意大利

1830 年 6 月 23 日和 7 月 3 日，法国举行轮换选举。这次同样带来了一个由自由派主导的议会。早在 3 月，众议院便以 221∶181 这一明确却绝非压倒性的多数，要求查理十世仅应任命受到议会多数信任的大臣，也即放弃自行选择大臣的权力。不过，当权的极端保皇派政府后来也在外交上取得了不俗的成绩。要是人们忽略希腊最终向驻扎于其国土之上的法国人发动袭击这件事，那么希腊战争还算是取得了胜绩。向阿尔及利亚发起的远征正在进行，并且前景明亮；不过吞并阿尔及尔的消息在 7 月 9 日才传回巴黎。如此一来，国王猜想选举将会带来一次保守主义的转折。

但是，由于国王、忠于政府的官员和教会企图以拙劣的方式操控选举，反对派赢得了 430 个席位中的 274 个。于是查理及其政府便采取了在后人看来无异于"君主制的自杀"[12]的措施。议会在 1830 年 7 月 25 日召开首次集会前便遭解散。在 9 月，只剩 238 个议席可供选举，且参选的男性须缴纳更高的税额并在省的层面获得多数。在政治现实中这意味着：极端保皇派。为了防范公众的抗议，选举权的新规定密而不发，而页数低于 20 的所有出版物都须经过事前审查，以便消息能被封锁。

国王和政府低估了反抗力量的范围。在一则起义的传单未经许可出现在主要党派的报刊当中时，法官判定审查的规定缺少法律基础。卡西米尔·皮埃尔·佩里埃（Casimir Pierre Périer）——其父策划了 1788 年的维齐耶集会而他本人则是成功的银行家——以及他的同事雅克·拉菲特（Jacques Laffite）组织自由派代表集会。学生、手工业者和工人敦促，趁 12000 名驻扎巴黎的士兵被调动之前发动战斗。1830 年 7 月 27~28 日，尤其是首都那片贫穷的东部地带筑起了街垒并发生了军民冲突，其中约有 800 名平民和 200 名士兵丧生。在部队撤退之前，大约有 4000 名平民和 800 名学生受伤。

反对派之所以在 1830 年如此迅速就获得胜利，其中一个原因在于中心的活跃人物是一些以不同方式在 1789 年革命中经受历练的老将。军队有一部分是拿破仑时代的老兵，而他们对波旁并无多少忠诚。作为路易十六世的最后一位尚存人世的兄弟，查理十世从革命年代中学到，人应该及时逃离以便之后重登王位。他首先奔向凡尔赛宫，然后回到朗布依埃（Rambouillet）。8 月 2 日，他让贤于 1820 年过世的贝里公爵的遗腹子、波尔多公爵亨利，以便再次逃往英国；1832 年他搬到了布拉格。他在 1836 年死于戈尔齐亚。

7 月末，巴黎形成了两个权力中心。参议院试图建立以拉法耶特为领导的共和国，但众议院的多数派却坚持保留君主立宪制。处于两极之间的还有众多革命老兵，譬如塔列朗建议将王位交到更依赖于宪法和议会同意的一人手中。他由此便把奥尔良家族——波旁家族中更为年轻并且政治上更为激进的一支血脉——牵扯进来。1830 年作为一家之长的是奥尔良公爵路易·

209

210

菲利普。"平等的菲利普"的这位公子曾作为上将效力于革命军队，1793年随迪穆里埃（Dumouriez）叛逃并流亡英国直到1817年。8月2日，他作为中将掌权，拒绝宣告波尔多公爵登基成为亨利五世。8月7日，路易·菲利普自己被议会——其两院都只有约一半的上座率——推选为法国国王。这位作为"公民国王"（roi citoyen）而登基的君主承诺尊重《宪章》的自由精神，具体来说，这首先意味着组建以卡西米尔·佩里埃为首的自由政府，稍微降低选举权的财产门槛（此后有权选举的人就占到人口的0.5%，而非0.3%）以及取消上议院议席的世袭制。他恢复了三色旗，以此向革命的传统表达敬意。

1830年8月25日，在巴黎人取得上述成果之后不足一个月的时间里，尼德兰国王威廉一世要庆祝他的生辰。《波尔蒂契的哑女》（*La Muette de Portici*）将在布鲁塞尔歌剧院上演。丹尼尔－弗朗索瓦－艾斯布理·奥柏（Daniel-François-Esprit Auber）这部在1828年引起轰动的作品借着17世纪那不勒斯反抗西班牙统治的背景，讲述了一名那不勒斯哑女、她的兄弟、一名西班牙王子以及这位王子的未婚妻之间的关系；最后一幕的场景是正在喷发的维苏威火山。观看了表演的公民和贵族观众是有理由将自己代入那不勒斯反抗者的角色的。和剧中一样，观众同样置身于一个"外族"王朝的统治之下，该王朝拒绝将自治权赋予这个国家的南部地区，并且还展现了独裁的特征。如同查理十世，威廉也反对任命拥有多数议员信任的大臣。在1829年，他将王储任命为首相，由此甚至将对政府方针的批判纳入叛国的范畴：谁向首相发起政治上合法的批评，那么他就是在对王朝发起非法的批评。当这些为含意不明却激荡着爱国之情的诗句激动不已，为"武装起来"（aux armes）等口号心潮澎湃的观众散场时，他们走上了热闹欢腾的街道，那里正在用焰火和灯彩庆祝国王的生辰。

在彩街上漫逛的手工业者和工人同样有不满的理由。1830
年夏季，法国的政治危机促使某些经济部门推广机械化，而比
利时也步其后尘中断协议、解雇人员。在这个晚上，来自所有
阶层的人都在要求更高的自主权。接下来数日里，这演变成对
住宅和工厂的劫掠。于是，布鲁塞尔以及其他比利时城市中那
些担心其财产安全的市民组建了一支公民自卫队，与官方的治
安部队并立。在布鲁塞尔，试图就地区自治权和尼德兰国王展
开交涉的知名人士举办了一场会议。他们没有等来谈判团，却
等来了一支 12000 人的部队；9 月末的战斗造成约 1200 人死
亡。这次军事活动引发尼德兰军队的分裂。出身比利时部分的
士兵叛变并加入公民自卫队，服从布鲁塞尔大会的命令。大会
在 10 月 5 日宣布比利时独立，并预告将在 11 月 5 日就立宪会
议举行选举。

在 1830 年的 7 月、8 月和 9 月，出现动荡的还有莱茵诸
国、不伦瑞克（公爵的宫殿被烧毁）、黑森选侯国、黑森大公
国以及萨克森（莱比锡的学生和手工业者共同对政府发起抗
议）。1831 年的汉诺威爆发了种种抗议活动。这些国家的国王
作出了妥协。不伦瑞克和黑森选侯国的君主让位于其王储；不
伦瑞克、汉诺威、黑森选侯国和萨克森承诺颁布宪法，并在
1831~1833 年颁行生效。

1830 年 10 月 10 日，在马德里发生了一个本应是喜事的
事件：斐迪南七世喜获女儿，她受洗取名为伊莎贝拉，以纪念
西班牙王国的开国女王。然而人们不清楚，伊莎贝拉是否如她
的同名前辈一般成为合法的继承者。将王储人选限定为男性
的《萨利安继承法》[1]早在 1789 年便被西班牙废除，但此番决
定等到伊莎贝拉的母亲玛丽亚·克里斯蒂娜（María Cristina）

212

---

[1] 又译《萨利克法典》。——编者注

怀孕之时才被公开。这样一来，尽管女儿降生恰恰表明"神的旨意"是承认其御弟的权力的，斐迪南七世却显得像是以某种诡计剥夺了其御弟堂·卡洛斯的继承权。

正统性的问题也在 1830 年秋季令尼古拉一世头疼不已。要是诸大国承认比利时为一个国家，那么定下基督教欧洲之边界的《维也纳条约》就被打破了。沙皇几乎不计一切代价要防止颠覆的力量得逞。革命的精神若继续往东弥散，便也将触及俄国同样暗流涌动的统治范围，就如十二月党人起义所展现的那样。何况尼德兰的王储还迎娶了尼古拉的姐姐安娜·帕夫洛夫娜（Anna Pavlovna）。除了同意"神圣同盟"的其他国家，即奥地利和普鲁士，干预尼德兰，并因此向法国——这里的政治家对波兰事务表达了可疑的同情——施压以外，还有什么别的办法更合情理吗？

长久以来，波兰军队的军官就对俄国的管制及其公开体罚心怀怨恨——这些体罚判然有别于拿破仑与华沙大公国军队的传统。在军队将会被派往西部的谣言流传开来，而 10 月华沙的罢工浪潮又似乎昭显广泛不满的时候，一小群年轻的谋叛者便决定采取行动了。1830 年 11 月 29 日，军校生闯入康斯坦丁大公的住处，将其杀害。在这个夜晚，一切都出了差错，就像所有颠覆的计划都会发生的情况那样。在谋叛者的部队就位之前，啤酒厂就燃起了大火，而这是原本约定的已解除俄国戍卫队武装的信号。动乱于是惊扰了俄国的士兵，政变失败了。在大公的宫殿中，刺客扑向照面的每一个穿着制服的人，杀死了华沙的总督和一名俄国上将，却让大公走脱并接掌了命令权。未得到相关信息的波兰高级军官拒绝支持暴动；于是一些波兰将领就被军校生枪决了，而这并不有助于波兰方面的统一。

在当天傍晚，动议权便被移交给仓促成立的民政部门——

亚当·恰尔托雷斯基也身处其中。恰尔托雷斯基怀抱与军校
生不同的目的，希望平稳终结这场暴动。但是沙皇不愿谈判。
1831年1月25日，在开过一场纪念十二月党人的会议之后，
国会（Sejm）决定废黜沙皇并建立波兰共和国，此时12万名
俄国士兵已经作好了进军的准备。在接下来的一场战斗中，沙
皇的军队对抗波兰的将领及志愿兵团，造成了数以万计的死
亡。1831年，波兰的分裂主义者分化成温和与激进的两翼，
后者即"爱国社"（Klub Patriotyczny）。这个社团企图通过
解放农奴、向士兵分配土地以及解放犹太人的方法向战争输送
生力军，但这一方案却使得波兰的保守派呼唤俄国政府的回
归。1831年8月中旬，华沙发生暴动，多所监狱被攻占；当
保守派的力量占据上风之际，爱国社遭到了解散。于是，在华
沙于1831年9月7~8日陷落时，反抗活动也因为内部斗争而
瓦解了。波兰军队余存的大约6万人的强大部队，以及波兰领
导班子中成功逃脱的成员，借道普鲁士、萨克森和德国西部逃
往法国和大不列颠。恰尔托雷斯基首先逃向奥地利，然后去往
巴黎。

214

　　在此情况下，波兰遭到疯狂的复仇。波兰王国的宪法被废
除了，而国家也因为要引入俄国的度量衡，所以就连在形式上
也已被并入沙皇的帝国。参与起义的军官遭到解雇，与折辱的
士兵一并谪迁高加索或者西伯利亚——总数约为10万人。因
为大部分贵族都曾支持起义，所以他们被剥夺了十分之一的财
产。将近8万平民被判流放西伯利亚，一部分还被要求全程
步行。

　　既然俄国忙于波兰的事情，比利时的革命者便获得了
更好的机缘。国民会议制定了一部立宪君主制的宪法。大部
分强国早在1830年12月初已表示将会接受一个对欧洲均
势不构成威胁的独立比利时。最简单的办法本是与荷兰承认

同一个君主，或者将比利时的王权托付给荷兰的次位继承者（Sekundogenitur）；但荷兰王国的态度却不允许这种办法。选出一位法国王子的办法遭到英国的抵触。直到 1831 年 6 月 4 日，国民议会才推举了萨克森 - 科堡那位曾回绝希腊王位的利奥波德——他是各方都接受的候选人。

之后，在 1831 年 8 月，荷兰再次企图占领比利时。人们自然不能指望俄国提供支持，因为波兰的反抗还未被镇压，而俄军内部又爆发了霍乱。但是，威廉一世的落败未曾让比利时的问题尘埃落定，关于该新立国家之最终边界的谈判要拖到 1839 年。比利时最终缩减至哈布斯堡尼德兰的面积，也就是说，林堡省重回北尼德兰之手。此外，卢森堡大公国的领土扩大了，并和荷兰共享一个君主。

革命的浪潮首先呈现壮大的趋势。1831 年，在本地王侯的支持下，蒙达那（Modena）的烧炭党人企图掀起革命。在帕尔马，民主主义者逼迫拿破仑的遗孀玛丽 - 露易丝让位于自由派的政府并逃亡。教宗国在庇护八世薨逝以及额我略十五世 1831 年 2 月当选之间进入空位期，当其时，虽然 1830 年 12 月警察成功阻止罗马发生革命，但在 2 月的博洛尼亚却爆发了一场暴动，它迅速覆盖了教宗国的大部以及托斯卡纳和卢卡两个公国。1831 年 2 月 25 日，各个"已解放"城市的代表们在博洛尼亚碰面，宣布废黜教宗的世俗首领之位，并呼唤建立"意大利诸省的统一体"。曾在 1830 年作为暴徒而被驱赶出罗马的路易 - 拿破仑，此时也加入了这支由 1.5 万名志愿者组成的"军队"。这令教宗额我略十六世对军事支援的请求变得尤为迫切，因为对教宗权威的反抗似乎和波拿巴主义作为政治运动重获新生紧密相关，这同时也令反抗者彻底无法从法国新政权获得原已不太可能的支援。因为奥地利军队进驻哈布斯堡诸侯国，而教宗也起兵反攻，暴动在一个月之内便告瓦解；继之而来的，尤其在教宗国和蒙达拿，是大规模处决。路易－拿破仑的兄长拿破仑－路易死于传染病；路易－拿破仑本人则首先逃到了法国，接着又去往英国。

　　意大利革命失败的原因在于起义者没有成功拉拢常备军，也在于秘密社团虽然影响颇大，却也四分五裂。背叛屡见不鲜，譬如 1827 年正式加入烧炭党的马志尼，便在 1830 年被其同志告发，他因而被撒丁王国驱逐出境并流亡法国；一些似是而非的传闻称，拿破仑－路易不是死于麻疹，而是死在某位告密者的刀下或枪口；蒙达拿革命的领袖希罗·梅诺蒂（Ciro Menotti）被捕入狱并被施以绞刑，而这是因为某人向官员出卖了他。但是，认为存在着一股反革命力量的观点，就和认为欧洲处处在革命一样虚无缥缈。贝里公爵的遗孀萨伏依的玛丽亚·特蕾莎企图在 1832 年于旺代以亨利"五世"的名号索要法国的王位，却无人应和。在俄国和波兰暴发霍乱之后，就没有一个国家愿意让俄军通行了。

　　比起 19 世纪早期的诸国家中一些典型的传染疾病，霍乱的危险程度并不会高太多，毕竟每年都有数以千计的人死于消化道与呼吸道感染。但因为发病过程剧烈（和其他泻病不同，霍乱会在极短的时间里带来死亡，并且挺过这场疾病的机会也十分渺茫），霍乱被视为特别具有威胁性。当时的人便已清楚疾病会在患者之间传播。人们争持不下的是那未能确知的感染性物质，以及是否要把疾病的暴发归咎于有害的气体，即所谓的瘴气。在 19 世纪早期，霍乱主要见于印度南部；1830 年以前，它已缓慢地扩散到了北部与西部。1831 年它抵达波兰战争的战场。一切阻止霍乱传播的尝试，譬如划出军事警戒线，给货物、衣服和信件消毒，以及颁发护照和设立检疫站等，均告失败。1831 年，霍乱传播到了维也纳、柏林（此地为防引起恐慌，起初封锁了哲学家黑格尔死于霍乱的消息）和伦敦。

217

1832 年，首相卡西米尔·佩里埃成为瘟疫的牺牲者。该疾病
席卷 1832 年的北美、1833 年的西班牙，以及 1835~1837 年
的意大利。在接下来的数年里，它不断再现——查理十世在
1836 年成为又一位牺牲者。它不仅导致大量死亡（法国约有
10 万例，其中巴黎就占了 1.8 万，而英国有 5 万例），而且驱
使人们逃离城市，令贸易受限，并且扩大了民众和上位者的隔
阂。有一些地方认为，研究霍乱的原因与传播的专业医学人员
参与了某场阴谋，他们在君主的允许下企图用系统性投毒的方
法减少普通民众的人数。

改革与革命的原因与结果

　　如果人们试图认识 1830 年诸革命的模型，那么首先有一
点会引起注意，也即这些革命发生在城市当中，只有在波兰，
革命能在农村找到稍大一点的响应。在城市中，受到机械化影
响的行业中发生的社会变革造成了某种潜在的不安，而这轻易
便能煽起革命的意愿。在法国，引发革命的决定性因素是违宪
行为，在不伦瑞克和黑森选侯国是君主个人的不当行为，在比
利时和萨克森是新教君主对天主教民众或天主教君主对新教民
众的统治，在意大利是对宪法的拒斥，而在波兰则是军队内部
的冲突。

　　既然每个国家都面对着不同的问题并找到了不同的解决
办法，那么 1830 年的革命井喷便带来一个问题，即是否有一
种机制使得动乱不断扩大。对保守的观察者来说，答案显而易
见：由在国际层面活动的阴谋者建立的网络。鉴于动乱策源地
之间存在某些个人的联系，这种看法并不是完全荒谬的，并
且会在事后因为 19 世纪 30 年代形成的种种革命网络而变得
更能让人信服。不过，这样的人际往来终究并不能恰当说明
1830~1831 年的进程。虽然的确有这位或那位法国人曾于 8 月

25 日在布鲁塞尔现身，却不会有什么"法国间谍"曾对不伦瑞克人发起引诱，要他们测试一下公爵的宫殿是否可燃。

需要严肃对待的是这样一个问题，即某场革命胜利的消息（尤其是发生在法国的革命）是否能成为鼓舞其他革命企图的决定性因素。海因里希·海涅曾用"新鲜出炉的蛋糕"为比喻描述这种关联，他说，"蛋糕的香味"在 1830 年 7 月 28 日飘到了北海。[13] 无疑，每一场革命的胜利都将所有君主制的弱点暴露出来。此外，作为革命造成的后果，1830 年之后经济危机也旋即爆发，而人们仍然不切实际地期待着法国的新政府将会向其他地区的革命计划提供援助。因为贸易环境普遍动荡，失业率不断增长，手工业城市及地区越发可能爆发抗议活动，而这令那些坚定要求政治变革的人更容易动员起心怀不满的劳动者去参与可能会引发暴力的大规模游行，并因此在手工业者、用人和工人，以及学生、教授、商人、银行家、工厂主和改革派贵族之间建立起短暂的、很快便又会垮台的联盟。

结果，1830 年的革命浪潮加深了各国的裂隙，它们是："自由"国家如法国、英国和比利时，一直相对温和的立宪国如荷兰、中部与南部德意志国家，绝对君主国如普鲁士、奥地利和意大利诸侯国，最终还有俄国这样的独裁国家。具有典型性的是，落败的波兰反对派在取道德国中部与南部逃亡的时候，处处受到热情的欢迎，甚至也未被普鲁士遣送回俄国。他们在法国享有避难权，而这包含的不仅是居留的权利，还有一笔由法国政府提供的，依据在波兰军队中的官衔及社会上的地位发放的经济资助。谁要接受了这笔资助，便在理论上要放弃参与之后的政治活动；但这丝毫妨碍不了亚当·恰尔托雷斯基在巴黎的住所兰伯特饭店（Hotel Lambert）建立起波兰流亡者的政治中心。英国和比利时没有为难民们提供支持，但此后每年在伦敦市政厅由"波兰之友文学协会"（Literary Association

219

of the Friends of Poland）组织的慈善舞会将会成为一场社交盛会。波兰和意大利的流亡者有权参与辉格党的沙龙以及就任耀眼的职位。譬如 1822 年逃出意大利的安东尼·帕尼奇勋爵（Sir Anthony Panizzi，原名写作 Antonio），在辉格党名人亨利·布鲁厄姆的斡旋下，于 1828 年赴刚建成的伦敦大学就任意大利语教授，1831 年成为大英博物馆的馆员，并在 1837 年成为该馆的图书管理员。安东尼奥·卡尔洛·拿破仑·加仑伽（Antonio Carlo Napoleone Gallenga）——在他的名字中已经可见其父母的政治倾向了——在 1831 年参与了帕尔马的革命，并在接下来的数年中辗转北非与北美。1839 年他回到英国，成为一名作家和记者，并在 1847 年作为意大利文学教授就任于伦敦大学。

在欧洲西部和中欧部分地区，1830 年的革命催生了更多议会，并且 / 或者让更广大社会阶层得以参与议员的选举，尽管结果不一。在大不列颠，1830 年胜选的辉格政府制定了全方位的改革方案，其核心在于选举的"改革"。一方面，选举系统需要更加公正与透明，另一方面，辉格党的政治权力需要进一步巩固。于是，选区的新一轮划分便没那么彻底，使辉格党恩庇人的"腐败选区"（rotten boroughs）得到了保护。在城市中，"10 镑住户"（£10 householders），也即所有以个人名义或出于商业原因使用一栋年租金为 10 镑的建筑的人，获得了选举权。在伦敦这是一个相对普通的数目，但在其他城市却意味着一个难以逾越的障碍。因为中期看来，许多人的选举权（譬如"煮锅所有者"的选举权）都被剥夺了，选民的人数总共也只从人口的 4% 上升到 5%。这样一来我们便不能理所当然地说，选举法为广阔的中产阶层赋予了选举权利。有几件重要的事，其一是选举权适应了变化后的社会关系，于是自 1830 年始，其他改革便也获取了可能性以及必要性。其二，选举事务的体系化使得对选举的操控变得更加困难。其三，更多选区得以在事实上举行选举，因为过小的选区被取消了，而过大的则被切分开来。其四，选举权改革实际上也提高了选举人的政治化程度；中间选民的人数稍有下降。不过，选举权改革没有丝毫动摇恩庇—侍从的体制。此后，选举战的重点不是争取个体选民，而是要把规模大的投票集团动员起来，这样的集团不仅受地主控制，还主要受工厂主的控制。

因此在理论上，在首先要拒绝改革的上议院中，刻薄的反对并不难化解：国王只需册封足够的新贵族（Peers），便能确保多数支持。但威廉四世不愿如此。只有等到新一轮选举巩固了格雷政府的多数，威灵顿组阁企图宣告失败，而处处也爆发了暴力的游行，威廉四世才最终同意格雷凭新贵族的册封来施加威胁。保守的贵族最终令扩展后的上院在投票中落败。1832年的选举首次依据新的选举法进行。

如前所述，1834 年的辉格政府改变了英国的济贫法，取缔了大英帝国的奴隶制。1835 年，地方选举权出现；此时，为削弱托利党人的社团，选举条件更为严苛。严酷的刑法本令许多轻微的罪行也被判以死刑，如今在内政大臣约翰·罗素（John Russel）伯爵的修改后得到显著的和缓。还有其他方面的改革，却不一定发生在政府的层面上。例如，在 1828 年，辉格党人在伦敦设立了第一所非国教徒也能获得学位的英国大学。因此，对在 19 世纪 30 年代抵达英国的人数益增的政治难民来说，英国有理由成为一种自由主义民主制的楷模。虽然大部分人没有忽略其中的阴暗面，毕竟他们能直接感受到高昂的生活开支，也能间接知悉济贫院和牢房里残酷的规训，但这不大妨碍他们在出版、言论、集会和结社种种自由面前惊呼赞叹，而这些自由通通不像欧洲大陆的保守党人预估那般要引发混乱与无政府的状态，反而似乎巩固了稳定、提升了福利。

德国议会中的结构问题以及议会以外的反对派

之所以有越来越多难民获得亲身体验英国体制的机会，是因为他们无法在欧洲大陆为种种冲突提供类似的解决办法。在大陆的大部分议会中，有一个问题尚未明朗，即在议会与政府发生冲突之际，权力关系呈现何种面貌。发生这些冲突，尤其在财政方面，是因为议会的构成与政府的构成之间有两相悖离之处。一方进一步救济穷人的希望，与另一方对更低税收以及国家更少干预个人与组织事务的要求，冲撞在一起。在瑞士与挪威，理论上这些冲突可以通过议会对部长的弹劾得到解决。但是在大部分宪法中，对政府方针心怀不满的议员只有否决预算或者拒绝投票的办法，于是便会引发根本的冲突。与此相反，在德意志的大国中，以及在意大利诸国，议会是完全没有在国家的层面出现的。

令人不满的不仅仅是议员的处境。在 19 世纪 20 年代和 30 年代，有这样一些人群越发突显，他们受到政治教育并心怀政治兴趣，却因为财产不足、年资尚浅或妇人之身而被排除在正式的政治参与之外。因为在公共空间表达改革诉求的机会也同样为审查所限，所以在议会门外便只剩下躁动的氛围。

1832 年，为了在自由的德国中建立自由的出版业而四处奔走的"德意志出版协会"（Preß-und Vaterlandsverein），在巴伐利亚普法尔茨的汉巴赫（Hambach）附近一处宫殿遗址上举办了一场庆典。关于庆典，官方说法是他们为巴伐利亚国君保存宪制而谢主隆恩云云。而非官方说法则是他们要求"祖国——自由——是的！一个自由的德意志祖国"，呼应着当时的希腊解放和"波兰复兴"，要与西班牙和意大利的抵抗运动、英国的"改革法案"同心一致。"斩除铁链而与我们一同向自由联盟宣誓的诸民族万岁！祖国——民族主权——民族联盟万岁！"[14] 这无异于向德意志的王侯及其政府立下战书。举办庆典达成的具体结果是，德意志出版协会在各邦国中建立起网络与分会。巴伐利亚政府不知道应如何处理这次行动：定于1832年3月27日举办的这场庆典起初获得同意，后遭禁止，最后又得许可。与会人数估计达2万~3万之众，其中许多主要是去参加民众庆典的。毕竟只有买贵价入场券的人，才能聆听庆典帐篷中的演讲。

在奥地利国家首相梅特涅看来，汉巴赫的庆典是一个危险的标志，意味着国际上改革与革命运动的网络进一步扩大。在汉巴赫，巴伐利亚的徽章难以寻见，反而是黑—红—金的德意志徽章常常出现，同时飘扬着的还有波兰的国旗。赴会的有左岸法国的代表，还有波兰的流亡者。这似乎着实危险：波兰的流亡军队是一支久经考验的部队，而德意志邦联的一些小国无疑不是他们的对手。从汉巴赫的结果看，现行法律不足以遏制反对派的运动。向庆典的两位始作俑者——记者菲利普·雅各布·西本费弗尔（Philipp Jakob Siebenpfeiffer）以及约翰·格奥尔格·奥古斯特·维尔特（Johann Georg August Wirth）——提出诉讼的企图，因为普法尔茨陪审员的同情而失败了。然而，这两个人还是遭到了拘捕，并且因为侮辱公职人员而由无陪审在场的"惩教警察法庭"（Zuchtpolizeigericht）判处两年的监禁。两个人都逃脱了徒刑，西本费弗尔在伯尔尼获得教职，而维尔特则在法国干上充满变数的营生。

德意志国家的反制措施不仅加剧了德意志邦联和西本费弗尔这样的激进民主派之间的冲突，还加剧了德意志邦联与个别国家的议会的冲突。在1832年夏，邦联大会先是发布了6个条款，后又发布10个条款，除了重申邦联的干预权以及收紧出版与结社的自由，还建立了一个委员会，用以审查议会的辩论与决议是否与邦联法律协同一致，且若君主原则或者邦联法律有遭个别国家的立法损害之虞，即行干预之责。

此外，1833 年 4 月 3 日，约有 50 名学生企图袭击法兰克福的两处警察哨所，释放了要将德意志邦联革命化的信号。这次造成两方人员死亡的袭击虽然迅速瓦解，却造成一系列谣言。据说波兰有几百士兵及数十军官弃守他们在法国的营地，踪迹难寻；据说法兰克福周边的森林中燃起了一团神秘的火焰；据说法兰克福的刺客是一场遍布德国的阴谋活动的组成部分；据说瑞士的波兰流亡者很快将发动进攻……不一而足。另外也有越来越多学徒怀抱社会革命的愿景，加入譬如名为"法外分子联盟"（Bund der Gechteten）的劳工社团。如此看来，当真又要发生一场社会革命运动吗？

1833~1835 年，德意志邦联的反制措施在于为邦联国家作出更多的立法，它们针对的是流动性与出版自由，以及加强了对政治犯的迫害。鉴于邮递马车等交通工具变得更为"快速"，德意志国家中的护照与签证受到了更严格的管制。为了阻止社会革命理念的扩散，手工业联盟禁止了赴瑞士、法国或英国的旅行。名为"青年德国"（Junges Deutschland）的文学组织也被禁止出版著作。在邦联要塞美因茨，一个公开的中央调查委员会与一个地下的情报局共同搜寻革命的支持者。法兰克福市由 2500 名奥地利与普鲁士士兵"保障"，以防止反政府抗议以及英国政府的进一步攻击。

这些办法冒犯了体面的公民圈子；在 1819 年的《卡尔斯巴德决议》中，遭到针对的是社会资源不如编辑与议员的大学生。这些决议于是首先加剧了来自南德诸议院的反对，使得多数议员越发鲜明地要求他们的政府疏远邦联的政治。此外，该决议也造成反对派的民族主义情绪，因为无论何种自由化运动，都明显要求一场邦联改革，尤其因为邦联议院未曾完成它其他的任务。1834 年，德国南部与中部的大部分国家以及普鲁士加入了"德意志关税同盟"，该组织在 1836 年也纳入了巴登、法兰克福和拿骚，到1842年又新增不伦瑞克、利珀（Lippe）与卢森堡；至此，自1828年第一个关税同盟成立之际便热火朝天的关税之战宣告终结。后面这些同盟只是提高了边境关税，而所得则为有关国家所瓜分；内部贸易得以不受关税侵扰而快速发展。关税同盟填补了普鲁士西部与东部领土的断裂，两地得以在免除关税的条件下进行货物运输。德意志邦联实际有一项任务，那便是促进德国的贸易，可它却没有参与这项行动。

不过，不是所有保守的政策都得到了其他德意志邦国政府的支持。1837年英王威廉四世驾崩。这位君主原本并没有在英国那场自乔治之女夏洛特①亡故之后便开始的继承人斗争中取胜：乔治三世仍在世的各位王子突然发力，期望在众多私生后裔以外再多生一位王储。在斗争中获胜的是肯特公爵爱德华，他的女儿维多利亚在1819年来到世间。维多利亚无疑享有英国的王位，却也同样无疑被排除在汉诺威限于男性的继承权之外。因此，汉诺威的国王便是乔治三世的第五位王子、坎伯兰公爵恩斯特·奥古斯特（Ernst August），他上任第一件政事，便是废除1833年宪法。一些人称，他的行事完全带有英国托利党人的风格，对他来说，一丝不苟地遵循规定章程是避免无政府状态的重要保证。恩斯特·奥古斯特认为，既然这部宪法当时是在未与王储磋商的情况下自行生效的，那么人们在形式上就有理由视其为无效。邦联里自然会传出这样的议论，即国王似乎想要破坏邦联大会的方针，并回到不受限制的绝对君主制。哥廷根大学的七位教授（包括格林兄弟）向这种

226

---

① 乔治四世之女威尔士的夏洛特公主在祖父乔治三世统治时，为英国王位的第二顺位继承人，1817年死于难产时，父亲乔治四世和叔叔弗里德里克王子、威廉王子、爱德华王子等并没有其他合法子嗣。——编者注

在他们看来确凿无疑的对宪法的践踏表示抗议，于是被解除教职，不过他们又在包括普鲁士在内的其他德意志国家的高校迅速地获得了职位。

精英人物的欧洲阴谋以及保守的群众运动：
意大利与西班牙

要是恩斯特·奥古斯特高估了德意志诸政府的团结程度，那么梅特涅眼中的欧洲革命阴谋的真实情况又是如何呢？1834 年 2 月 5 日，巴黎某份报纸刊登了一则读者来信，声称在指挥官哥罗拉莫·拉莫里诺（Gerolamo Ramorino）的统率下，召集自意大利、瑞士、法国和波兰的 4500 人正在开赴撒丁王国的萨伏依。拉莫里诺生于日内瓦，1809 年在圣西尔（St. Cyr）军校毕业，曾在瓦格拉姆（Wagram）、德累斯顿和滑铁卢作战，并于 1815 年在撒丁加入烧炭党。1821 年革命企图落败后，他流亡法国。1831 年，他以上校身份参与波兰起义，却是首批逃往奥地利的人之一。尽管如此，在法国他还是被视作英雄，因而他以将军自居的做法并没有冒犯很多人。于是，人们有理由对他有所期待。

这封读者来信的作者是朱塞佩·马志尼，他在流亡法国期间建立了旨在把意大利从绝对君主手中解放出来的地下组织"青年意大利"。然而，此番征战却可悲地败北了，原因不仅仅是它被前线的瑞士、法国和撒丁将领知悉了。作战方案本是各支纵队齐进尚贝里（Chambéry）。但一些纵队却受法国和撒丁的军队阻遏；另一些纵队在错误的渡口登陆日内瓦湖而被日内瓦民兵捕获；不过拉莫里诺手下剩余的 200 人在撤退之前，还是战胜了 15 名税吏，烧毁了他们的制服并种下一棵自由树。于是此番征战未造成太多人员伤亡，只有被撒丁俘虏的两名成员在 2 月 17 日于尚贝里遭到枪决。热那亚捕获的叛

徒被通通释放；而脱逃的海员朱塞佩·加里波第（Giuseppe
Garibaldi）在一开始被判处死刑，这是因为法院清楚他在法
国安居无虞。似乎遇上真正威胁的主要是拉莫里诺，因为波兰
的士兵怀疑他再度叛变，他甚至因此必须跳窗逃生——或许也
卷走了战争经费。人们很容易将整件事看作相对无害的滑稽闹
剧，可以宽厚处之（撒丁—皮埃蒙特政府也是这么做的）。

但这场不幸的行动清楚展现了，革命的活动家们知道欧洲
国家体制的要害何在。萨伏依不仅处于后革命法国与奥地利的
影响范围之间，而且根据维也纳会议的决定，它若无力拨乱反
正，便将落入瑞士之手，于是在萨伏依掀起暴动意味着动摇欧
洲的边界划分。

1835 年，一个名叫约瑟夫·菲耶斯基（Joseph Fieschi）
的科西嘉亡命之徒试图杀害路易·菲利普。他为此造出的"地
狱火"炸弹虽然错失真正的目标，却造成 12 人死亡。菲耶斯
基这匹独狼有过丰富的历练。他参与了缪拉尝试重获那不勒斯
王位的计划，不过因为法国人的身份恩获赦免。政府从巴黎
的这场刺杀案中读到反对的声音，出版界的反对派还为此煽风
点火，于是出版、结社和集会的权利便遭到限制。马志尼在
1834 年令他的秘密社团走出意大利，发展为"青年欧洲"（也
就是包含了"青年意大利"、"青年瑞士"、"青年德意志"和
"青年波兰"等共 17 个成员组织），但他眼下却被迫留在瑞士，
直到 1837 年因为进一步的颠覆活动而被逐往英国。

因此，从保守派的观点看，所谓革命阵营国际网络企图激
起国际冲突以威胁欧洲秩序的假说，便再可信不过了；不过他
们对阴谋规模的估计的确有点杞人忧天。在法国、意大利或者
德国，没有一例发动起义的企图得到回应。这部分要归功于密
集的间谍网络作出了有效监管，但首要原因是这些企图的支持
者为数较少（在 1834 年的日内瓦共有 9 人）。

与此相反，在农村鼓动反改革的保守的群众运动，要相对轻松一些。首先这在波兰便有目共睹，在西班牙甚至更为明显。在斐迪南七世驾崩于 1833 年之际，保守派政党拒绝承认堂·卡洛斯为伊莎贝拉的王储，以及斐迪南遗孀玛丽亚·克里斯蒂娜的居摄地位。"卡洛斯战争"呈现为"极端虔信的农村地区对抗自由城市的战争"[15]，它在 1835 年把教会的财产收归国有。这场内战在 1833~1839 年分裂了西班牙，最终自由派的政党在象征性地拥抱了两方统帅后获得了暂时的主导地位。因此完全有理由怀疑，自由派与民主派的圈子到底更代表"民众"的意见，还是保守派的意见。不过无疑，自由派对政府行动的影响，变革了欧洲与外部世界的关系。

5　欧洲与世界

自由贸易抑或温和的殖民主义？

变革的规模如何，在世界的政治地图上一目了然。在 18 世纪末，欧洲各大国都要求统治更大的世界。海外领土对许多欧洲国家的意义，都不与面积或人民相关。在 19 世纪 30 年代，欧洲各国的海外领土大面积缩减，而参与海外事务或意图参与的国家数量也急遽减少。能占有越发广大的殖民地的，首推大不列颠；在 1830 年决定进军阿尔及利亚后，法国也同样如此；而最终俄国也因为在西伯利亚和阿拉斯加的行动而分了一杯羹。在拿破仑战争期间，尼德兰的殖民领土有大部分落入了英国之手。

不过，欧洲对世界的影响力却未曾降低。英国的殖民帝国每年都在印度、澳大利亚、新西兰以及北美的新占领土上扩张。成百上千的欧洲人以欧式的风格，凭借一把犁在北美、南美、北非和大洋洲圈占了越来越多土地。南北美洲的新国家一直是由欧洲塑造的，并且在经济上与欧洲市场紧密结合，尽管他们一定程度上脱离了欧洲曾经的殖民中心，并更加以英国——其次以法国——为导向。

对这种变化的评价并不一致。最乐观的看法是，19 世纪中期是 17、18 世纪商业主义帝国与 19 世纪 80 年代现代帝国主义之间的一段自由主义时期。短期来看，似乎种种前景皆有利于一种精英的世界秩序，因为道德训诫战胜了自私的物质利益。据说若今天的"第三世界"曾有机会将落后于欧洲的发展状况扼杀在摇篮里，那便是 19 世纪 40 年代了。该看法同时也暗示了，埃及的穆罕默德·阿里、印度苏丹和南美诸总统之所以没能完成他们的方案，将其国家转型为成品的制造国，而非仅仅提供原材料，要归咎于本地政府的赤字，以及他们过剩的军事野心。

但是一种批判性的观点强调，欧洲国家减少对海外的直接统治，目的在于削减开支，却没想过要放弃经济或政治利益的核心成分。若这些利益有受损之虞，便总存在着凭战争加以维护的可能。此外欧洲各国也有意识通过关税或其他贸易壁垒——譬如禁止印度原棉向英国进口——阻止欧洲之外的经济或军事独立地区建立有竞争力的工业。

在 18 世纪，被誉为"皇冠上的明珠"的是这样一些地区，在那里，欧洲的庄园主驱使劳动者——主要是来自非洲的奴隶——生产甘蔗等昂贵的农产品。到了 19 世纪，如印度等最重要的殖民地拥有高度差异化的社会，其中一小群欧洲的统治者以及一大群欧洲士兵与冒险家得以掌控越来越多的土地。逐渐扩张的殖民地，如阿尔及利亚、西伯利亚，以及英国在澳大利亚等处的新占地产，是相对贫瘠的区域，在那里出现的是欧洲企业的分公司。这种"定居殖民"的功能不再仅仅是运输热带产品；像葡萄酒、牛羊和小麦这样的产品，无论是欧洲还是

232

阿尔及利亚、澳大利亚、加拿大、美国中西部与阿根廷，都有出产。同样重要的是，这种殖民方式有助于缓解在欧洲由人口过剩导致的社会问题，扩大对欧洲的食物供给，以及由此降低生计的成本。

新殖民地的建立常常是缺少规划的，大都生发自欧洲人原有定居点要突破其疆界、向外拓展。于是，譬如讲荷兰语的布尔人［Buren（荷语：农民）］在1836年迁出英国的开普殖民地，其心愿便是建立或保护某种社会模型，或是期望能借此——一如澳洲部分地区——处理殖民地人口增长的后果。

英国废除奴隶制

233

在19世纪的进程中，庄园殖民地的影响有所下降。跨大西洋的奴隶运输在1807年被英国禁止、1808年被美国禁止，但这丝毫无法摧毁贸易；法国、西班牙、葡萄牙和南美诸国认为自己不受禁令约束，在1810年之后仍将数百万的非洲人带上大西洋。但英国的庄园殖民地如今却面临一个问题：它们的经济出路何在？奴隶人口因为出生少于死亡而逐渐减少，这使人们不得不向自由劳动过渡。此外，对奴隶制的批判之声逐渐尖锐，尤其来自英国社会中不信国教的部分。该制度不像它的支持者宣称那般是一种最后成为家长制的、充满关怀的劳动组织形式，这一点可见于加勒比群岛上时时爆发的起义［1816年在巴巴多斯（Barbados），1823年在德默拉拉（Demerara），1831年在牙买加］，而对它们的残酷镇压常常引发更猛烈的批判。在1831年起义之后，反奴隶制协会（Anti-Slavery Society）要求每位参选下议院议员的候选人都声明对奴隶制的立场。

然而，废除奴隶制的要求向辉格政府提出了一个棘手的问题。加勒比诸岛屿大多拥有部分由选举产生的大会，对当地法

律的修改必须经过它们的同意。这些只有大财主能胜选的大会
否决了对奴隶制的废除。伦敦政府能依据何种原则名正言顺地
绕过加勒比选民而行动，以及在不经过相关人士同意的情况下
对财产权进行干涉呢？从经济上说，奴隶制无疑是制糖工业的
有效形式，而糖类出口则是加勒比殖民地的经济基石。人们又
当怎样应对一场可能的生产萎缩所带来的后果呢？无论是奴隶
制的反对者还是支持者都必须承认，奴隶此前在一种极端的依
赖关系中生存。他们有成为市场参与者的能力吗？

234

　　格雷政府试图转嫁上述问题，它虽然在 1834 年 7 月 31 日
决定形式性地将奴隶制问题交由加勒比的殖民议会解决，但也
施加了大量压力——它承诺以 2000 万英镑赎买对奴隶的所有
权。而在非洲的未曾设有代表大会的殖民地，那里的奴隶主不
能得到补偿——这是布尔人迁出开普殖民地的另一原因。自由
也并不是马上便开始的：殖民地能为 6 岁以上的奴隶划定 7 年
以下的"学徒期"，而奴隶们每周必须为过去的主人工作多至
45 小时。

　　将自由的劳动关系引入加勒比以取代奴隶制的尝试，不如
奴隶解放的支持者们设想的那般成效显著。其中一个缘故是加
勒比的庄园主争相克扣对奴隶的赔偿与保存对奴隶的所有权。
在学徒期中——这一制度在所有殖民地于 1838 年提前终结——
奴隶是没有报酬的，但奴隶们却被要求为他们耕种食物的土地
交付租金。"劳役"被偷摸地重新塞入与奴隶制相类的现状，
哪怕犯下微不足道的过错，也难逃这种惩罚。有了 1837 年加
拿大殖民者因为要求更多自主权而掀起暴乱的前车之鉴，英国
政府因为不愿终结殖民地的相对自主状态，于是除了公开作出
批评，便很少再有其他行动了。

　　奴隶的实际状况也不同于伦敦改革者的预想。他们所憧憬
的并不是受雇于制糖庄园充当劳动者，而是拥有和大部分其他

235　在 19 世纪横渡大西洋者一样的社会地位：耕耘自家土地，从而实现独立。但庄园主却没准备好通过慷慨地提高薪资来逆转此种趋势，他们更愿着眼于从欧洲、非洲和印度进口新的不独立的劳动力。加勒比的制糖业的确有明显的萎缩，种植园的价格从数万英镑降至 1000 英镑以下。庄园主本希望如此一来就能证明自己的判断的正确性，英国政府的态度却使之落空了：政府干脆认定曾经的奴隶主已经不再适应参与市场交易所必要的道德规范了。

自由派殖民政策的特性

　　在被殖民世界的其他区域人们也能感受到一种信心，相信市场机制之下人们能抛却他们的文化社会背景，以相似的方式回应金钱的激励。哪怕拿破仑战争已结束并留下了可观的军事力量，英国在印度的影响范围也仍然得以扩大。东印度公司 1818 年兼并马拉塔联盟、1819 年兼并新加坡，并在 1826 年兼并缅甸的部分地区，也在印度诸王公统治下的其他区域发挥巨大影响。在其领土中，东印度公司大多发挥着先前王侯的作用，也包括承担他们的宗教责任，于是产生了要推动"神圣语言"的传授这般事务。1833 年，托马斯·巴宾顿·麦考利（Thomas Babington Macaulay）任职于印度最高理事会（Supreme Council for India），这个专家顾问小组将在当地为总督提供支持。麦考利通过其家庭成员的关系而结交了福音派的反奴隶制圈子。他的父亲扎卡利（Zachery）在 1793~1796 年担任塞拉利昂的总督；塞拉利昂是建于 1787 年
236　的英国殖民地，有为被解放的奴隶提供庇护所的职能。麦考利尤其因他发表在自由派杂志中的评注而闻名，在选举改革后的 1832 年被选入议会，在伦敦的印度事务部门干事，直到 1834 年动身前往印度。他不久便要在当地亲自考虑一个问题，即

制定于 1813 年的东印度公司章程是否规定了使用教育资费的方式。

麦考利在其《印度刑法典》中规定应同等对待印度人与英国人，又于 1835 年初在《印度教育备忘录》（Minute on Indian Education）中对上述问题表明了态度。他抨击了对梵语和阿拉伯语的庇护，要求为印度的精英人士提供以英语为基础的现代教育，并使之逐渐扩大到整个社会。依他的论证，学好英语，一切现存知识便唾手可得，而印度语经典文本却只能提供陈腐的偏见。除此以外，他还尤其指向了教育市场：据称印度人有意为英语教育投入资金，而东印度公司为阿拉伯语以及梵语课程设置的奖学金却几乎无人问津。

相似的逻辑也可见于英国政府对新西兰的态度，由于澳大利亚的捕鲸船在新西兰停靠，此地便成了英国感兴趣的地区。1835 年，英国政府承认毛利原住民为自主的民族。爱德华·吉本·威克菲尔德（Edward Gibbon Wakefield）——腐败选区商人爱德华·威克菲尔德之子——曾两度引诱年轻的富家女，并因此从 1826 年开始吃了三年牢饭。在监狱里，他获得了沉思死刑的机会，却也与被迫迁往大洋洲的移民有了联系。他在狱中构建了一幅接收来自社会中层人士的理想殖民地的蓝图，新西兰与澳大利亚南部都被视作这样一种殖民地的可能地点。在新西兰的商人逐渐活跃之际，政府也插手了，为小岛任命了一位领事，并在一份 1840 年签于怀唐伊（Waitangi）的条约中接管了对新西兰的治理权，却同时也确定下其财产法中的核心要素。土地的转让不应直接发生在毛利人和殖民者之间，而是应该先从毛利人处转让给国王，再从国王处转让给殖民者。此中也蕴含一种假设，即原则上的权利平等及对已定居新西兰的人口的财产权的承认，将足以促使（少数）殖民者和（多数）毛利人共同开发该岛，只是这一愿景将在 19 世纪 60 年代落空。

落空的原因在于，欧洲社会顶层人士怀有的良好意愿常常被实践中欧洲人与原住民受到的不平等对待抵消，不论是在日常生活中，还是在法庭上或本地的陪审员面前。在形式上属法国的阿尔及利亚，法国的法律仅适用于欧洲的移民，而非本地人。此外，短期的经济利益一般优先于对原则的考量。英国的印度殖民地对中国有贸易逆差，后者是茶叶与瓷器的提供国，却对英国与印度的商品没有兴趣——除了鸦片。当中国试图限制成瘾物的进口之时，英国政府回应以"第一次鸦片战争"（1839~1842 年[①]），在五个口岸打开了中国的市场，也使英国接管了对香港的控制。哪怕是 19 世纪 50 年代在亚洲工作的宝宁，也看不见这样的手段如何对自由贸易原则形成任何原则性的冲突。

6　自由主义在欧洲的胜利？

1840 年，普鲁士的弗里德里希·威廉四世登基。这次权力交接给自由派的观察者一种矛盾的印象。普鲁士仍旧属于反宪制的国家。它此前未曾在德国或欧洲采取反动的措施，也没提到在新君治下要更改这一方针。但是从别的角度看，弗里德里希·威廉四世的确释放出模棱两可的信号，譬如恢复"体操之父"雅恩等受迫害的民众领袖的地位，或者缓和与科隆总主教之间关于教会与国家的婚姻法何者起决定性作用的争论（在这场争论中，科隆总主教允许天主教与新教徒的结合，弗里德里希·威廉四世却加上了后嗣必须信奉天主教的要求）。总体而言，这位新国王是以一种全新的方式争取公众的认可。新教王朝与天主教教徒少数群体之间原本相互对抗，为争取大教堂中央建筑协会（Zentral-Dombauverein）（它发起了完成科隆

---

① 根据我国历史研究的说法，第一次鸦片战争开始于 1840 年。——编者注

大教堂之建设的倡议）的支持而作出让步。国王出席了 1842 年科隆的教堂建设节，尽管协会也曾设想建立一座民族纪念碑，向德意志邦联中的割据主义表达隐晦的不满，并相应地为其活动造势宣传。在普鲁士各大学中任教的是格林兄弟等曾与汉诺威国王发生冲突的"老前辈"们，而普鲁士大学中相对自由的氛围也助长了反对的精神，譬如卡尔·马克思或戈特弗里德·金克尔（Gottfried Kinkel）。于是在 19 世纪 30 年代末，一些人认为在如普鲁士这样的国家中保守派与自由派是能取得和解的。经济改革的方针一直得到持守（例如 1843 年，所有脱离贫困或没有前科的人都被授予无须移居许可便可在普鲁士境内变更住所的权利）。出版管制与居民受到的管制变少了。因 19 世纪 30 年代初严格的邦联决议而产生的法律虽然未被废除，但对它的引用却也越来越少了。相似的案例也出现在其他地方。司汤达在其小说《红与黑》（1830 年）中对 19 世纪 20 年代法国充满伪善的教会环境作出最冷酷的描绘，七月王朝时期却在意大利担任法国利益的代表。19 世纪 20 年代与 30 年代的许多革命者都与流亡生活作出妥协。如今经济的发展没有引发或加深政治危机，反而常常有助于先前的边缘人群在政治与经济上被纳入社会中心。1819 年曾在曼彻斯特呼吁作出彻底的政治改革的亨利·亨特，忙于与其邻人及对手争讼，并遭遇地主生涯的破产，直到他发现一次商机，在售卖早餐粉（也即一种新式的即食食品）与鞋油的时候在包装上印下"法律平等、权利平等、年度议会、普遍选举与匿名投票"[16]的字样，并重新积累了财富。自 1830 年始，他便能作为普雷斯顿（Preston）的"煮锅所有者选区"的代表，在下议院的辩论中直接表达他的诉求了。但 1832 年他又落选了，因为他向他认为太不够民主的选举法案投下反对的一票。罗伯特·欧文于 1827 年返回英国，之后他首先尝试贯彻 8 小时工作制。

239

1835年，他投身于新兴的政治大众市场。他创办了"理性教徒的普世社团"（Universal Community Society of Rational Religionists，简称"理性社团"），反对竞争之为经济原则，并提倡社会的世俗化。大约5万名社员每周付费，在60个分社中的某一处聆听相应的讲演（欧文的其中一位"主顾"就是弗里德里希·恩格斯）；协会的报纸拥有4万名订户。直到1844年，它建造的一座配有现代化设施的大众旅舍使它陷入破产，这个社团才遭遇失败。政治文学和纯文学的市场在法国资助了海涅事业的第二春，而且有些人还猜测，就连马志尼这位革命者也在伦敦从"枪杆子革命"转为"笔杆子革命"了。

于是，自由主义者有理由期待，市场既逐渐从等级限制中解放，它的自由贸易又迟早会在政治领域引发不可避免的改革。经济的活力与政治上的觉醒论调，两者的关联尤其可在英国、法国、尼德兰和普鲁士等德意志诸国感受到；但是人们也有这样的愿景，即两者皆能在中期内向欧洲的南部与东部扩散。

经济上的觉醒论调常常是以"保守派"政府所推行的经济改革为基础的。在欧洲的内阁中，很难找到企图固守1789年以前状况的反动派，尽管保守派比自由派更倾向于认为，像工厂体系这样的新事物存有可疑之处。另外在党派政治的层面上，保守派也似乎面临阻力。欧洲诸内阁既然承认希腊、法国和比利时的革命，那么它们便要同时放弃君主原则以及1815年边界的不可变动性。许多君主制国家陆续归依议会政治（就连汉诺威也在1840年重新获得了一部议会制宪法）。在自由主义经济和社会秩序的框架下整合自由、和平以及有限的民主，眼看着就要成为可行之事了。

第三章

革命？（1840~1850 年）

1 新老问题

众所周知，所谓欧洲在 19 世纪 40 年代自由派的主导下走
上一条渐进民主化且国际关系长期稳定的道路的说法，只是一
种幻想。自 1846 年始，欧洲经历了新一波革命浪潮，起码到
1851 年才结束。这一次，法国、所有意大利国家、德意志邦
联、哈布斯堡帝国、瑞士、挪威、丹麦和大不列颠都被牵卷进
来；而波兰和奥斯曼帝国的部分地区，以及俄国，虽然并未经
历革命，却也直接介入了众多革命现场。这一次的革命不仅限
于内政了，部分国家试图以军事手段革新欧洲的边界。

"维也纳秩序"的外交争端以及波拿巴主义的复兴

19 世纪 40 年代初，力图保障五大国之间的协调的维也纳
秩序出现了危机。令人惊讶的是，破裂并不在自由的"西方大
国"与"神圣同盟"诸国之间出现，反而是在法国与英国之
间。在 19 世纪 30 年代，这两国的外交地位如此相似，以至于
外交家们原则上可以信赖，二者会以一致的步调回应"神圣同
盟"的种种动议。1840 年，"东方问题"的一个方面重又浮现
了，具体说来便是穆罕默德·阿里的自治企图。在 1805 年受
命担任埃及总督之后，他发展了他的政权，并开始扩大埃及的
影响范围，其最终目的在于接替苏丹马哈茂德二世（Mahmud

II），但首先要务是成为埃及的世袭君主。一开始，他介入苏丹（Sudan）与阿拉伯半岛。作为对他在希腊战争中提供援助的表彰，他获得了克里特岛的统治权。1831 年他着手入侵叙利亚，与苏丹马哈茂德二世反目成仇。他的军队直抵距君士坦丁堡 250 公里外。苏丹求援于英法但徒劳无功，最终转向俄国。沙皇派遣的一支干预部队遏制住埃及方面的攻势。作为回应，苏丹承诺战争期间在博斯普鲁斯海峡封锁第三方国家的船只。于是，在冲突的情况下，俄国被允许出兵黑海，而法国或英国则被禁止驶入黑海。在兵棋推演的层面上看，鉴于英俄在中亚越发激烈的竞争已使战争不再遥远，这意味着英国必须考虑到，俄国会派它的黑海舰队穿过博斯普鲁斯海峡进入地中海东部，从而中断伦敦—印度这一条帆船与汽船的航路（陆路经苏伊士）。相反，因为受到博斯普鲁斯海峡阻隔，英国舰队无法支援高加索地区的任何反俄活动。

　　1833~1839 年，穆罕默德·阿里进一步推进计划，在法国专家的援助下建设埃及的工业，训练更优良的军队以及提高治理水平。苏丹方面也引进了英国和德国的顾问，希望使其陆军与海军更为现代化。1839 年，他入侵叙利亚以求报复，却遭遇全线溃败：奥斯曼的陆军被征服于尼西普（Nisip）沙漠，而奥斯曼的海军则不战而降。取胜之后，穆罕默德·阿里要求各国承认他在叙利亚和埃及的世袭统治，并因此招致诸大国的不满。1840 年 7 月 15 日，大不列颠、俄国、奥地利和普鲁士要求他在 10 日内撤离叙利亚北部；他若拒绝，便将失去整个叙利亚。

　　法国没有参与要求归还叙利亚一事。它计划的是在彼地建立一处自己的利益区域，从而阻碍俄国与英国对该区域的控制。自由主义革命史学家阿道夫·梯也尔（Adolphe Thiers）任职的 1840 年 3 月上台的政府以一场欧洲战争为威胁，重申法国对莱茵河边界的主张，并作出了初步的军事准备。德意志公众的回应是十分激烈的：在"德国的河流，不是德国的疆界"口号下，民族主义的歌曲广受推崇，而这不仅仅发生在歌手协会中。位列其中的包括由奥古斯特·海因里希·霍夫曼·冯·法勒斯莱本（August Heinrich Hoffmann von Fallersleben）创作的德意志之歌，有人说："德国人之所以有他们这支迟来的国歌，实在要感谢尼罗河畔的帕夏。"[1]

　　法国与"欧洲协调"之间的不和中止了，因为梯也尔在10月遭到解雇。一支英国舰队将俄国、奥地利和英国的士兵输往叙利亚，使贝鲁特、耶路撒冷和阿卡（Akko）陷落。虽然穆罕默德·阿里失去了叙利亚，埃及却得以转变为一个世袭君主国。1841年各大国一致同意，战争期间博斯普鲁斯海峡将对一切非土耳其的舰队封闭。法国的战略显出咄咄逼人的模样，它明确地指向了曾经那位拿破仑。渐渐回想起1800~1815年岁月的并不止法国人。1833年，巴伐利亚在慕尼黑竖立了一座纪念俄法战争的纪念碑。伦敦的舞台也上演了大量突出拿破仑正面形象的作品。相似的内容也出现在海因里希·海涅和其他法国、德国、意大利作家的出版物中。不过，向拿破仑传统的回归仍然只有在法国才得到特殊的反响与特殊的攻击性。在国王路易－菲利普的贵族院中端坐着一个庞大的"波拿巴主义者"家族，他们的政治生涯最早可上溯到执政府与帝国时期；这位法王要和波旁人的可悲统治割席，并更愿意将他的统治与法国的荣耀岁月联系起来。1831年，为纪念皇帝驾崩十周年，圣赫勒拿岛上的帝陵开放参观；同时国王也颁布诏令，复辟期间遭到熔化的拿破仑铜像，应当在已由波拿巴党人布置好花环、鲜花与鹰纹章的旺多姆广场上重新矗立。1836年，奥斯特里茨会战后即已动工的凯旋门也宣告落成。在约瑟芬与拿破仑"二世"遭难之后，由于其父无所作为，路易－拿破仑

244

便自视为波拿巴家族的权力继承者；当他在 1836 年企图在斯特拉斯堡掀起军事动乱时，只是被政府逐往南北美洲；后来他又流亡回英国。

1840 年 8 月，路易 - 拿破仑在布洛涅（Boulogne）实施第二场政变；政变造成两人死亡，很快便破产了。专研阴谋的理论家能从中找到英国要令波拿巴主义者对抗奥尔良主义者的企图。实际上这场政变让奥尔良主义者的弱点清楚显现。当路易 - 拿破仑及其同道者在上议院接受指控时，他的辩护词落脚于民族自治与帝国，以及洗雪滑铁卢之耻的必要性。贵族院的 312 位议员中有 160 位拒绝对这样一些原则作出有罪的判决，他们或放弃投票，或缺席审判；最终，剩余的 152 票对路易 - 拿破仑作出终身监禁并在哈姆（Ham）营服役的判决。1840 年 12 月，法国人皇帝的圣体被庄严地迎回巴黎并下葬至荣军院教堂，这加强了奥尔良政府要沐浴帝国光辉的决心。

245　　在东方危机尘埃落定，而维多利亚女王的多次巴黎之旅和路易 - 菲利普对英国的回访也公开体现两国的和解之际，新的紧张态势又出现了。关于英国 1842 年对新西兰的入侵，法国的回应是对大溪地提供庇护，但此地的英国国教传教士却一直期待着英国的庇护。同时，法国也扩展了它在地中海西部的影响。一边是对阿尔及利亚的侵略（行动在 1847 年结束），另一边则是将法国的势力范围进一步引向突尼斯和摩洛哥。在这样的环境下，西班牙的女王及其幼妹正待出嫁。路易 - 菲利普之子蒙庞西耶公爵安托万（Antoine, Herzog von Montpensien）被选作斐迪南七世幼女的丈夫，因而西班牙与法国之间便有了形成共主联盟的可能性，但前提是路易 - 菲利普的其他王子去世，伊莎贝拉二世不育有子女并先于其妹妹去世，或由其妹妹的子女继承王位。另一种可能性则是西班牙与英国的共主联盟，这同样机会渺茫，条件是伊莎贝拉与萨克

森－科堡的利奥波德，也即萨克森－科堡王室中一位与维多
利亚的丈夫阿尔伯特有亲属关系的成员结婚。为了排除这两种
可能性，英国和法国的内阁取得共识：只有在伊莎贝拉二世
与其表亲、加的斯公爵弗朗西斯科（Francisco, Herzog von
Cádiz）结婚并成为一名孩子的母亲之后，才许蒙庞西耶公爵
与路易莎·费尔南达（Luisa Fernanda）结合。长期担任英国
外相的第三代巴麦尊子爵亨利·约翰·坦普尔（Henry John
Temple）自1846年起便接管其保守派对手阿伯丁的公务；他
仍旧推进与科堡家族的婚姻，以期终止上述安排。法国政府的
行动则更为迅速，它在1846年为伊莎贝拉和路易莎·费尔南
达安排了一场四人婚礼。于是，欧洲国家体系中越发增多的冲
突至少会令人产生一种幻觉，也即比起过去几十年，如今国界
线更易受到支配。

246

自由主义经济模型的胜绩与危机

与此相反，许多关于19世纪40年代经济自由主义的积极
成就的预言，似乎都实现了。在欧洲，自由主义国家与管控更
为严苛的国家之间的福利差距拉大了，而英国也显示了，如今
哪怕就政治上尤其敏感的谷物市场而言，对它的去管制化也能
获得多数同意。

与大陆国家要具体规定价格的行为不同，近代早期以来，
英国便尝试通过关税来保障粮食市场免遭价格波动的损害。若
谷物价格上升，关税便会下降；若谷物价格下降，关税便会提
高。在价格低迷的情况下，英国就会提供出口补贴，不过这却
在1814年被废除。1815年，议会确定了新的最低价格，以防
止在由战争导致的匮乏期结束之后出现灾难性的价格下跌，并
意图在大陆的竞争面前保护爱尔兰的谷物。若想进口外国谷
物，则需要达到每夸脱（合12.7公斤）80先令的水平，而对

于来自英国统治范围的谷物而言，门槛则是每夸脱 67 先令。这项法案迅速招来批评。1815 年的价格起点虽然显著低于过去的平均价格，却高于战后时期的价格水平，毕竟年均来看，战后时期也几乎不曾达到每夸脱 67 先令的水平。因此，谷物法便似乎是对地主的补助；地主推高了薪酬支出，而薪酬又是与生活成本息息相关的。1839 年，反谷物法联盟（Anti-Corn Law League）建立，而在工商业地区，它不久便成为一场群众运动。1843 年，它在短短数月之内便分发了 900 万份小册子。反谷物法联盟将自由贸易描述成代表着和平与普遍幸福的一种"世俗的宗教"，以及对不费高价便唾手可得的鸡蛋佳肴的信仰；也将其描述成瓦解军备工业与现役军队之法、降低税负之法、终结国际冲突之法，以及提升国民福利之法。1846 年，皮尔（Peel）政府在首次降低谷物关税之后，又将 1849 年前废除谷物关税提上了议程。虽然法案是通过了，保守党却也分作自由贸易与保护性关税两翼，于是为辉格党重获权力铺平了道路。

在信心满满的自由贸易主义者的世界之外，显示自由主义经济模型面临危机的信号自然也越来越多。据说工厂仍然是"属于未来"的，但对其中的劳动条件的批评与日俱增，而对社会主义运动的支持也呈上升态势（尽管其范围仍然有限）。"农民的解放""工商业的自由"以及移居法的废除，似乎导致越来越多的待业者走上街头。虽然因为无从比较公共职位与申请者的数量，没人能准确说出失业的状况，但很明显，在许多地方求职的学徒数都要高于能被雇佣的人数。19 世纪 30 年代与 40 年代，迁出人数明显上升。至少有一种可信的估算告诉我们，在 19 世纪 30 年代，大约有 50 万欧洲人移居美国，而在 40 年代则有 160 万。这意味着，哪怕是对欧洲人当中比较富有且能够负担横渡大西洋的旅行的那部分来说，生活的状况和前景也较从前惨淡了。

因此，若是要将"赤贫"这种越发引起关注的现象（连路易－拿破仑也在监狱中写作论文，认为应凭借强力推进农村劳动力合作社将之"消灭"）仅仅理解成是普遍的懒惰所致，譬如传统的自由主义理论家与大部分官员和议员就是这么认为的，那么这未免陷入了一种意识形态的偏狭。然而，若是将"赤贫"仅仅归咎于工业的扩散——在欧洲人看来这种工业一直只是关乎少数人口的——便会在逻辑上出现一道巨大的裂痕。

248

一系列歉收让局面雪上加霜。1845年秋，爱尔兰土豆的收成显然遭遇重创，真菌感染摧毁了一部分收成。在接下来的数年中，土豆病向整个欧洲传播。1846年的爱尔兰实际上失去了所有的收成。因为在此时就连留种用的土豆也吃尽了，于是1847年也同样将一无所获。直到1850年，情况才慢慢恢复正常。此时，土豆是爱尔兰多数人口的主食，尽管国家为了出口还同时种植了许多谷物。在欧洲大陆，只有比利时是极度依赖土豆的；其他国家一开始对这种单调的块茎作物提不起兴趣。但是，土豆的歉收是和于谷物不利的天气状况同时发生的。1844~1846年，法国部分地区的小麦价格翻了1倍，而黑麦的价格几乎翻了2倍。在德国，价格的涨幅平均达到70%，英国则仅达到40%；而两个国家内部还各有显著的地区差异。其后果是处处发生一种"老派"的经济危机：因为食物方面的支出必须提高，人们对手工业品的需求便下降了，这导致个体商户的未充分就业以及雇员的解雇。最后，金融市场上利率下降，而贸易公司纷纷被迫申请破产。欧洲范围内四处出现更多的暴力行为，人们要求降低面包价格，袭击工厂的厂房，或者洗劫食物仓库。

然而，在爱尔兰，这次食物不足却引发了一场对此时的欧洲来说史无前例的人口危机。皮尔政府仍在尝试通过受补贴的谷物来救助这个国家，但 1846 年上台的罗素（Russell）政府却主要信赖市场的自由行动，以及一个花费高达 700 万英镑的公共工程项目，这个金额达到英国后来为 1854~1856 年克里米亚战争投入军费的 1/10。为地方贫民提供救济的机构很快便建立起来。而一旦迁入的人流显著形成，试图逃往英国港口的爱尔兰人便立即被就近的船只送返原处，以便减轻利物浦、格拉斯哥以及其他海岸城市的济贫负担。一部分爱尔兰领主支持向美国或者英属北美迁徙，但人们不清楚爱尔兰的贵族以及大臣巴麦尊对此会表现得特别冷酷还是特别大度。总的来说，在这几年内，爱尔兰 800 万人口中有约 100 万丧生。没有什么比一场灾难更能体现自由贸易的失灵了。

政治上的选择

是否有必要更仔细地考量贫困人口的利益，也出现在 19 世纪 40 年代的政治辩论当中。路易－拿破仑最晚在 1840 年现身于贵族院之时便已察觉，普遍的男性选举是资格性选举权（Zensuswahlrecht）以外的另一个政治选项，能够缓和政治冲突及消除社会不平等。"宪章主义者"也要求这样一种选举权利，他们要求实现"人民宪章"（People's Charter）上的六点主张 ①，依据弗朗西斯·普雷斯（Francis Place）和蒂施勒·威廉·洛维特（Tischler William Lovett）1838 年时为建于 1836 年的伦敦工人协会提供的表述，那就是：普遍的男性选举权、一年一次的议会选举以及为代表提供津贴，由此，每人都能参与政治上的决策过程以及成为代表。这场运动在 1839

---

① 即议会每年改选一次成年男子普选权、平均分配选区、废除议员的财产资格限制、秘密投票和议员支付薪金。——编者注

年呈现为一份带有130万人签字的请愿书，在1842年则甚至
获得了330万份签名，但在下议院它却遭到绝大多数票的否决；
此外，"宪章主义者"还在1842年支持一波罢工浪潮，但这却
也在1.5万例拘捕之后销声匿迹。德国的激进自由派，以及朱
塞佩·马志尼遍布欧洲的支持者，也都有类似的考虑。1844
年，当英国政府将马志尼的通信公布于众，并将其内容传达给
奥地利大使时，流亡英国的马志尼成了一名政治偶像。议会调
查了事件的经过，却对结果秘而不宣，这使得政府除了作出种
种断言（另外这些断言也都是错的），便无其他东西可以服众，
因而清除不了诸如英国内政大臣詹姆斯·格雷厄姆揭发了两名
意大利革命者并要借奥地利之手对他们行刑，以及他支持刺杀
马志尼的街谈巷议。这次事件得到欧洲范围内自由派报刊的报
道，间接导致皮尔政府1846年的倒台，并让马志尼从革命的
异端一跃成为几乎为"通信秘密权"殉道的烈士。

　19世纪40年代，在几乎一切国家，市民阶层——有时也
包括市民以下的阶层——开始为公共生活创造新的形式，尤其
是种种协会，它们虽然受到某种来自官方的监视，却吸引了越
来越多的成员，而它们的目标也越发宽广。阅读社团能获取国
内外的各种报刊，而个别成员无力支付这些报刊的价格；"卡
西诺"社团（Casino-Gesellschaften）①组织了许多研讨会，
在其中也能讨论政治的问题；工商业与工业协会几乎只关注经
济政治的问题；为工人阶级提供的互助协会常常将具体的措施
与为"无产者"提供政治启蒙或者促进政治变革的目的结合在
一起。在1848年初的伦敦，一个极端政治化的"劳工教育协

---

① 此处的Casino泛指玩乐、聚会场所，除了卡牌和台球游戏，来此聚会者还会
举办舞会、高尔夫球赛、读书会、宴会、音乐会、漫步、高谈等多种形式的
活动。——编者注

会"——共产主义者同盟——采用了由流亡记者卡尔·马克思撰写的《共产党宣言》。

协会可被视为一种典型的"市民"组织。这不意味着它的成员只能是阶级归属或权利状况意义上的"市民"，恰恰相反，阶级或者等级归属在这里没有什么影响。基本上，成为会员需要缴纳一笔会费，而金额大小决定了一个协会的成员构成。协会的负责人通过民主程序产生，每位会员的选票效力一致。长期以来人们习惯于将协会视作拥有自由或民主环境的组织，它要对抗现行的政治秩序；而保守派人士的组织则似乎出现在等级结构中，在教会的领域中，或者干脆就毫无组织。但是，后来人们发现保守倾向或者宗教性质的协会（例如退伍士兵协会、家园协会）同样拥有众多成员，便意识到事情比原以为的复杂。另外，已经得到详尽调查的英国的情况向我们显示，总的来说，协会联结起来的与其说是政见相同者，不如说是来自特定社会阶层的成员，尽管许多协会已经完全类似于党派，因为它们某种程度上已拥有一以贯之的政纲。不过，包括法国在内的许多国家一直禁止带有明晰政治倾向的协会。此外，政治革命也绝无可能单纯产生自政治动员。若想从经济上的紧张关系或者政治的分歧中触发革命，几乎从任何方面来说都还需要一种外来的影响。

2 "连锁革命"的问题

历史编纂学中有一种常见的做法是，将 1848/1849 年的诸多场革命描述成一个发源于法国并向欧洲广大地区扩散的历史进程。这无可避免会招致各种疑问。此视角将不同的革命综合起来，但它们却各自具有地方性的原因，有不同的过程与结局。在这个意义上，哪怕是谈论一种"德意志革命"，便也已经陷入了歧途。在这些"疯狂"的岁月里，一部分小国家几乎未受触及，或者只有等到冬天，即到了在其他地区革命已经结束的阶段，它们才等到自己的"三月政府"。有些国家则更关注自己的革命。在巴伐利亚，这与国王路德维希一世对爱尔兰浪女伊丽莎白·罗莎娜·吉尔伯特（Elizabeth Rosanna Gilbert）的宠爱有关。19 世纪 40 年代，这位据称出生于西班牙的情色舞者以萝拉·蒙泰兹（Lola Montez）的化名在欧洲引发一则又一则绯闻。1846 年，这位作为"西班牙之友"（他在与这位情人"Lolitta"的通信中自称"Luis"）的国王阻止了将她逐往巴伐利亚的决定，把她纳为一名情人，并在 1847 年赐予她兰茨菲尔德（Landsfeld）女伯爵的称号。她很快便为自己和国王招来一切社会阶层的反对，因为这名在英国军队的圈子中从事社交的新教女性希望参与反对教会的政治，也拖欠了一些款项，还在慕尼黑街头殴打和平的市民与公职人员，并且让一个名叫阿勒曼（Alemannen）的学生社团破坏了学生行为的规范。反对萝拉·蒙泰兹的慕尼黑革命早在 1848 年 2 月 7 日便已启动（在巴黎的革命则是 2 月 22 日才开始的），而在路德维希一世逊位于其子马克西米连二世之后，革命便在老巴伐利亚（Altbayern）销声匿迹了。1848 年 3 月，在黑森 - 达姆施塔特的宣传册开始议论邻国的革命之时，人们大概并不清楚这是在说法国还是巴伐利亚。

　　此外，关于由一国向另一国的革命输出，其机制并未得到准确的认识。"跳动的火花"这样的隐喻虽然能够传达一幅逼真的图景，却避而不答，在所谓法国（再次）更换政府而国王逃之夭夭的信息传来之后，是什么驱使黑森选侯国的农民、匈牙利的贵族、罗马的手工业者和柏林的市民，提出废除封建税负、实现民族独立与废黜教宗的要求，并主张建立一种普鲁士议会或柏林市民自卫队，还试图用暴力的手段加以落实。有人说经济危机引发了特别紧张的态势，使得每一则出其不意的信息皆有可能引爆局面，但在 1848 年，这种判断恰恰只有有限的说服力，因为这一年的经济状况要显著优于 1847 年。所以，为什么"火苗"不会早在 1846 年的波兰起义、1847 年的瑞士独立联盟战争以及 1848 年 1 月的那不勒斯革命中迸发呢？

　　独将法国看作革命起源地的举动契合了一种保守的解释框架，也即将 1789 年之后的法国认作种种革命运动的发源地，认为这些运动源自政府和民众无法自我控制，并且也无辜地将邻国拉入泥沼。于是革命很少被看作本国政策失败的结果，而主要是由外部的有害影响所点燃。但是，若人们不带前见地观察 1848 年诸动乱的时间进程，那么认为"火苗"独独迸发于法国的判断便至少是可疑的。把不同的地方视作革命的起源，便会找到不同的因果。若根据卡尔·马克思所说，前奏是在 1846 年的克拉科夫响起，那么自 1815 年以来便悬而未决的波兰问题，以及"维也纳协调"尝试解决此问题时的失败，就成为讨论的重点。若将 1847 年的瑞士视作革命之开端，那么革命的宗教背景便占据最中心的位置。若人们看向 1848 年 1 月的意大利，那么引发欧洲混乱的，便是西西里新式绝对君主制的落败。于是，上述每一种视角，都为革命描摹了别样的图景。每一种都有其合理性，但并非所有事情都能在一种狭窄的描述中得到完整的刻画。

3　欧洲的革命浪潮

开端？克拉科夫

　　面积约占 1000 平方千米的克拉科夫共和国，是曾经的波兰王国留下的土地中唯一历经维也纳会议而保持独立的一块。这座在大学、走私贸易与对难民的庇护上体现特殊优势的城市在世人眼中就是一个包藏种种秘密谋划的中心，这不仅是因为它那追溯到 1794 年的革命传统，而且也因为它享有相对的自治，而这种自治即使在外国的占领下屡屡中断，1841 年却又在奥地利撤军之后重见天日。1846 年 2 月到来之际，波兰的流亡者计划在巴黎推动新一轮的起义，而克拉科夫以及被普鲁士与奥地利占领的波兰地区也将同时成为起义的策源地。经过商议，信号将于 1846 年 2 月发出。在克拉科夫，起义于 9 日之内便告失败；而在普鲁士，密谋者早在事前就遭到逮捕。在加利西亚，奥地利的文武官员当场许以丰厚的奖赏，利诱（主要是罗塞尼亚的[①] 而非波兰的）农民反对贵族阴谋家并支持当局。于是，在雅库布·塞拉（Jakub Szela）的领导下（他向其追随者许下取消封建税负的承诺），一场农民起义爆发了，导致大量的贵族地产遭到烧毁，而 2000 名上层人物被不分青红皂白地一律处死。奥地利的军队一开始被牵制在克拉科夫，花了 3 周才能重整秩序；塞拉虽然被逐往布科维纳（Bukowina），不过在此地得到许多的奖赏。在得知英法两国就西班牙王室的婚姻争持不下的时候，瓜分波兰的诸大国在 1846 年 11 月一致同意将克拉科夫共和国并入奥地利。

瑞　士

255

从 19 世纪 30 年代开始，天主教会的社会地位在许多国家成为一项富有争议的话题。这在有的地方是因为天主教认为自由派的国家意图损害他们世代相承的权利，譬如普鲁士，那里发生的一场关于异族通婚的纷争就体现了国家的婚姻法和天主教的婚姻法在 1834~1840 年的冲突；在其他地方，争议的发生则是因为某个教会国家要干预新教徒的权利，像 1837 年新教徒被逐出齐勒河谷（Zillertal）一事，或是 1839 年巴伐利

[①]　也译作鲁塞尼亚、鲁提尼等。——编者注

亚关于跪拜之礼的纷争——国王企图命令新教士兵像天主教徒那样在布道坛及天主教的游行队列面前行下跪之礼。其他的国家教会也承担着压力，譬如在英国，什一税的额度与正当性以及宗教信仰在公立学校教育中扮演的角色引起了许多议论。意大利诸国的官方的教权主义越发不被理解，尤其是在新教与自由派的圈子中。

在瑞士，自由派和天主教思潮的冲突，是与自由主义者和保守派各州的冲突相联系的。自由派各州各市的政府并不理会天主教徒与新教徒的比例规定，于是损害了天主教的既得政治利益；因此之故，天主教各州的反抗逐渐增强，譬如中学与高校被交到耶稣会手中。19 世纪 40 年代，拥有宗教背景的暴力活动呈上升之态，而数以千计的自由主义者与新教人士向卢塞恩（Luzern）进发，目的是驱逐此地的耶稣会会众；此时，主要信奉天主教的七个州［除卢塞恩外还有楚格（Eug）、乌里（Uri）、施维茨（Schweiz）、翁特瓦尔登（Unterwalden）、弗里堡（Freiburg）和瓦莱（Wallis）］结成互保同盟，并在1846 年——在瑞士其他州的张皇当中——闻名于世。剩余各州的自由派力量愿意容忍这个"分离同盟"（Sonderbund）①，但极端主义者却致力于把它取缔。1847 年夏，因为多州发生政府交接，联邦议会（Tagsatzung）——国家层面上召集各州代表所开的大会——出现了一个一边倒的情形：它在 7 月通过了解散分离同盟的决议，在 10 月则着手采用军事手段以达到此目的。

要么是瑞士各大射击协会长久以来忘记初衷、没了准头，要么是两边的射手都有意识地将枪口抬高三寸（这种情况可能性更大），总而言之，"分离同盟战争"虽然耗费了许多弹

①　也译作"宗德班德"。——编者注

药，却只造成约 100 人死亡和 400~500 人受伤。1847 年 11 月，战争结束；在这一年里，瑞士起草了一部新的宪法，并在 1848 年 9 月正式颁行。因为从外交上看，分离同盟受到奥地利的支持，所以它的终结意味着奥地利的失败，标志着梅特涅对欧洲中部的影响开始消亡。

意大利

在 1846 年的意大利，新任教宗被选出。庇护九世的统治从改革开始，而这尤其鲜明地显示了，教宗国、意大利其他绝对君主制国家，以及欧洲的剩余部分之间已发展出多么深的裂痕。除颁布新法令及赦免政治犯外，他还宣布不再禁止铁路的建设，并将允许他的国家的居民参与科学会议。这样一来，庇护九世突然间——并且是无意地——站上了意大利发展潮流的顶端。同时，奥地利因为对伦巴第 1846 年之后的饥荒处理不力，声名受到损害。1847 年，米兰人的生活更健康了：他们不再吸烟，因为他们在缺少议会预算权的情况下节约了投在烟草垄断市场中的收入，从而在经济上对奥地利政府施加了特别的影响。在 1848 年 1 月的西西里，一场旨在分裂岛屿的起义爆发了；同时，大陆上的反抗者也要求得到一部宪法，而这项要求在月底得到了政府的允诺。宪法运动在 2 月向意大利其余王国扩散：托斯卡纳在 2 月 11 日获得了一部宪法以及在资格性选举权的条件下选出的代表制议会，还有一个新的、温和自由主义的政府；而皮埃蒙特则是在 3 月 5 日，教宗国在 3 月 11 日，帕尔马在 3 月 29 日迎来宪法运动。所有国家的君主为了保住王位，很快就向相对和平的示威者作出让步。

法　国

法兰西的君主制还要更进一步。在法国，选举权的问题重

257

又激烈起来；一场越发壮大的运动要求减少或废除资格审查。鉴于七月王朝禁止政治社团，人们必须发明新的组织形式：反对派发起种种"宴会"（banquet），宴会上觥筹交错，人们发表各类席间演说，也在此间为请愿书签字。有一场尤其盛大的"宴会"曾定于 1848 年 2 月 22 日在巴黎举办，但单是后勤问题就已让举办方头疼不已。宴会本定在局势不太稳定的十二区举办，而后转移到香榭丽舍大道，最终彻底取消。不过，在 2 月 22 日，国民自卫军、巴黎学生和劳工的游行却如期举行。2 月 23 日，第一批传统的街垒又被堆造起来了，大约 50 名示威者在外相府前——首相基佐（Guizot）的官邸——遭到射杀。路易－菲利普虽然企图委任梯也尔迅速组建新的政府，但其本人却已在 2 月 24 日让贤于孙子巴黎伯爵菲利普，还戴上假胡子逃向英格兰——勒阿弗尔（Le Havre）的英国领事不得不支付横渡海峡的费用。

258 　　因此，和意大利诸国不同，法国的议会甚至也支配了国家的君主制，并且和 1789 年一般，必须回应来自街头的压力。七月王朝受到的支持寥寥无几，于是无法找到有头有脸者愿意尊重路易－菲利普的意志。由 11 名男性组成的临时政府不久便欣然接受了来自法国官员和军人的普遍承认，其成员除阿尔方斯·德·拉马丁（Alphonse de Lamartine，他在 1847 年出版了一部关于温和一共和主义的吉伦特派的历史著作）外，还包括路易·勃朗（Louis Blanc）这样的社会主义者。它试图缓和社会上的示威活动，于是在 2 月 25 日宣告劳动的权益不容侵犯，也规定了最长劳动时间。它通过废除奴隶制并停止对政治犯实施死刑，满足自由派的要求；至于民主方面，它宣布为一场拥有 900 个议席的立宪会议进行选举，而这将以成年男性的普遍选举权为根据，与财产多少无关，从而令选民数量增加了 40 倍。选举是在 1848 年 4 月末举行的。接着是多场补缺选举：不仅有正常的补缺选举的原因（下台或死亡），还因为人们可以在每一选区随意增添候选人。因此有许多著名的政治家赢得多个议席，但自然只能占有一个，余下席位不得不接受新一轮分配。

德　国

在德意志诸国中发生的进程，起初是和意大利相仿的。自1848 年 3 月初以来，在较大的城市，尤其是在各邦国首府中，便有许多人聚集起来。他们是城市手工业者，以及相与为邻的工人、雇员、农民和农业工人，其中也包括他们的妻子。人群得到武装配备，尽管这些装备在工厂中便可自行获取，譬如把镰刀锻打拉直，以显得稍微有点杀伤力。人们首先要求任命得到公众信任的大臣，要求出版自由，要求设立民兵组织（换句话说就是将军队驱离城市），要求更广泛的社会平等，并且要求在尚未颁布宪法的邦国里组织邦国议会；此外，众人的主张通常也包括让德意志邦联议会化。诸王侯很快便答应改组政府的要求，并任命了所谓的"三月政府"——值得注意，巴伐利亚国王的退位未曾像在法国那般开启一段共和岁月。遭遇了严肃冲突的只有维也纳（3 月 13~14 日约有 60 人死亡）以及柏林（大约有 230 人在 3 月 18 日丧生）。不过，普鲁士国王和奥地利皇帝也同样显示了妥协的意愿。梅特涅藏身洗衣袋中逃出了维也纳，并前往英国。3 月 21 日，为了保住部分位于德意志邦联的地产，丹麦的国王也同意了建立一部全国性宪法的主张。从 3 月 31 日开始，约有 500 名"受公众信赖的人士"受到美因河畔法兰克福的邦联会议的邀请，筹措德意志邦联的议会化进程。

英　国

1848 年 4 月 11 日，大约 15 万伦敦民众聚集在肯林顿公地（Kennington Common）——一处位于泰晤士河南岸的绿地，以便为开往议会的游行作准备。这次他们希望交上一份据说由将近 600 万人联署的、宪章主义者的请愿书。但首先他们要设法通过泰晤士河上的某一座桥，这些桥梁已经开始戒严，除士兵外，还集结了 4000 名警察，以及另外 8.5 万名在当日宣誓成为治安人员的志愿者——其中包括 1846 年离开监狱后逃回英国的路易 - 拿破仑。宪章主义者的领袖没有冒险强攻，而是宣告将以个人名义——不带任何示威地——呈交请愿书。于是，伦敦依旧安宁，尽管议会拒绝讨论请愿书，还声称大部分签名是伪造的。保守派的出版物对这场游行表示轻视，而自由派和极端派的出版物则对这个早晨还以嗜血的宣言博取眼球、不多时便胆怯退却的群体予以冷嘲热讽。

欧洲的北部与南部

同样是在 4 月 9 日和 10 日，摩尔多瓦的雅西（Iasi）发生了一场表达了典型的"三月诉求"的请愿游行；但在这里的结果，却是约有 300 名吁请者受到羁押。发生在本月的事件还有瑞典与挪威的政府部分改组，其中瑞典在 3 月的一场革命遭遇清场，约有 30 名示威者死亡。

种种可能的分析角度

按时间顺序记录 1848 年革命进程必将陷入一团混乱，这或许也是当时的人获得的主要印象。处处有事情发生；在正常的年份里它们会引发轰动，但在那时却不值许多版面。若人们意图把种种事件纳入体系，将会出现不同的解释模型。一种古典的分析方法着眼于社会阶层，因为阶层似乎在革命各阶段都提供了驱动性力量。这种分析方法描述了农村人口、市民与劳工的革命，它认为，首先是物质利益决定了谁会参与革命的进程。农村人口要求废除封建税负的诉请得到了迅速的同意，而市民对修正宪法的主张也在夏天实现，但最终（1848/1849 年的秋冬），在国家的力量重新强大起来的时候，依附性劳工的社会政治诉求便重新登场。实际上，是有一些因素能为这样的体制辩护的；然而此处选择的进路，却着重强调政治上的转折点。因为它观察到，革命的参与者们在不同的层面上表达了政治的设想与追求，并在种种框架中作出了多少有所收获的尝试：一是在 1848 年的国家边界之内（内政的框架）；二是通过改变国际体系（外交的框架内）；三则是以"民族"为基础，而这一概念的政治形式还需得到进一步的探索。

261

内　政

要是关注内政层面上的发展，我们便能辨认出一切革命均沿着一种范式发展，不过存在大量局部差异。随着时间推移，在 1848 年春季提出的诉求，会在同年内多少表现出自相矛盾。这些诉求所广泛触及的各社会阶层共同参与抗议活动，给人造成了有一个紧密团结的反政府阵线的印象，让大部分国君作出妥协或彻底屈从。

有一部分诉求指向议会化进程、出版自由，要求对部长的任命以议会大多数的同意为准，以及和平时期武装力量要向可敬的公民让渡。这些问题与部分上层人士利益攸关，他们从事新闻行业、被选为议员，或是身为某些政治社团的成员，也就是直接或间接地以个人名义参与政治。1848 年初，社会各阶层广泛参与政治事务。对普遍选举权的诉求唤起人们的希望：政治集会或许也能明显改善穷人的命运。向此制度迈出的第一步，是法兰西临时政府的组建、对劳动权益的宣告，以及为了落实此种权益而设立"国民工场"——一种创造就业、让待业者能在白天工作数小时以领取少量薪水。在广大农村社会，废

262

除封建税负是首要任务；在 1848 年革命的最初阶段，这项任务便已几乎是即刻得到完成。

原则上，极端的民主主义者也赞同普遍选举，他们在 1848 年革命中首先是希望在政治上取得突破进展。然而在德国，面对一个可被称为"预备国民议会"（Vorparlament）的、未经民主赋权的集会决定，即不是正式宣告自身为议会，而是直接就让人们投票选出一个来，一部分极端左派试图以暴力手段建立德意志共和国作为回应。巴登律师弗里德里希·黑克（Friedrich Hecker）与另一名律师古斯塔夫·斯特鲁维（Gustav Struve）试图在巴登建立共和国并将革命输出至德国其余地区，却因为巴登军队的镇压，"黑克行动"（Heckerzug）在 1848 年 4 月 20 日终结；在这之后，黑克开始了在美国的流亡生活。

民主派人士对各种匆匆举行的选举抱有怀疑；而在 1848 年春季，由于欧洲各处议院的选举结果均使民主共和人士成为少数，上述怀疑得到证实。1848 年 4 月获得选举胜利的，是人员构成复杂的"秩序党"（Partei der Ordnung），其党员既有温和的自由派，也有期望亨利五世下台的正统派。与此相反，在 900 个议席中极端左派仅获大约 70 个。至于普鲁士国家议会、奥地利帝国议会以及美因河畔法兰克福的德意志邦联议会的选举，则是自由主义者们取得了更好的战果。法国的自由派政权倒台之后，向左和向右的道路似乎都成为可能；但德国的情况恰恰相反，保守派们要么没能参与选举，要么没能获得胜利。对"民主党人"来说，选举结果令人失望，而"社会主义者"则在所有议会中均只构成可怜的少数。农民和劳工基本缺席，而手工业者、劳工和农民利益的间接代表人也同样凤毛麟角。占主导的职业群体是"有教养的市民"（多数有从事法律工作的强烈预期）以及商人、领主和收租人。

于是，因为在春季投身示威活动而取得革命胜利的群众，很可能只有在一种情况下才会将议会视作自己的代表机构，即议会对他们的诉请有严肃的考量。许多在议会之外提出的主张，在大会堂内外均无法取得多数支持，譬如妇女选举权，处处皆有人考虑这种可能，却未曾有稍大一些的"党派"严肃提出相应要求。其他的诉求，譬如更合理的济贫措施、更公正的财产分配以及确立劳动的权益，虽在诸议会中落败，却能在城市的街头赢得很高呼声，而这尤其是因为革命重又恶化了加工手工业者的经济状况，并引发了一场延续至夏季的失业潮。日益增长的不信任的情绪，体现在"劳工"们撰写的请愿书越发分裂，而组建的劳工议会也越发分裂上。

在这种情况下，法国政府在1848年6月21日决定解散国有手工工坊，并将现存的失业者纳入军队的编制，或以修筑野战工事的事由将他们派往各省。如此一来，它便激怒了从事体力劳动的巴黎民众，引发了一场暴动。暴动发生在6月23～26日，造成大约6000人死亡〔反抗者损失惨重，他们遭遇的是一支1.7万人的部队，它由正规军以及从劳工中雇佣的机动部队（garde mobile）组成〕，以及事后数以万计的逮捕，约有1.1万人被判刑。

在多数议员看来，这一场在6月方显露出来的社会革命构成了两个隐患。首先，它指向宪制刚刚取得的进展。若一个政府正确地依照程序作出的决定，在由选举赋权的议会中获得同意，却为喧扰吵闹的游行示威所抵制，那么这离无政府状态——甚至是1793年般的恐怖状态——就并不遥远了。因此，多数议员同意要展露强硬的一面，以保卫胜利的果实。譬如，在法兰西国民议会的眼中，极端左派早在1848年5月中旬便已声名败坏，因为他们既已在选举中遭遇挫败，却胆敢煽动巴黎民众推翻议会。

264

其次，1848 年 6 月的示威者至少是在无声地要求财产的再分配，一个标志是，他们不愿尊重自由主义奉为圭臬的私有产权。这样一来，受到威胁的便不只是贵族的生活方式与财产，而且也包括有产市民的生活方式与财产。职业军人的刺刀与其说代表了国家的镇压，不如说代表了上等阶层的恩善的保护，因为这把刺刀为银行家阻拦了暴民，哪怕它也要阻止市民表达他们的意见。

1848 年 6 月在巴黎发生的场景随后在 8 月与 10 月的维也纳、6 月和 10 月的柏林，以及 9 月的美因茨畔法兰克福数次重演。虽然在这些地方死亡不多，但基本的情形还是相似的，即社会的不满引发民众的骚乱直至过激行为，只有军事干预或者国民军的冷酷的射杀才能控制局面。在法兰克福，一支可能主要由小市民与底层市民组成的混合性别的队伍射杀了菲利克斯·冯·利希瑙斯基（Felix von Lichnowsky），此人更像是一位无害的花花公子，却在为军队把风、骑马巡逻的时候遭此一劫。

此外，革命会议中的议员们究竟仍代表哪一部分民众，也越发模糊不清。农村的民众显然要比自由派议会保守。一边是保罗教会对宗教平等与解放犹太人的要求，另一边却是革命初始阶段德国农村地区的反犹主义的过激行为；一边是保护城市劳工的要求，另一边却是德意志诸国与整个哈布斯堡帝国内的农村人口已然满足于 1848 年 3 月对封建税负的取缔——尽管细节问题仍有待解决。

1848 年，几乎所有国家都出现了革命议会与自由派政府需要依托常备军的武装力量，来对抗已作好拼杀准备的左翼反对派的情况。这个场景无疑宣告了市民武装这一试验的破产，反而显著提高了君主们的地位，他们要么未曾失去对军事的掌控，要么因为士兵对极端诉求心生反感而重新掌控了军事。奥

地利皇帝斐迪南一世虽然曾在短期内起驾离开维也纳并迁往因
斯布鲁克，却在 1848 年 10 月的时候欣喜地发现一场左派民
粹主义的暴动或将为自己夺回维也纳；至于柏林，军队也在
1848 年 11 月重新介入。斐迪南因为精神衰弱在 12 月让贤于
其侄弗朗茨·约瑟夫一世。不过，和 1848 年 12 月的普鲁士国
王相似，奥地利皇帝在 1849 年 3 月也能够单方面颁布一部新
的宪法，虽然它从未生效。与此相反，普鲁士人推广了分等级
的男性普选权，也赋予议会立法权，但驳回了自由派的大量主
张。最重要的一点是，军队的指挥权仍在国王一人手里，并且
他仍旧能自行任免其臣属。

　　只有少数国家成功以激进民主的共和国这一条道路对保守
转向实施了反制。德意志国家中有 1849 年夏的巴登以及巴伐利
亚的普法尔茨；意大利政权中则有托斯卡纳（1849 年 2~4 月）
以及教宗国，1848 年 11 月教宗逃离后者，而马志尼也在那里
于 1849 年 2~6 月雄踞罗马共和国的权力巅峰。在哈布斯堡帝
国势力范围内，威尼斯在 1848 年 3 月至 1849 年 8 月为共和国，
匈牙利共和国则是从 1849 年 4 月持续到 8 月。上述所有共和
国均以回到古老帝制告终，复归 1848 年革命之前那历史悠久
的内政秩序。托斯卡纳甚至还对此表示欢迎，因为哈布斯堡大
公的再临意味着当地不会受到奥地利的占领。

　　在法国，这样一种凭借现有的王朝基础实行复辟的办法因
为国王出逃而不再可行。激进的共和主义力量从 1848 年 5 月
开始被边缘化，希望让波旁人重获王位的保王党人也未能赢得
多数席位。而第三条道路，也即把波拿巴家庭迎接回来，也行
不通了，因为他们被禁止踏足本国。不过，给他们投出选票却
是没被禁止的，因为被选者不需要拿到候选资格，选票上也可
以写下任何人的名字。路易-拿破仑因为之前不愿殴打英籍工
人，在法国树立起"人民之子"的形象；不过波拿巴派要将他

请上舞台的首次尝试却告失败了。当然这件事还不算完。6 月
4 日，在一场补缺选举中他在三个省里被选上了，由此引出了
严肃的问题。路易 - 拿破仑能否获得职位？激进民主派的代表
亚历山大·勒德鲁 - 罗林（Alexandre Ledru-Rollin）认为可
行：他不过是一个政治上的矮子，在共和国的光辉下他的人气
很快便将消散一空。虽然首相拉马丁反对为他提供入境许可，
议会还是出于不同理由以多数表示赞成。一部分代表难以接受
路易 - 拿破仑受到禁令的约束，而他的家族成员却已不再受到
影响；另外一些人则希望开创先例，把同样被赶出法国的奥尔
良家族迎接回来；还有一些人不愿违背选民的意志，并因为拉
马丁在波拿巴主义危机这件事上误导了议会而愤怒。然而，在
6 月 16 日路易 - 拿破仑的一封信件被宣读之际，上述争辩便告
一段落了，因为这封信怀有一些恶意，似乎是要鼓动人们推翻
这个议会共和国。由于受到大众的指责，路易 - 拿破仑放弃了
他的委任状。但是在 1848 年 9 月 17~18 日，他又在四省被推
选出来；此次他选择在 1848 年 9 月 24 日返回法国。1848 年
11 月 4 日，法国颁行了新的宪法，这部宪法平衡了每三年选
举一次、拥有 750 名成员的议会，以及仅可四年一选的总统职
位。为了获得这一职位，路易 - 拿破仑隐晦地作出承诺，要保
持民主的讨论，以及重新实现皇叔统治期间的荣耀，却也要顾
及民生与社会公义而超越之前这种统治。显而易见，相信他的
选民主要来自农村地区。在 1848 年 12 月 10 日的选举中，他
获得 550 万张选票，这占到选票总数的 75%，而且发生在选举
参与率达到 76% 的情况下。在他的竞争对手中，最占优势的
是获得 150 万张选票的路易 - 欧仁·卡芬雅克（Louis-Eugène
Cavaignac），他是前任的陆军部长，在巴黎人心中是要为"六
月屠杀"负责的角色。勒德鲁 - 罗林勉强获得 40 万张选票，
而拉马丁则不到 2 万张。只有新教徒聚居、以商业为导向或位于

边境的区域，才对波拿巴主义者重掌国家大权抱有怀疑。

1848 年，欧洲别处的选举都没有像法国这样，在漫长的 革命中经历了政治化和两极分化之后，拥有这样宽松的条件。如果说法国的结果能被视作典型，那么它清楚地向我们展示了，一边是在 1848 年春季仍居领导地位的自由派与自由民主派的政治家，另一边是国内尤其农村的政治态度，两方之间的龃龉在这一年内如何发生了深化。这解释了为什么革命的动力在 1848 年春夏之后便几乎消耗殆尽，为什么到了 1849 年拥护共和的呼声——除了像在威尼斯这样的老共和国——便已无法引发群众运动。显而易见，大批民众认为一种得到宗教支持的、以传统为依托的统治是唯一合法与唯一可行的政府形式，它主要保障了稳定，也在某种程度上维护了社会的公义，而没有企图去建立平等——尽管法国的省份不久即将分裂为"红"与"黑"两个区域。为之煽风点火的是，许多革命者不仅拷问政治上的常规，还试图破除与之密切相连的社会风俗，因为在他们看来这些风俗不合理性或不具正当性。在为数极少的德意志"四八党人"（Achtundvierzieger）中，有一位叫卡尔·布林德（Karl Blind），他"无论如何就想要一场革命，并且为之筹划了数年"。[2] 他不仅试图呼吁手工业的学徒们拥抱民主的观念，还在弗里德里克·科亨（Friederike Cohen）的资助下落实了这一点。弗里德里克是一位犹太银行家的妻子，不过与布林德，这位显然更为年轻的退学生与记者，拥有公开的同居关系。在这个时候的巴登，犹太人与基督徒的婚姻不仅受到社会的鄙视，还遭到明令禁止，因而布林德到 1849 年才能在法国迎娶他这位从 1848 年开始寡居的女伴。

在德意志革命的框架内，布林德是十分激进的。他参与了"黑克行动"，并尝试在 1848 年 9 月从巴登发出建立德意志共和国的号召。但他和下面所有这些人一样，与其说是收获

269 了崇敬，不如说是引发了惊奇：因为身着黑衣而总是轻易将人心激烈鼓动，提出"上帝和人民"（Dio e Popolo）的选举口号而被讽刺成"我和人民"（Io e Popole）并收获绰号"塞奥彭普斯"①的自我中心论者马志尼；虽然对周围人来说是一个刺头，但因为之后对莱比锡的劳工讲起法语而展现出"与人民的亲近"的马克思；像加里波第这样的莽夫；像理查德·瓦格纳这样的音乐家——他除作曲外还因债台高筑而闻名；以及形形色色的颅相学家、招魂术士、素食主义者，还有土耳其浴场的支持者。这反而特别突显了弗里德里希·黑克或者科苏特·拉约什（Lajos Kossuth）这样"勇敢的"、在日常生活里"正常的"革命家，尽管人们没办法称道他们的爱好（例如路易 - 拿破仑所热衷的女人和舞会），却很轻松地便能接受，这些是富人和权贵的正常活动。

外　交

　　在意大利和德国，革命从一开始便具有国际的色彩。夹在奥斯曼帝国与俄国之间的多瑙诸公国也差可近之，不过它们的问题在于，到底应当依靠俄国还是奥斯曼。首先，奥斯曼这一选项似乎是更有保障的。9 月，在奥斯曼的铁蹄下，瓦拉几亚的革命也宣告终结；于是人们有理由对苏丹报以信任，因为对那些为解放农民和创立议会奋斗的革命领导人，他只是把他们驱往奥地利，而没有像沙皇所希望的那样施以刑罚。

　　在意大利出现了要在教宗国的领导下建立意大利联邦的理

---

① 开俄斯的塞奥彭普斯（Theopompus of Chios，公元前 378/377 年 ~ 公元前 320 年）是古希腊历史学家、雄辩家，师从伊索克拉底，曾因同情斯巴达而被流放，在亚历山大大帝统治期间得以返回故土，但亚历山大逝世后再度被流放。著有十二卷《希腊史》（仅余部分片断）和《腓力传》（已佚失）以及一系列政论文章。其历史著作包罗广博，修辞精湛，包含大量评判和道德教化。——编者注

念，而要实现它，就必须把统领着意大利的异族——哈布斯堡帝国赶出这个区域。从意大利诸侯的角度看，有一些理由能够支持这种措施。一场战争能够令自由派的军官分心，或许他们能够把那些靠不住的军队调往国外，并赢得政治胜利，好为王国带来稳定。庇护九世中意这一种政策，它令他成为最高贵并且实际上最有权力的意大利王侯；而教宗的支持也使这种政策获得不可小觑的正当性。毗邻奥属伦巴第的有一处是撒丁—皮埃蒙特，它的主权者卡尔·阿尔伯特能在此处捞得盆满钵满，那么要是在伦巴第和威尼斯发生一场革命，对他来说便再好不过了。在与当地民众对峙了较长一段时间后，约瑟夫·拉德茨基（Josef Radetzky）的军队从米兰和威尼斯撤出；哈布斯堡的意大利军团逃跑了。此外还可设想，法国也会对哈布斯堡采取行动。因为革命法国的政策毫不明朗，在英国便有一些人要对法国的扩张有所防备，而另外也有人认为法国能帮助实现自由派在 19 世纪三四十年代的目标。几乎无人预料到，法国会维持消极的外交政策。

1848 年 3 月 23 日，在得到两西西里国王费迪南多二世、（同样属于哈布斯堡家族的）托斯卡纳大公利奥波德二世与教宗的支持后，卡尔·阿尔伯特向伦巴第进军。然而，教宗和那不勒斯国王却撤回了命令，因为他们发现卡尔·阿尔伯特的出征不是为了教宗，而是为了皮埃蒙特。但将在外，罗马和佛罗伦萨的军令有所不受；一部分人继续往米兰或威尼斯进军。在这种情况下，庇护九世凭倚着他对神职事务的权力，向这场对天主教政权的战争表示了谴责，并剥去了这场战争的神圣意味。而在 5 月便已重新确立国内秩序的费迪南多则戮力于重新夺取西西里（直到 1848 年 9 月，西西里一直是非常自给自足的）。另外，在联盟弃自己于不顾的时候，卡尔·阿尔伯特便必然要觉得，奥地利的军事力量其实比想象中要好上太多。

1848 年春季，拉德茨基撤退至一处易守难攻的地方，它由四座堡垒保卫，通往蒂罗尔和哈布斯堡核心地区的供给线也畅通无阻。他在这个地方作下准备，并于 1848 年 7 月 24 日的库斯托扎（Custozza）之战中迎击卡尔·阿尔伯特的军队；双方损失大致相等，均在 2500 人左右。在这之后，拉德茨基便能着手重夺伦巴第和围困威尼斯，并于 1849 年 8 月占领后者。而在 1849 年 9 月奥地利进军匈牙利的时候，皮埃蒙特第二次侵略伦巴第的企图也落败了。卡尔·阿尔伯特逊位于其子维克托·伊曼纽尔二世，在后者统治下，撒丁—皮埃蒙特将能建立意大利的主权。这个国家的优势还在于，它是意大利中唯——一个落实了 1848 年宪法的。

意大利诸共和国里尤其造成了国际影响的，是罗马共和国；在其中扮演了决定性角色的是马志尼和加里波第，后者曾于 19 世纪 30 年代在南美洲以军人身份闯荡过几年。1848 年 11 月，教宗的第一大臣遭到谋杀，而教宗本人也逃往那不勒斯王国；当此之际出现了激烈的抗议，尤其是在法国的天主教区域。此外，教宗制的危机和奥地利无力干预的处境为法国提供了增强对意大利影响力的良机。在法兰西共和国总统于 12 月当选之后作出一系列民心所向的决策中，最初的一项便是自 1848 年始向教宗国派遣法国军队，并给西班牙的一支小分队让出了通道；由此看来，后革命时期法国的军事干预是站在了反动派的一方。虽然加里波第两败法国的援军〔可怜的拉莫里诺（Ramorino）则又输掉了战斗，再次被人疑为吃里爬外，并且这回还就以这个罪名遭到罗马共和国的处决〕，法国人还是在 1849 年 7 月攻下了罗马，重新迎立了教宗，并就此常驻教宗国。马志尼脱逃了，以便在英国重新策划革命，而加里波第却要冒险以 4700 人马，最后一次迎击来自法国、奥地利、那不勒斯、西班牙和托斯卡纳的为数 86000 人的军队。不过因为自己的队伍在这场无望的战争前自行解体了，他最终也几经周折逃回皮埃蒙特。

在德国，革命从一开始就已是在国际层面上发生的，因为在德意志邦联里有 30 个以上的主权国家相互纠缠。于是，每一次国内革命均同时触碰到邦联的利益。它虽然只由德意志诸邦国的受命代表组成，却也和各邦国的王侯一道致力于预知革命者的主张并缓和革命。它宣称"黑—红—金"是德意志邦联的颜色，把邦联的边界往普鲁士的外部边界推移，并将 500 位主要来自德国西南地区的著名的、政治活跃的男性唤来法兰克福，迈出了在邦联层面上召开议会会议的第一步。在激烈的辩论后，这一"预备国民议会"决定在法兰克福召开全德制宪国民议会，而会议成员则通过普遍的男性选举权产生；不过各国有权自行确定选举方式之细节（直接还是间接选举，选民是否需要有固定住址，以及是否排除穷人，等等）。

1848 年 5 月 18 日，在法兰克福的圣保罗大教堂被匆匆改造成议院之后，全德制宪国民议会宣告开幕。它承担着两项使命：一是筹备宪法，二是确立德国的行政权。两者均非易事，因为它们将成为后世表率。这届由许多法学家构成的议会思虑周全，以 1789 年的三级会议为标杆，把对基本法的讨论当作第一项议题；对宪法中未定部分的商议则从 10 月开始，因为那时各国的政治力量已有向君主靠拢的明显趋势。

行政权力的确立则同时提出了关于国民议会与诸国政府之间关系的问题。圣保罗大教堂的民主派赞同议会的主权，而自由保守派则提出疑虑，因为只有由邦联会议（Bundesversammlung）赋予的中央权力机构才享有合法性。圣保罗大教堂采取折中方案。国民议会决定中央权力机构的设立，但是它推选给后者的代表是被广泛接受的，也取得了邦联会议的默许。不过，在"帝国摄政"（Reichsverweser）——

这是一种几乎全然不知所指的名号——接替了它的职责之后，邦联会议便告解体了。全德制宪国民议会把奥地利的约翰大公推选为帝国摄政，革命期间他曾是一名军官，而他的社会知名度尤其来自他与一名市民出身的邮政员之女的婚姻。此外，帝国摄政还拥有一个内阁，但除此以外便别无他物了。国民议会既不能征收税款，也无权调动军队。虽然德意志邦联诸国均有义务保卫帝国摄政，但只有少之又少的国家遵守这项规定。

最晚到1848年夏末，圣保罗大教堂便将清楚什么叫作"有名无实的政府"。1848年3月的丹麦革命要求召开丹麦全国大会，与德意志的革命迎头相撞。丹麦由四部分组成：丹麦、石勒苏益格、荷尔施泰因以及劳恩堡。荷尔施泰因与劳恩堡是德意志邦联的领土，并主要由讲德语的居民构成，而石勒苏益格的大部和丹麦的全部则讲丹麦语。若丹麦要颁行一部民主制的宪法，那么至少要把石勒苏益格包括进来，而这也是丹麦的党派所主张的。然而根据一部古老的文件，即1460年的《里伯条约》（Privileg von Ripen），石勒苏益格与荷尔施泰因应当"永世不分"（auf ewig ungeteilt）。这似乎意味着两个公国各自都不应分裂成更多部分（相似的表述可见于法兰西"永恒与不可分的共和国"等）；不过有一些学者，如基尔大学的历史学教授约翰·古斯塔夫·德罗伊森（Johann Gustav Droysen），却认为这项条款是在承诺石勒苏益格与荷尔施泰因（因此也与德国）应当彼此不分离。早在3月，丹麦议会便已宣告要把石勒苏益格并入丹麦国中。而在荷尔施泰因与石勒苏益格发生骚动之际，普鲁士的军队则蒙国民议会的委命，于1848年5月发动军事干预，却在大不列颠与俄国的施压下，不再遵从圣保罗大教堂的指令，于夏季撤回。1848年8月的马尔默（Malmö）停战昭显了普鲁士对国民议会和民族运动的蔑视；此事消息传来，诱发了法兰克福的九月起义。

在这样的情况下，国民议会着手讨论德国的宪法秩序，而这也必然关乎德国的边界问题。正如丹麦事件清楚显示的那样，圣保罗大教堂选择维护现存边界而非尊重民族自决；与此相应，它也明确拒绝了来自波森的波兰代表对自治或独立的诉求。捷克的代表拒绝参加圣保罗大教堂的选举。于是捷克人只能参与哈布斯堡帝国的宪法讨论。剩下的是奥地利德语区的地位问题。一个方案是像已对普鲁士作出的那样，把哈布斯堡帝国所有区域（德意志的、捷克的、匈牙利的以及意大利的区域）并入一个"德意志国家"。但这一方案没有得到多数同意，而且奥地利政府已经明确，不能借着"大德意志"的旗号把该国分成德意志与非德意志两部分，因此只剩下所谓"小德意志"一条出路，即建立一个没有哈布斯堡的"德意志"国家。在确定政体时，共和制没有获得多数票，而选举君主制（Wahlmonarchie）也是如此。既然选择了"小德意志"的方案，而圣保罗大教堂又以多数票决定采用世袭君主制，那么根据诸国的力量对比，把德国立宪君主的冠冕加于普鲁士头上，便在所难免了。

原则上，这种方案完完全全符合普鲁士的利益。普鲁士和奥地利世代为仇。因为头戴帝冠，奥地利在邦联会议中享有礼节上的尊荣；而普鲁士则开始通过关税同盟对德国许多地方施加重大影响，而这种影响也能够因为政治的一统扩及军事与外交的领域。若成立一个由普鲁士控制的联邦国家，那么由普鲁士领土的分散性所造成的弊端本应能几乎完全消除。然而弗里德里希·威廉四世回绝了帝位，由此注定了圣保罗大教堂的命运。各邦原本均必须承认圣保罗大教堂的宪法，这项要求已基本失去了意义；至于春季的"维护帝国宪法运动"，则只在萨克森与符腾堡等少数几个邦国中才获得广泛支持，却也被普鲁士的军队给镇压了。圣保罗大教堂的代表被各邦召回，因为宪法的工作据说已然完结；一部分代表前往斯图加特，因为符腾堡是稍大的邦国中唯一承认帝国宪法的，但迁至那里的议会也在武力的威胁下于 6 月 18 日彻底地结束了。帝国摄政坚持最久，他在 1849 年底才退位。

在圣保罗大教堂的政治实验告终之后，普鲁士重拾起小德意志统一的理念，这次却带有保守的趋势。约瑟夫·冯·拉多维茨（Joseph von Radowitz）政府致力于邀请尽可能多的德意志邦国共同就一种"联盟"（Union）展开协商。第一批与会者有汉诺威、黑森选侯国以及萨克森，不久之后也囊括除巴伐利亚、符腾堡和奥地利外的所有国家。1850 年 1 月，联盟议会（Unionsparlament）的选举在普鲁士三级选举制的新框架下宣布开展，而这部选举法虽然在形式上普遍适用于成年男性，却在选票的分量上严重向富人倾斜。在 3 月选出的政府中，只有保守派与自由右派的代表；他们聚集在埃尔福特，5 周之内便写好了一部宪法。而另外一边，奥地利关于德意志邦联永不解散的主张也屹立不倒；相应地，未加入联盟的诸国也在 5 月召开会议，讨论重新组织邦联的事宜，随后邦联议会在 1850 年 9 月 2 日再次启动。于是就出现了两个主张在政治层面把"德国"组织起来的政治中心：普鲁士的联盟与由奥地利主导的德意志邦联。

德国之所以没有最终分裂为普鲁士主导的北部与奥地利主导的南部，是因为奥地利首相、施瓦岑贝格亲王费力克斯（Felix Prinz zu Schwarzenberg）在北部发现了构建反普政策的两个着手点。1849 年春季，普鲁士再次取得对丹麦战争的胜利，却因为国际的压力在 1850 年夏季又放弃了石勒苏益格与荷尔施泰因。不过，丹麦尚未重获实际的控制；荷尔施泰因还存在着起义的势力。因为普鲁士自然不会是考虑的对象，哥本哈根方面便向德意志邦联请求援助，而后者也同意向荷尔施泰因派遣巴伐利亚与奥地利的军队。更糟糕的是：连黑森选侯国这个属于联盟的国家也向邦联发出了求援信号。这个国家的政府在革命后多次中断了它的宪法，于是文武官员均拒绝服从。奥地利同意为这个政府清理那些以下犯上的臣属，而这在意识形态的层面上把普鲁士推向了一种两难的处境，要被迫向黑森选侯国中护宪的党派表示支持，并因此把自己的保守的上层人士排挤出去。奥地利与巴伐利亚若进军黑森选侯国，便会在军事上把普鲁士的两部分国土再次分割开来，至少是在邦联完成占领，换句话说，奥地利的进军权扩展到荷尔施泰因的时候就会造成这样的局面。因而，普鲁士面临着一个抉择，即要么开战并且很可能会引来支持奥地利的俄国，要么妥协。国王选择了后者。1850年底，德意志邦联在普鲁士的参与下重新建立，它提出含糊的承诺，要以议会化为目标推动邦联改革——这些承诺不久后便在1851年沦为空话了。

277

民族运动

"德意志"革命从一开始就已对丹麦人、波兰人和捷克人造成了影响，在不同的民族运动之间引发了摩擦；而这些民族运动的目标是在封闭的国土上建立统一的政府，建立代表着拥有相同语言与文化的人民的议会。在19世纪，民族主义是各地的推动力量，而1848年的"民族之春"（Völkerfrühling）更是成为一道分水岭，使得1860年之后为建立民族国家作出的或成或败的种种举措，有别于1815年之后复辟的那些前民族帝国。尤其受民族的主张与竞争塑造的，是哈布斯堡的革命进程。不仅意大利，匈牙利的革命也展现了民族独立运动的特性，而这终将带来成果最为丰硕的一次革命尝试；但同时，注定了革命将要败北的，也主要是哈布斯堡帝国中诸民族运动的相互竞争。

1847年以来，匈牙利国民会议中有越来越多的自由派贵族代表要求建立本国的政府，并且它应当服从由广泛选举产生的国会。不仅在维也纳，在布拉格和利沃夫（德语：Lemberg；波兰语：Lwów；乌克兰语：lwiw）也出现了各种公民委员会，而它们还将发展为议会。在1848年里，除了匈牙利的普雷斯堡（Preßburg，或称布拉迪斯拉发），布隆（Brünn，或称布尔诺）与萨格勒布皆成立了省级议会并因此对维也纳帝国议会构成了无声的挑战——但布拉格却是一个例外（虽然它也在1848年举行了议会选举）。帝国议会是在1848年7月22日成立的，于维也纳十月风波之后迁往科勒姆希尔（Kremser，或称克罗梅日什），并在1849年3月遭到强制闭会。1848年匈牙利下议院重新选举，使科苏特·拉约什成为领袖人物，但它也同样命途多舛：它首先在佩斯集会，后来迁到德布勒森（Debrecen），1849年再回到佩斯，最后定在赛格德（Szeged）；每次迁移均会造成代表的损失，400多名代表最终只剩大约200名。

在匈牙利革命中，"民族"的问题是与领土、社会的问题以及紧张的态势相互交织的。匈牙利的国境也包括了主要由克罗地亚人与波兰人居住的地界。一开始军事冲突发生在匈牙利与克罗地亚的士兵之间。不过，造成公开冲突与促使当局发布戒严令的，却是1848年9月一名高级军官在佩斯遭到谋杀，以及匈牙利国民会议在1848年12月拒绝承认弗朗茨·约瑟夫得到本国的王权。作为回应，奥地利在1849年3月的宪法中缩限了匈牙利附属王国的领土范围，而这决定了在哈布斯堡皇朝的所谓"逊位"的情况下，科苏特被选作了"摄政总统"。

然而，重重内患令匈牙利的革命者难以组织起对抗奥地利与俄国入侵的统一阵线。1849年8月，匈牙利的反对武装溃不成军；部分国民军开赴奥斯曼帝国却遭到围困，直到1855

年才有一艘美国的战舰来到此地，把科苏特接往英格兰。

但在维也纳帝国议会中却无匈牙利人或者意大利人有权参与讨论，而上述种种民族矛盾也很大程度上不在议程之内。这样一来，对"1848 年"来说，民族主义的威力与重要性到底有多大，便仍是一个问题。

我们首先需要澄清概念上可能存在的误解。关于"民族情感""民族主义""民族运动""民族性"等到底是既有的还是崭新的现象，长久以来争论不休。部分原因是，在这场论争中各方各执一词。有一种现象毫无疑问是值得注意的，那便是在欧洲不同的地区、在当时已探明的全球区域内，人们是操着不同的语言彼此交流的，也信奉着不同的宗教，拥有不同的习俗。同样毋庸置疑的是，自《圣经》的拉丁语译本出现以来，欧洲的这些差异便已体现在"natio"一词的变异流转上——中世纪与近代早期大学中的"同乡会"（Nationen）①便是由此而来的。不过另外一种看法也似乎是合理的，即根据族类来对人进行区分的做法早已让位于其他划分方式，譬如根据等级与宗教信仰进行划分。甚至还有一种更为合理的看法，它指出"民族主义"在"近代"发生了根本的改变。这种观点意图刻画，归属于某个"民族"的身份在何时、凭何办法、又是为何成了最紧要的决定性特征。我们最起码可以在第一次世界大战中看到这种所谓的"决定性"，因为只有"民族国家"能令人们为之付出生命的代价，而工人阶级的团结性或者共同的宗教信仰都几乎不具备同等的潜力。"近代"民族主义是一种合乎平等主义的现象，因为它使各人平等地归属某个民族，而轻视等级或阶级的差异。它同样是一种排他的现象，因为它倾向于把世

①　拉丁语的 natio 兼有"出生"与"种群"之意。在中世纪大学中出现的种种"同乡会"是以地域出身为划分依据的学生、学者联合会。——译者注

界设想为不同民族领土的聚合体。要是出现了种种状况，譬如这些领土无法得到清晰的区分，或者统治着一个民族的国家其实是由另一个民族主导的，那么民族主义者们就需要决定：是要主张同化少数民族，还是放弃"异族"的土地，抑或不再试图组建由同质的种族构成的民族国家？因此若是人们争论，是否曾存在一段像马志尼的"青年欧洲"所设想的那样"自由的"民族主义时期，那么人们便同样陷入了歧途：因为在一国之内，民族主义必然是排他的，哪怕它并不必然意味着要打造各民族高下有别的局面——圣保罗大教堂在关于波兰问题的论辩中便显明了这种昭彰的野心。

更有意义的问题是，"民族"（Nation）的概念究竟有何准确的意涵。对西耶斯神父来说，这个概念在 1789 年仅仅指向生活在同一部法律之下的人民，换言之，这些人不必同属一个种族或同操一门语言。即便在 1848 年革命的问题上也有一些事情表明，这样一种对民族的定义仍在与另一种关于民族的设想相抗衡，后者在种族上是坚定排他的，就好比社会等级严明的事实要比国民平等的理念更深入人心。

的确，在 1848 年革命之前，以及尤其是在革命发生过程中，数度出现了民族化的浪潮，它们产生自议会中的种种冲突与歧视以及关于边界和特权的争论，产生自对国家之大小的种种设想。但这不意味着在吸引力方面，民族国家在超民族帝国面前已不遑多让了。因此有人认为，从一种特定的自由派的教养公民的视角来看，德意志国民议会高估了民族国家所具有的吸引力，正如民主主义者高估了共和国的吸引力。

革命的终结

当各处的"1848 年革命"在 1849 年惨遭镇压，而其政治余震晚至 1850 年底亦已平息之际，关于胜利和失败的问题便出现了，但同样值得思考的是，1848 年到底发生了什么。革命之后即刻作出的清算虽然相对温和——譬如与巴黎的六月起义相比——却也同样基本是不可捉摸的。一边是立即执行的枪决与经年累月的监禁，另一边却要看到，逮捕不力使目标人物相对容易便能逃脱，而逃亡的方向有时是瑞士或比利时，大多数时候则是英国或美国。法国不是理想的逃难目的地，因为彼处有路易-拿破仑建立的政权。他在 1850 年中止了规定其任期到 1853 年为止的宪法；1851 年，宪法被废止；1852 年，帝国宪法再度颁行，理由并不是完全没有道理的——毕竟所有其他的拿破仑式的改革都得到了保留；最终，1852 年底，帝号（拿破仑"三世"）也随之而来。

于是，在民主派人士以及大部分自由派的革命者看来，他们的行动全线破产。自由派人士寻思，1848 年成形的"红色危机"是否便真的如此糟糕。与此同时，民主主义者与社会主义者们则只能在牢狱之内或者亡命路上筹划新一轮的革命。不过，反思之下，1848 年倒常常被视为一种局部的胜利。最终有许多国家获得了新的宪法，普遍的男性选举权——无论是否采用了三级选举制的版本——广泛传播，而议会的职能也相应出现结构性的增强。此外，有一部分政府对革命的主张表示支持，于是开创了一条新的道路，在以民族为依归的反对运动和国家之间展开合作。

但是，即便革命带来了这般成果，人们也应询问其主张涵盖了多广的范围，并且询问，1848 年是否真就爆发了一场普遍的"革命"。其答案完全取决于革命的概念。要是人们把它定义为一种各处均发生了暴力颠覆活动的情境，而这种情境却非必然导致长效的权力交接，那么在法国、丹麦、德国、意大利、奥地利与一些东南欧国家所出现的，便无疑落入革命的范畴。而且，譬如"瑞典革命"的提法或许也是有意义的。但要是人们把革命理解为一种国家权力至少在短时之内归属不明的情境，那么在德意志国家里发生的大部分事件便不属于革命了。它们只是提出了易主而侍的要求。但反过来我们可以问，英国的宪章运动是否也以一种并未对政府权力造成严重威胁的方式提出了革命的主张。另外，与之相反，法国与意大利局部发生的事件无论如何都具有一种革命的特性，尽管法国的权力转换完成得十分迅速，相比匈牙利或意大利诸共和国，它的不安稳的阶段十分短暂。不过总而言之，我们可以确定，各场"革命"在许多地方补足了在 1815 年各场改革中已议定的方案：欧洲大部的议会化与宪制化。

结　语
1850 年前后的欧洲

1851 年 5 月 1 日，伦敦，万国工业博览会（Great Exhibition of the Works of Industry of all Nations）——第一届"世界博览会"开幕。城西海德公园有一处"水晶宫"，由钢铁与玻璃建造而成，展出来自当时已知世界所有地方——从福克兰群岛（即马尔维纳斯群岛）、塔斯马尼亚到中国——的艺术作品、手工艺品、技术装置、农业产品与新奇特产。例如，在代表了德意志诸国的德意志关税同盟所携带的诸多展品中，就有一件由埃森的克虏伯工厂生产的巨大的铸钢立方体。在最后颁布奖项的时候，能够清楚地看到，英国的"工业"产品虽然质量过硬，但在法国设计与美国创新的魅力面前优势不大，而这种情况将使英国加大对劳动者教育以及艺术博物馆的支出。世界博览会在 10 月 15 日闭幕，取得了轰动性的成果。或有大约 600 万民众从欧美各国前来观赏，其中一部分是加入了一个名叫托马斯·库克（Thomas Cook）之人组织的包价旅游。他先前的业务只包括为戒酒人士提供北英格兰的旅游项目，如今其产品结构的调整将给日后一家旅游业的国际康采恩铺下基石。

1851 年展览会的成功举办明确体现了欧洲各地翻过革命这一篇章的速度几何。来自欧洲大陆的秘密警察一直担忧群众在王宫附近聚集的情况，尤其当此事发生在伦敦这座激进人士居留的城市中，譬如马志尼、马克思、科苏特也曾短居于此，另外再加上一两千名法国、波兰、意大利、匈牙利和德意志的民主主义者甚至共产主义者。但与之相反，英国政府却对此类事件听之任之。它虽然容许一些大陆警察看卫这场盛会，却只希望他们在追查骗子与扒手的事情上帮忙。英国的书报业嘲弄大陆竟害怕这样一些流亡者，他们只是在远离主街的廉价酒馆里策划新革命的方案。只有草营人命的国度才会害怕这样的方案。这样的国度，在越发自视为自由之国的典范的大不列颠看来，自然包括了所有的欧洲国家，不过或许有法国一个例外。

伦敦的展会标志着一种突破性进展，它是由在其多方面均拥有市民性质的社会取得的。哪怕在女王宣告展会开幕的那一天里，众人也有获得入场券的机会；设置了门槛的是极高昂的票价，而非什么宾客名单或者贵族礼节。只要财力到位，人人均可购来展品；许多展品都是为了将来的规模化生产而提供的样品，而非为了与一个主要由贵族组成的市场敲定高档的一锤子买卖。

来参观世界博览会的若是出身不列颠群岛的人士，那么他们多半来自城市而非乡村，但他们依然不太可能是工业或农业的劳动者。造成这种情况的原因，不仅是前来参观展会的价格至多可算适中，却远远说不上便宜；更重要的是，哪怕在这个"工业化"的模范之国当中，起关键作用的也仍旧是小型企业。于是，把展会主题译作"工业博览会"（Industrieausstellung）其实是具有误导性的：正如德国的所谓"工业学校"实际是旨在培养勤劳（Arbeitsamkeit）的品德，而非为了帮人谋得一份厂房里的工作；类似地，在伦敦得到展出的，是"各国之勤劳的产品"，而非全球"工业"的产品。①

---

① 在形成今日的含义（"工业"）之前，英语中"industry"（以及法德等西方语言中的同源词）沿袭了拉丁语"industria"的含义，意为辛劳勤奋——譬如英语中"industrial"一词便仍保有此原意。于是，像是中文对世博会的定译"万国工业博览会"，便是不准确的。依作者的意思，应当改为"万国之勤劳成果的博览会"。——译者注

虽然欧洲各国的制品在一地同时展出的机会仍如凤毛麟角，但人们却能日益轻松地获取别国的可靠资讯。譬如若想知道某国人口几何，那么除巴尔干地区与俄国外，人们均有机会获取周期性的、在信息收集的方法上不断打磨进步的并且保存在图书馆中的数据（譬如大英博物馆的图书馆），而且可以对比增长率，得出某国富裕或贫穷的结论。这样一种计算会得出，1850 年前后的欧洲约有 2.66 亿人口，比起 1790 年增加了近一半。诚然，身处水晶宫当中，人们会开始这样想象，仿佛有一个虽然贫富不均却也在原则上权利平等的"市民"社会在此间嬉笑游冶。不过实情当然有所不同，因为彼时仍只有在两个国家中生活着共和的"市民"：法兰西共和国的约 3550 万的民众（不过他们不久将要重迎帝国的政制），以及约 240 万名瑞士联邦的成员——另算上法兰克福、汉堡、不来梅与吕贝克的居民。而所谓"万国（aller Nationen）制造"的名号也遮蔽了一个事实，即欧洲的典型政制仍然是多民族的帝国，而非领土经过削补的民族国家，不仅是沙皇俄国、哈布斯堡帝国、奥斯曼帝国，以及西班牙与葡萄牙帝国苟延残喘的部分，就连不列颠也是由英格兰、苏格兰与爱尔兰的"民族"所组成的大英帝国。而且也没有太多证据证明欧洲的大部分居民对此心怀不满：尽管通信手段与交通工具均得到改善，人们的视野也仍常常局限在地方。只能接受以民族国家的方式划分世界的民族主义者尽管强势，却仍将一直只是少数派。

大部分情况下，至少在欧洲，君主与帝国宪法的胜利顺应了各国领土的削补情况，大面积飞地的情况（本国境内的外国领土抑或他国境内的本国领土）只会出现在德意志邦联。而这些宪法虽取得胜利，却暗藏有大量实质的区别。大不列颠落实了女王统而不治的办法。而在大陆的北部与西部，以及除奥地利外的讲德语的中欧，均像撒丁—皮埃蒙特一样建立了立宪或

286

议会君主制，尽管葡萄牙与西班牙的宪法秩序十分脆弱。虽然向议会制表示了妥协，但君主们仍旧扮演了核心的政治角色，无论是如在法国一般占据了所有重要的职位，抑或如在德意志诸国一般享有军事统帅权。另外一种局面是，在奥地利、南意大利、俄国以及奥斯曼帝国，绝对君主制屹立不倒。

在宪法上区分"自由"与"专制"国家的做法则反映了看待社会的不同视角。的确，除德意志与瑞士的共和国外，其他国家都未能长久摆脱贵族头衔。贵族制在各处均与等级挂钩，并且哪怕是凭财富而新晋的权贵也拥有一种金钱本身买不来的"社会资本"。不过，在"自由"的国家里，无论是头顶贵族称号还是仅为"市民"，两种身份的差别至少在形式方面——在官司诉讼、教育资格或公职分配等事务上——不应造成影响，或不应造成决定性的影响。若是被人嗅出贵族的特权味，就有可能招致批评与丑闻。而相反，在专制的体制中，成为社会精英自然是以拥有贵族身份为前提的。实际上无论在哪里，某些身居要职的精英——譬如外交官与军事领袖——一直是被当作贵族成员的。但在自由的国家中，这种情况不能单独由出身决定，也必须与个人的才能等有关。就连市民阶层也绝对不是一种普适性的身份：在欧洲的大部分地区，谁若想成为某座城市的市民，就必须向某个专门的委员会证明自己守序正直，并再支付一笔入籍的费用。

宗教方面的差异就更为明显了。在英法两国，信仰的归属问题此时已至少在公务中不再重要了，尽管比起法国的犹太人与新教徒，英国的犹太人与天主教徒要更难谋取高等的神职。然而在欧洲大部分其他国家，对宗教少数派，尤其是对犹太人的歧视遍地可见；在最好的情况中，宗教国家也不过是对基督教内部受到承认的不同信仰流派稍有放宽而已。

"欧洲"，除作为一种地理概念以外，常常是指欧洲的国家体制，甚至总是只让人联想到五个大国；这样的"欧洲"正在渐渐放下对世界的直接控制。这里的大部分国家几乎不再持有海外的地产或殖民计划，只有大不列颠和法兰西逆潮而动。在曾为欧洲国家殖民地的美国，在中美洲与南美洲，如今一些社会群体正在形成，它们尽管意识到与欧洲的关系，却要固守自身政治与文化独异性。与此相反，某些领地尽管依然由曾经的殖民霸主占有，其重要性却越发下降，而这是由于糖制造业的利润不再丰厚，并且鉴于各方如今均能进入市场，对领土的控制也不再如此重要了。

在另外一种视角中，欧洲与其他大陆的关系变得更加紧密了。商人的旅行越来越快，归国的游子也会讲述他们在欧洲之外的土地上获取的见闻，移民能与他们的亲属时传尺素，而欧洲的识字率也日益上升。此时，在普鲁士、尼德兰和苏格兰等国，绝大部分男性能够识字，而只有少数的女性有此能力；在法国、英国与爱尔兰，识字的女性则刚超过一半（虽然在某些地区仍不足半数）。不过，在哈布斯堡帝国、西班牙、葡萄牙、比利时和俄国，民众当中仍有超过半数的文盲，他们在远离交通要道的地方生活，保持着自己的消费、生活与信仰习惯，与自由的西欧越发格格不入。于是欧洲便明显分为两个区域：一边是政治相对自由、经济发展、民众多受教育；而在另一边，政治专制、经济增长相对迟缓、受教育程度有限构成了主要的社会印象。哪怕各方虽褒贬不一却仍共同怀念着过去短暂的数年（那时欧洲的大部同属一个政治区域、受到同样的统治），但乐观主义者仍有机会畅想，整个大陆将迎来一个高度自由、无限发展的纪元。

我们在本书开篇提出的问题考察的是人口、经济和社会变革与政治动乱之间的关联。作为回应，1851 年世博会的成功举办意味着，经济、社会的激变与政治革命之间没有必要的关联；可以说，1848~1851 年与 1789~1830 年这两个时段并无两样。相反：虽然流亡路上的"左翼"革命者认为新式的大众消费孕育了一种智识上的空虚，而伦敦的奢华派对、大陆的压迫以及爱尔兰的贫困之间产生了冲突，使得新的革命在所难免；但实情是，大不列颠在 19 世纪 40 年代遇上的经济活力舒缓了政治的紧张。一些人担忧大量人口将陷入饥饿与贫困。这种担忧是"赤贫"年代的产物，但它最终也消失了——尽管在"工业化"启动较晚的国家里它仍徘徊了一段时间。马尔萨斯那冷酷无情的理论越发遭到强烈的驳斥。这种情况给爱尔兰饥荒的丑闻煽风点火，却也令它染上政治的色彩：这次饥荒是英国宪法而非工业化的后果。在"富裕市民"与"贵族"之间的竞争，常常因"极富的"商人、银行家、实业家被吸收进一种贵族阶层而消失，这种贵族通过不断上涨的租金以及新的投资机会而获利。

　　政治的变革是经济与社会变革的前提吗？乍看之下答案是很明确的：高度的经济发展首先出现在森严的等级秩序、国家宗教，以及官僚对报纸、传单与书籍的审查均遭动摇的地方，无论这是产生自英国那样的渐进的政治改革，还是法国那样的自下而上的革命，抑或德意志诸国那样的自上而下的革命。1850 年之前，在上述变革未曾发生或者不久便消退的地方，如在西班牙、意大利、俄国或者欧洲东南部，经济与社会的层面上也大多不会出现变化的进程。不过，要是人们更细致地观察个别的地产或企业，事情会更加复杂，因为实际上爱尔兰北部的经济发展方式与波兰西部并无太大差别，而这意味着在不断扩张的世界市场中，每个区域所处的区位或许才是决定性的因素。政治状况无疑会施加影响，能增强地理的要素，例如在英国更易通达大西洋经济圈的情况下，政治手段可在一段时间内对其他地区（法国、西班牙或者尼德兰）实施封锁，因而给伦敦的商人创造了优于其鹿特丹或加的斯竞争者的条件。

290

　　因此最终，就像大部分核心的历史问题均碰到的情况那样，原因与结果之间并无明晰的层层递进的关系，而我们只能观察到复杂的反馈效应，它的意义虽然只能得到粗糙的刻画，却能在细节处对一个又一个矛盾作出处理。毕竟对欧洲社会来说经济活力与政治自由之间的关联一直是个关键的问题，这些矛盾便是不可避免的。的确，在观察 1789~1850 年的岁月的时候，我们或许能推测出一种必要的关系：至少在 1850 年前后，欧洲最自由的社会也是最富裕的社会，哪怕根据在该时段末期渐受欢迎的政治自由主义的逻辑，社会的自由与富裕之间的距离将会越来越大。然而，欧洲历史接下来的一段时期，却将要使我们得出另外一种结论。

文献综述

　　作者们总是靠着幻觉过活：他们幻想自己的书会被一直读下去，幻想人们总会出于各种理由把它们拿来阅读。这两种"幻觉"或者——换一种积极的说法——"设想"使我们很难撰写一篇既能符合各种兴趣，又能常读常新的文献综述。如今已有许多不断更新的教科丛书为读者总结了研究文献的情况，总结了学科当下正在争议的话题与正在进行的讨论，譬如《奥登堡史纲》（ *Oldenbourg Grundriss der Geschichte* ）（慕尼黑，该著作仍不断再版）以及《欧洲历史手册》（ *Handbuch der europäischen Geschichte*，斯图加特：2002~2004 年）。谁若想寻找一本全面的欧洲历史书——毕竟本书只对一部分历史作了较详尽的论述——便可参阅特奥多尔·施德尔（Theodor Schieder）主编的《欧洲历史手册》（施图加特：1968 年首次出版；其中许多卷在 1990 年代之前都出了新版），这是一套出色的作品，讨论了历史上的大小事件；读者也可参阅《欧洲经济与社会史手册》（ *Handbuch der europäischen Wirtschafts- und Sozialgeschichte*，斯图加特：1985~1993 年）或者《国际关系史手册》（ *Handbuch der Geschichte der Internationalen Beziehungen*，帕德博恩：1999 年首次出版）。本书牵涉的许多概念（如市民、共产主义、自由主义、民族主义）都可见于《现代百科全书》（ *Enzyklopädie der Neuzeit* ），其出版在 2005 年启动，也许会在 2012 年完结。不过该书没有收录关于各个人物、地点或者事件的信息。关于这些内容，可参见各类传记性质的参考书，它们如今已覆盖几乎所有国家。其中模范性的著作是《牛津国家人物传记大辞典》(*Oxford Dictionary of National Biography*)；另外两种——《新德意志人物传记》(*Neue Deutsche Biographie*) 以及《法兰西人物辞典》(*Dictionnaire de biographie française*)——则还在增订。

《企鹅欧洲史》(*Penguin History of Europe*) 的特点是以结构为导向，这部丛书的德文版可能不久之后就会面世。其中有一卷，即蒂莫西·布莱宁 (Tim Blanning) 所著的《追逐荣耀：1648~1815 年的欧洲》(*The Pursuit of Glory: Europe 1648-1815*)，与本书在涉及的年代上相契合。于尔根·奥斯特哈默 (Jürgen Osterhammer) 在《世界的演变：19 世纪史》(*Die Verwandlung der Welt. Eine Geschichte des 19. Jahrhunderts*，慕尼黑：2009 年) 中采用了相似的方法来讨论欧洲史和世界史，不过它的重心放在 1850 年之后。

编纂 19 世纪历史的方式还一直受到民族史的影响，而不同阵营治史的方式天差地别。因为选项实在太多了，每一个个别的选择都似乎非常偶然。除此之外，人们很容易找到这样的历史著作，因为当下许多出版社都把对民族史的介绍当作出版计划中必要的一部分，譬如 C.H.Beck 出版社（"贝克知识丛书""贝克系列"）、Reclam 出版社、牛津大学出版社（"牛津简明历史系列"）以及剑桥大学出版社。总的来说，还没有太多作品像本书这样以欧洲视角讨论种种事件，但目前已可以看到迪特尔·道尔 (Dieter Dowe) 等人编辑的关于 1848 年欧洲的文集，乔纳森·斯佩贝尔 (Jonathan Sperber) 所著的《欧洲革命：1848~1851 年》(*The European Revolutions, 1848-1851*，剑桥：1994 年)，或者迈克·拉波特 (Mike Rapport) 所著的《1848：革命之年》(*1848: Year of Revolution*，伦敦：2008 年)、查尔斯·J.埃斯代尔 (Charles J. Esdaile) 就拿破仑战争史所著的《拿破仑战争：一

部全球史》（*Napoleon's Wars: An International History*），以及
"建造欧洲丛书"（*Europa bauen*）中的各卷，譬如哈根·舒尔策
（Hagen Schulze）所著的《欧洲史中的国家和民族》（*Staat und Nation in der europäischen Geschichte*，慕尼黑：1995 年），或者克劳斯·J. 巴德（Klaus J. Bade）所著的《变化中的欧洲：自18 世纪晚期至今的移民》（*Europa in Bewegung. Migration vom späten 18. Jahrhundert bis zur Gegenwart*，慕尼黑：2002 年）。

　　就历史写作而言，通过为一名"欧洲"人物撰写长篇传记来描述欧洲历史，不失为一条既吸引人又相当务实的进路。比如说，约翰尼斯·维尔姆（Johannes Wilm）所写的《拿破仑》（慕尼黑：2005 年）以及《拿破仑三世》（慕尼黑：2008 年），或者菲利浦·德怀尔（Philip Dwyer）的《拿破仑》第一卷（伦敦：2007 年）和《塔列朗》（伦敦：2002 年），海因茨·杜赫哈特（Heinz Duchhardt）所著的施泰因传记（明斯特：2007 年），马克·史密斯（Mack Smith）（伦敦：1994 年）以及让-伊夫·弗雷蒂涅（Jean-Yves Frétigné）（巴黎：2006 年）所著的马志尼传记，或者德雷克·比尔斯（Derek Beales）所著的约瑟夫二世传记（二卷本，剑桥：1987~2009 年）。乔纳森·斯佩贝尔不久之后就会出版一部马克思传记。但对历史有兴趣的读者们目前还没有办法读到一部既新近又有水准的梅特涅传记。

　　我在书中尽量用插入相关引言的办法说明种种相互矛盾的历史诠释的来源。但有两处我没能这样做，希望能在这里补充说明：关于拿破仑战争的花费，我参考的是皮埃尔·班达（Pierre Banda）所著的《荣耀的代价：拿破仑和金钱》（*Le prix de la gloire: Napoléon det l'argent*，巴黎：2007 年）；对 1848 年所谓革命特征的怀疑态度，得自彼得·文德（Peter Wende）所著的《1848 年：德意志与大不列颠的改革或革命》（*1848: Reform or Revolution in Germany and Great Britain*），载于

蒂莫西·布莱宁与彼得·文德所编的《大不列颠与德意志改革1750~1850 年》（*Reform in Great Britain and Germany 1750–1850*），牛津：1999 年，第 145~157 页。

　　关于更详尽的文献列表，请移步 www.chbeck.de/go/Geschichte-Europas。

大事年表

1780 年 6 月 2~8 日	伦敦"戈登暴动"
1782 年 4 月	日内瓦革命
1783 年 9 月 3 日	《巴黎和约》签订，美国实现独立
1784/ 1785 年	特兰西瓦尼亚农民起义
1786/ 1787 年	尼德兰革命
1787~1792 年	俄国—奥斯曼战争
1787 年 2 月 22 日	法国贵族会议
1788 日 1 月 18 日起	英国囚犯定居澳大利亚
1789/1790 年	匈牙利、哈布斯堡尼德兰、蒂罗尔、加利西亚与波希米亚发生起义
1789 年 5 月 5 日	法国三级会议召开
1789 年 6 月 27 日	三级会议中的"第三等级"召开制宪会议
1789 年 7 月 14 日	巴士底暴动
1789 年 8 月 4 / 5 日	制宪会议废除"封建体制"
1789 年 8 月 26 日	法国颁布《人权和公民权宣言》
1790 年 6 月 27 日	哈布斯堡帝国与普鲁士达成协议
1790 年 8 月 24 日	法国颁布《教士公民组织法》
1791 年 5 月 3 日	波兰颁布《五三宪法》
1791 年 8 月起	圣多曼格奴隶起义
1791 年 6 月 20/ 21 日	路易十六世企图逃亡
1791 年 8 月 4 日	奥斯曼帝国与哈布斯堡帝国缔结和约
1791 年 9 月 3 日	法国颁布宪法
1791 年 10 月 1 日	立法会成立
1792 年 4 月 20 日	法国对哈布斯堡帝国宣战（"第一次反法同盟"）

1792 年 8 月 10 日	杜伊勒里宫暴动；路易十六世被"废黜"
1792 年 9 月	法国"国民公会"选举
1792 年 9 月 2~7 日	巴黎囚徒遭屠杀
1792 年 9 月 20 日	瓦尔密炮击
1793/1794 年	法国恐怖统治时期
1793 年 1 月 21 日	路易十六世被处决
1793 年 1 月 23 日	第二次瓜分波兰
1793 年 10 月 5 日	法国颁布革命历法
1794 年 7 月 28 日	罗伯斯庇尔被处决；"督政府"上台
1795 年 1 月 19 日起	巴达维亚共和国（尼德兰）
1795 年 4 月 5 日 / 7 月 22 日	法国和普鲁士及西班牙签订《巴塞尔和约》
1795 年 6 月 25 日	波兰解体（"第三次瓜分波兰"）
1796 年 11 月 15~17 日	阿尔柯桥战役；法军入侵意大利北部
1797 年 10 月 17 日	法国与哈布斯堡帝国签订《坎波福米奥和约》（"第一次反法同盟"结束）
1797~1799 年	瑞士与意大利成立姊妹共和国
1798 年 5 月 18 日	法国出征埃及
1798 年 8 月 1 日	法国舰队在阿布基尔惨败
1798 年 10 月 28 日	那不勒斯军队入侵罗马（"第二次反法同盟"）
1798 年 12 月	那不勒斯革命
1799 年 1 月 22 日	帕色诺共和国（那不勒斯）
1799 年 6 月 23 日	那不勒斯被放弃
1799 年 8 月 23 日	拿破仑离开埃及
1799 年 11 月 9 日	拿破仑政变；执政府成立
1799 年 9 月 25 日 / 26 日	俄国在瑞士落败；俄国离开同盟直到年末
1801 年 2 月 9 日	法国与哈布斯堡帝国达成《吕内维尔和约》
1802 年 3 月 27 日	法国和大不列颠达成《亚眠和约》（"第二次反法同盟"结束）
1803 年 2 月 25 日	帝国代表大会
1804 年 1 月 1 日	海地独立
1804 年 3 月 21 日	法国颁布《民法典》

1804 年 12 月 2 日	拿破仑成为法国人的皇帝
1805 年	大不列颠、奥地利、俄国和法兰西帝国之间爆发"第三次反法同盟战争"
1805 年 10 月 21 日	法国在特拉法尔加海战中落败
1805 年 12 月 2 日	法国在奥斯特里茨陆战中获胜
1805 年 12 月 26 日	《普雷斯堡和约》
1806 年 1 月 1 日	格里高利历法在法兰西帝国中推行
1806 年 8 月 6 日	莱茵邦联成立后神圣罗马帝国瓦解
1806 年 8 月	普鲁士向帝国发起进攻（"第四次反法同盟"）
1806 年 10 月 14 日	耶拿和奥尔施泰特发生战斗
1806 年 11 月 21 日	大陆封锁
1807 年 6 月 14 日	弗里德兰战役
1807 年 7 月 7/9 日	《蒂尔西特和约》（"第四次反法同盟"结束）
1807 年 7 月 22 日	华沙公国通过宪法
1807 年 10 月 27 日	《枫丹白露条约》；瓜分葡萄牙
1807 年 11 月 29 日	葡萄牙王室成员逃亡至巴西
1807 年 3 月 25 日	英国政府禁止 1808 年后的国际奴隶贸易
1808 年 1 月 1 日	美国禁止进口奴隶
1808 年 5 月 5 日	约瑟夫·波拿巴成为西班牙国王
1808 年 8 月	法军撤出葡萄牙
1809 年 4~10 月	"第五次反法同盟"；奥地利对抗法兰西帝国
1810 年	西班牙殖民地发布最初的独立宣言
1812 年 3 月 12 日	加的斯国会制定宪法
1812 年 6 月 12 日	拿破仑进军俄国（"第六次反法同盟"开始）
1812 年 8 月~1815 年 2 月	美国和大不列颠"1812 年战争"（1814 年 12 月 24 日签署《根特和约》）
1812 年 12 月 5 日	拿破仑离开伤亡惨重的大军团
1813 年 3 月 25 日	普鲁士和俄国签署《卡利什宣言》
1813 年 10 月 16~19 日	莱比锡"人民战役"

1813 年 12 月 11 日	斐迪南七世回归西班牙王位
1814 年 4 月 13 日	拿破仑退位
1814 年 5 月 30 日	《巴黎和约》
1814 年 9 月 30 日	维也纳会议开幕
1815 月 3 月 1 日	拿破仑登陆法国
1815 年 6 月 9 日	《维也纳条约》
1815 年 6 月 18 日	滑铁卢战役
1819 年 8 月 16 日	"彼得卢大屠杀"
1819 年 8 月 31 日	《卡尔斯巴德决议》
1819 年 12 月 30 日	《六法》
1820 年	西西里、皮埃蒙特、撒丁、西班牙发生革命；希腊起义开始；卡图街阴谋
1820 年 2 月 14 日	贝里公爵遇刺
1820 年 6 月 8 日	《维也纳最终决议》
1821 年	西班牙多个殖民地独立
1821 年 5 月 5 日	拿破仑在圣赫勒拿岛去世
1821 年 12 月	希腊国民议会开幕
1822 年	巴西与葡萄牙分裂
1822/1823 年	西班牙内战；法国干预
1823/1824 年	国际社会承认中南美洲诸国
1825 年 12 月 26 日	俄国十月党人起义
1829~1834 年	葡萄牙内战
1829 年 3 月 22 日	希腊独立（《伦敦议定书》）
1829 年 10 月 6~14 日	"火箭号"发动机初次上路
1830 年 7 月 5 日	法国侵略阿尔及尔（1847 年吞并阿尔及利亚全境
1830 年 7 月 25 日~8 月 7 日	法国"七月"革命
1830 年 8 月 25 日~10 月 5 日	比利时革命
1830 年 11 月 29 日	波兰发生革命
1831~1837 年	欧洲暴发霍乱
1831 年 2 月起	教宗国、帕尔马公国与德意志诸国发生暴动
1831 年 6 月 4 日	萨克森－科堡的利奥波德被推举为比利时

	国王
1831 年 9 月 7/ 8 日	华沙被入侵
1831 年 10 月 31 日	穆罕默德·阿里袭击奥斯曼帝国
1832 年 5 月 27 日	汉巴赫庆典
1833~1839 年	西班牙发生卡洛斯战争
1833 年 4 月 3 日	法兰克福的哨所遇袭
1834 年 1 月 1 日	德意志关税同盟
1834 年 8 月 1 日	英国殖民地宣布到 1838 年实现奴隶制的取缔
1837 年 11 月 18 日	"哥廷根七君子"抗议
1839 年 6 月 24 日~1840 年 11 月 27 日	埃及与奥斯曼帝国之间发生战争
1840 年 2 月 6 日	《怀唐伊条约》——新西兰成为英国殖民地
1840 年 8 月 6 日	波拿巴主义者企图发动政变
1840 年 12 月 15 日	拿破仑一世下葬巴黎荣军院教堂
1842 年 9 月 9 日	法国向大溪地提供庇护
1845~1850 年	爱尔兰饥荒
1846 年 2 月 18 日	克拉科夫出现革命企图
1847 年 11 月 3~29 日	瑞士独立联盟战争
1848 年 1 月 12 日	西西里出现暴动；那不勒斯颁行宪法
1848 年 2 月 7 日	巴伐利亚爆发革命
1848 年 2 月 22 日	巴黎爆发革命
1848 年 3 月 5 日	皮埃蒙特颁行宪法
1848 年 3 月 11 日	教宗国颁行宪法
1848 年 3 月 17 日~1849 年 8 月 24 日	威尼斯共和国
1848 年 3 月 23 日	撒丁—皮埃蒙特进攻奥地利
1848 年 3 月 31 日	法兰克福成立预备国民议会
1848 年 4 月 10 日	伦敦宪章运动；摩尔多瓦出现抗议活动
1848 年 4 月 20 日	"黑克行动"结束
1848 年 4 月 23 日	法国国民议会选举
1848 年 5 月 18 日	圣保罗大教堂国民会议
1848 年 5 月 22 日	普鲁士国民会议
1848 年 6 月 23~26 日	巴黎六月起义
1848 年 7 月 22 日	维也纳帝国议会

1848 年 7 月 24/ 25 日	撒丁在库斯托扎战役中战败
1848 年 9 月 18 日	法兰克福"九月起义"
1848 年 10 月 6 日	维也纳十月革命
1848 年 9 月 17/ 18 日	路易 – 拿破仑成为法国议员
1848 年 12 月 5 日	普鲁士宪法"强制通过"
1848 年 12 月 10 日	路易 – 拿破仑成为法兰西共和国总统
1848 年 11 月 23 日	教宗逃离罗马
1859 年 2 月 9 日~7 月 3 日	罗马共和国
1849 年 3 月 7 日	维也纳帝国议会解散
1849 年 3 月 23 日	撒丁第二次败于奥地利
1849 年 4 月 14 日~8 月 13 日	匈牙利共和国
1849 年 6 月 18 日	斯图加特残缺议会（Rumpfparlament）解散
1849 年 4 月~7 月 10 日	普鲁士再次对丹麦作战（1850 年 7 月 10 日签订和约）
1850 年 3 月 20 日	埃尔福特联盟议会
1850 年 9 月 2 日	德意志邦联议会再次启动
1851 年 5 月 1 日	第一届世博会在伦敦开幕

注　释

导言　1789 年前后的欧洲

1　Rosemary Sweet, English Perceptions of Florence in the Long Eighteenth Century, in: Historical Journal 50, 2007, S. 837–859, hier S. 843 (Zitat), 853 f.
2　Tim Blanning, The Pursuit of Glory. Europe 1648–1815. London 2007, S. 44.
3　Chevalier de Jeaucourt, Artikel «Europe», in: Encyclopédie, ou dictionnaire raisonné des sciences, des arts et des metiers. Paris/Neufchatel, 1751–72, Bd. 6, S. 211 f., Zitat S. 212.

第一章　革命（1789~1815 年）

1　James C. Scott, Seeing Like a State: How Certain Schemes to Improve the Human Condition Have Failed. New Haven 1998, S. 15 (Zitate), 20.
2　M. J. Daunton, Progress and Poverty. An Economic and Social History of Britain 1700–1850. Oxford 1995, 435–437.
3　«Gouvernement», in: Encyclopédie, ou dictionnaire raisonné, Bd. 7, S. 790.
4　Jean-Jeacques Rousseau, Du contrat social ou principes du droit politique. Amsterdam 1762, Buch III, Kapitel IX.
5　Blanning, Pursuit, S. 394.
6　Timothy Tackett, Becoming a Revolutionary: The Deputies of the French National Assembly and the Emergence of a Revolutionary Culture (1789–1790). Princeton 1996, S. 174.
7　Declaration des Droits de l'Homme et du citoyen du 26 août 1789, Art. 2.
8　Edmund Burke, Reflections on the Revolution in France and on the Proceedings of Certain Societies in London Relative to that Event, London 1790, ND Harmondsworth 1986, S. 126, 130, 134, 141, 161, 311, 342.
9　Gilbert Bodinier, Les campagnes de la Révolution, in: André Corvisier (Hrsg.), Histoire militaire de la France 2: De 1715 à 1871. Paris ²1997, S. 261–279, hier S. 264.
10　John Torpey, The Invention of the Passport: Surveillance, Citizenship and the State. Cambridge 2000, S. 51.
11　Boyd Hilton, A Mad, Bad, and Dangerous People? England 1783–1846. Oxford 2006, S. 72.
12　Holger Hoock, The British State and the Anglo-French Wars over Antiquities, 1798–1858, in: Historical Journal 50, 2007, S. 49–72, hier S. 57.
13　Jürgen Osterhammel, Die Verwandlung der Welt: Eine Geschichte des 19. Jahrhunderts. München 2009. S. 413.
14　Karl H. Wegert, German Radicals Confront the Common People. Revolutionary Politics and Popular Politics 1789–1849. Mainz 1992. S. 40.
15　Philip Dwyer, Napoleon: The Path to Power 1769–1799. London 2007, S. 4.
16　Graeme Fife, The Terror: The Shadow of the Guillotine. France, 1792–1794. New York 2006, S. 18.

17 Paul W. Schroeder, The Transformation of European Politics 1763–1848. Oxford 1994, S. 228 f.
18 Stuart Woolf, Napoleon's Integration of Europe. London 1991, S. 74.
19 Charles Esdaile, Napoleon's Wars. An International History 1803–1815. London 2008, S. 9.
20 Adam Zamoyski, 1812. Napoleon's Fatal March on Moscow. London 2005, S. 143.
21 Ute Planert, Der Mythos vom Befreiungskrieg. Frankreichs Kriege und der deutsche Süden: Alltag – Wahrnehmung – Deutung 1792–1841. Paderborn 2007. S. 483 f.
22 Zit nach M. E. Chamberlain, Lord Aberdeen: A Political Biography. London 1983, bei Adam Zamoyski, Rites of Peace, The Fall of Napoleon & the Congress of Vienna. London 2008, S. 115.
23 Hilton, Mad, Bad, and Dangerous.
24 [François René] Vicomte de Chateaubriand, Mémoires d'outre tombe, hg. Maurice Levaillant und Georges Moulinier, 2 Bde., Paris 1988, Bd. I, S. 906.
25 Zitiert nach Zamoyski, Rites of Peace, S. 520.

第二章 改革（1815~1840 年）

1 M. J. Daunton, Progress and Poverty: An Economic and Social History of Britain 1700–1850. Oxford 1995.
2 Jan de Vries, The Industrious Revolution. Consumer Behavior and the Household Economy, 1650 to the Present. Cambridge 2008.
3 Kenneth Pomeranz, The Great Divergence. China, Europa, and the Making of the Modern World Economy. Princeton 2000, S. 311–315.
4 Hilton, Mad, Bad, and Dangerous, S. 564.
5 David Todd, John Bowring and the Global Dissemination of Free Trade, in: Historical Journal 51, 2008, S. 373–397, hier S. 382.
6 Daten bei de Vries, Industrious Revolution, S. 83 f.
7 Die Verbindung der Maurergesellen oder authentische Darstellung der diesen Verbindungen üblichen Gebräuche. Lübeck 1841, S. 50 ff. Ich verdanke diesen Hinweis Jürgen Brand; vgl. derselbe, Gesellschaftliche Selbstorganisation in der Welt der Arbeit des 19. Jahrhunderts oder, im Westen nichts Neues, in: Peter Collin (Hrsg.), Regulierte Selbstregulierung im frühen 19. Jahrhundert, erscheint vermutlich Frankfurt 2010.
8 Zit. nach Jean-Yves Frétigné, Guiseppe Mazzini. Père de l'unité italienne. Paris 2006, S. 20.
9 The Parliamentary Debates: Forming a Continuation of the Work Entitled «The Parliamentary History of England from the Earliest Period to the Year 1803». Published under the Superintendence of T. C. Hansard (1803/04–1830), Bd. 5, Sp. 1257.
10 Berlin 1815, Zitat S. 16.
11 Jerome McGann, Byron, George Gordon Noel, sixth Baron Byron (1788–1824), in: Oxford Dictionary of National Biography, Oxford University Press 2004; Online-Ausgabe Oktober 2008 [http://www.oxforddnb.com/view/article/4279, eingesehen 29. Juli 2009].
12 A. Jardin/A.-J. Tudesq, La France des notables, Bd. 1: L'évolution générale 1815–1848. Paris 1973, S. 116.
13 Heinrich Heine, Ludwig Börne. Eine Denkschrift, in: Heinrich Heine, Sämtliche Werke, Bd. IV. München ²1993, S. 5–133, hier 43.

14 Philipp Jakob Siebenpfeiffer, Rede auf dem Hambacher Fest, zitiert nach Peter Wende (Hrsg.), Politische Reden 1792–1867, Frankfurt am Main 1990, S. 180–191, Zitate S. 181, 183 und 191 (Hervorhebung i. O.).

15 Raymond Carr, Liberalism and Reaction, in: ders. (Hrsg.), Spain: A History. Oxford 2000, 205–242, hier S. 206 f.

16 John Belchem, Hunt, Henry [Orator Hunt] (1773–1835), in: Oxford Dictionary of National Biography, Oxford 2004, Online-Ausgabe [http://www.oxforddnb.com.proxy.ub.uni-frankfurt.de/view/article/14 193, eingesehen 30. Juli 2009].

第三章 革命？（1840~1850 年）

1 Winfried Baumgart, Europäisches Konzert und nationale Bewegung. Internationale Beziehungen 1830 bis 1878. Paderborn 1999, S. 299.

2 Rudolf Muhs, Karl Blind – Ein Talent in der Wichtigmacherei, in: Sabine Freitag (Hrsg.), Die Achtundvierziger. Lebensbilder aus der deutschen Revolution 1848/49. München 1998, S. 81–98, 312–15, hier S. 85.

大事年表

1 Daten zu parlamentarischen Versammlungen beziehen sich immer auf die Eröffnung.

图片来源

索 引

（此部分页码为德文原书页码，即本书页边码）

图书在版编目（CIP）数据

革命与改革：1789～1850年的欧洲 / (德) 安德里
亚斯·法尔迈尔 (Andreas Fahrmeir) 著；李昱彤译
. -- 北京：社会科学文献出版社，2024.11
（贝克欧洲史）
书名原文：Revolutionen und Reformen: Europa
1789-1850
ISBN 978-7-5228-2692-9

Ⅰ.①革… Ⅱ.①安…②李… Ⅲ.①欧洲－近代史
－1789-1850 Ⅳ.①K504

中国国家版本馆CIP数据核字（2023）第206671号

审图号：GS（2024）4116号

·贝克欧洲史·

革命与改革：1789~1850年的欧洲

著　　者 / [德] 安德里亚斯·法尔迈尔（Andreas Fahrmeir）
译　　者 / 李昱彤

出 版 人 / 冀祥德
组稿编辑 / 段其刚
责任编辑 / 陈嘉瑜
责任印制 / 王京美

出　　版 / 社会科学文献出版社·教育分社（010）59367151
　　　　　地址：北京市北三环中路甲29号院华龙大厦　邮编：100029
　　　　　网址：www.ssap.com.cn
发　　行 / 社会科学文献出版社（010）59367028
印　　装 / 北京盛通印刷股份有限公司

规　　格 / 开　本：889mm×1194mm 1/32
　　　　　印　张：8.75　字　数：220千字
版　　次 / 2024年11月第1版　2024年11月第1次印刷
书　　号 / ISBN 978-7-5228-2692-9
著作权合同
登 记 号 / 图字01-2018-7839号
定　　价 / 78.00元

读者服务电话：4008918866